자연주의적 성서 해석학과 기호학

국립중앙도서관 출판예정도서목록(CIP)

자연주의적 성서해석학과 기호학 : 해석자들의 공동체 / 지
은이: 로버트 S. 코링턴 ; 옮긴이: 박일준. -- 서울 : 동연,
2018
    p. ;   cm

원표제: Community of interpreters : on the hermeneutics
of nature and the Bible in the American philosophical tr
adition
원저자명: Robert S. Corrington
색인수록
영어 원작을 한국어로 번역
2017년 정부 지원으로 한국연구재단의지원을 받아 수행된 연
구임(NRF-2017K2A9A2A19066329)
ISBN 978-89-6447-403-7 93200 : ₩16000

해석학(철학)[解釋學]

121.68-KDC6
121.68-DDC23   CIP2018009433

The Community of Interpreters:
On the Hermeneutics of Nature and
the Bible in the American Philosophical Tradition(2nd edition)
Copyright ⓒ 1996 by Robert S. Corrington
reprinted by permission of Mercer University Press, ⓒ
1987, 1995. All rights reserved.

본 도서는 2017년 정부 지원으로 한국연구재단의 지원을 받아
수행된 연구임(NRF-2017K2A9A2A19066329).

미국 철학적 전통에서 본

자연주의적
성서 해석학과 기호학

해 석 자 들 의   공 동 체

Robert S. Corrington

로버트 S. 코링턴 지음 | 박일준 옮김

동연

한국의 독자들에게 필자의 철학을 소개할 수 있어서 영광스럽다. 이 번역 덕택이라고 생각한다. 비록 이 책이 미국 철학의 고전적 시기의 맥락에서 그리고 그 철학이 유럽적 사유와 대화하는 상황을 염두에 두고 쓰인 것이긴 해도, 본서에 담긴 성찰들은 자연의 관념들과 텍스트들의 해석학을 가지고 씨름하는 어느 문화에도 적절하고 적용 가능하다고 믿는다. 특별히 한국적 상황에 잘 맞을 수 있다고 생각한다. 성서가 맥동하는 자연의 맥락 속에 다시금 정초되는데, 자연이 가슴에 품고 보호하고 활동을 촉진하기 때문이다. 『자연주의적 성서 해석학과 기호학 — 해석자들의 공동체』(The Community of Interpreters: On the Hermeneutics of Nature and the Bible in the American Philosophical Tradition)는 영 해석자(the Spirit interpreter)가 혼융일체된 특별한 공동체의 맥락 속에서 자연과 성서와 다른 텍스트들을 연구하는 사례를 변증한다. 이 공동체는 자연과 인간의 텍스트들 속에서 기호학(기호 구조들과 기능들)과 더불어 작업하여, 모든 기호들이 담지한 보다 심층적인 상징적 그리고 종교적 의미들을 열어젖힌다. 말씀과 그의 헤아릴 수 없는 질서들과 우리의 모든 상호작용들의 핵심에는 기호 번역이 있다.

젊은 시절부터 필자는 동남아시아의 사유에 깊은 관심을 가져왔다. 주의 깊은 독자들은 본문의 행간에서 이 전통들의 면면을 발견할 수 있을 것이라 생각한다. 필자는 특별히 도교, 불교 그리고 불이일원론(不二一元論)을 주장하는 베단타 전통(Advaita Vedanta)의 힌두교를 특별히

좋아한다. 필자의 작업이 진화를 거듭하면서, 이 전통들은 생생한 대화 파트너들이 되었다. 비록 필자는 기질상 유교인이 아니지만, 그럼에도 불구하고 유교가 담지한 힘과 아름다움에 대한 존경심이 있으며, 특별히 학자적 소명에 대한 유교에 강조점에 대해서 그렇다. 결국 철학은 자연적, 문화적 그리고 종교적 세계들의 모든 양상들에 대한 질문일 수밖에 없다. 본서『자연주의적 성서 해석학과 기호학 — 해석자들의 공동체』(*The Community of Interpreters*)가 유구하고 풍성한 한국적 세계 속에서 물음의 정신을 고취하고, 그럼으로써 영 해석자의 작업을 확산시키는데 기여하기를 바란다.

2017년 크리스마스에

로버트 코링턴

포스트휴먼 시대 인문학이 나아갈 길
: 해석자들의 공동체

제4차 산업혁명의 시대, 인공지능의 시대, 혹은 포스트휴먼의 시대 등의 단어들이 우리 앞을 행진해 나가면서, 묻는다. "당신은 맞닥트린 미래를 위해 무얼 준비하십니까?" 물론 이렇게 급속한 변화의 시대에 낡은 텍스트에 의존하여 글이나 적고 있는 인문학이 도대체 살아남기나 할 거냐고 비아냥거리는 투다. 사람들은 흔히 이야기한다. 이제 낡은 사고방식 혹은 낡은 지식 습득 방식은 변해야 한다고. 책의 시대는 지나갔고 이미지의 시대가 됐다고. 문자와 책을 통해서 사유의 깊이를 더해 가기보다는 이미지를 통한 상상력의 나래를 펼칠 수 있는 교육 혁신이 필요하다고.

코링턴 교수는『해석자들의 공동체』에서 우리 시대 학문, 특별히 인문학으로 불리는 인문 지식 분야가 나아갈 길의 한 모형을 제시한다. 물론 그의 모델은 그만의 독창적인 산물은 아니다. 우리는 통상 미국 철학의 내용을 한 마디로 요약한다: 실용주의. 하지만 정작 실용주의가 무엇을 의미하는지는 잘 알지 못한다. 미국의 사상적 전통인 실용주의는 사실 유용성만을 기준으로 담론들의 가치판단을 내리자는 주장이 아니다. 미국의 실용주의는 남북전쟁이라는 명분 있는 전쟁 후 황폐화된 국토와 무너진 산업기반을 바라보며, 철학이 당면한 시대의 물음에

어떻게 응답할 것인가를 궁리하고 고민하는 사유방식으로 태동하였다. 고전적인 실용주의자들은 철학이 어떤 초월적 명제나 이성적 추론에서 시작된다는 주장을 용인하지 않을 뿐만 아니라, 또한 인간의 사유가 유물론적인 토대에서 일어난 귀결이라는 결론에 동의하지 않는다. 인간에게는 물질적 토대를 뛰어넘은 정의와 평화와 사랑의 이상들이 있지만, 이런 이상들이 선험적 혹은 초월적으로 처음부터 주어진 것으로 제시되지는 않는다. 이러한 결론은 시민전쟁으로 피폐화된 국가와 국토를 바라보며 미국 사상가들이 떠올린 문제의식이다.

실용주의자들은 영국적 전통에서 경험의 중요성을 배웠지만 그 경험을 외부의 대상을 수동적으로 받아들이는 기제로 보지 않는다. 오히려 그들은 우리가 겪는 경험과 반응을 우리 자신이 당면한 문제에 대한 적응 노력이라고 생각한다. 즉 경험은 무언가 실재적인 것에 대한 반응이지만 그것은 수동적인 것이 아니라 문제 해결을 도모하는 과정에서, 적어도 경험기제의 한계 내에서 실재를 구성해 나가는 활동이라는 것이다. 여기서 관건은 도대체 우리가 우리의 경험이 실재와 부합한다는 것을 어떻게 확증하느냐의 문제일 것이다. 그것이 바로 실용주의가 말하는 '해석'이다. 실재에 대한 해석은 공동체의 노력을 통해 점진적으로 개선되어야 하는 것이지만, 어떤 시대 어떤 사상가의 해석도 실재에 대한 유일무이한 진리의 해석이 되지는 않는다. 왜냐하면 기호를 사용하는 유기체가 맞이하는 외부 실제 상황은 언제나 시간의 흐름에 따라 변하고 있기 때문이다. 따라서 우리의 해석은 언제나 시대적 적절성이라는 잣대를 통해 판단 받을 수밖에 없을 것이고, 이것이 해석자들의 공동체가 필요한 이유이다.

토착화 신학 혹은 한국적 신학은 바로 이 신학이 처한 시대적 적절성이 무엇인지를 궁리하면서 하느님의 이야기를 풀어나간다. 한국인의

사유방식으로 하느님의 이야기를 어떻게 풀어나갈 것인지를 궁리하자면, 결국 한국적 방식의 중요성이 부각되기 마련이다. 오늘날 한국 신학의 문제는 바로 이 한국적 방식에 대한 합의나 토론이 활발히 이루어지고 있지 않다는 데 있다. 이 책은 한국적 방식에 대한 고찰이 물론 아니다. 하지만 미국 사상가들이 미국적 사유방식을 통해 자신들의 하느님 이야기를 풀어나가는 방식을 참고로, 우리의 하느님 이야기를 어떻게 풀어나갈지를 고민하는 데 단초 역할을 할 것이다.

최근 유발 하라리는 『호모 데우스』라는 책에서 인간이 경험하는 실재가 얼마나 가상적인지 그리고 이 상호주관적인 가상의 창출이 고전적으로 종교들의 이야기 속에서 어떻게 풀어져 나왔는지를 설득력 있게 논구해 주고 있다. 결국 제4차 산업혁명의 시대에 인간 문명은 우리가 다가오는 시대를 어떻게 이야기를 통해 의미 있는 해석을 제공하느냐에 달려 있을 것이다. 하지만 현재 근대성에 뿌리박힌 우리의 종교들 특별히 개신교는 그 종교적 이야기가 사회의 구성에서 감당하던 역할을 대부분 상실하고, 문명의 풍조들을 그대로 따라 반복하는 역할에 머물고 있다. 우리의 경험이 기호(sign)를 통해 구성되고, 그 기호의 연쇄를 통해 이야기를 구성해 나간다면, 관건은 기호가 실재를 얼마나 충실히 반영하고 있느냐의 문제가 아니라, 기호로 구성된 해석이 얼마나 의미 있게 실재와 맞닿은 세계를 전달해 주고 있느냐의 문제일 것이다.

코링턴 교수는 미국의 실용주의 전통을 따라 자연의 해석학 즉 탈자적(脫自的) 자연주의(ecstatic naturalism)를 통해 그러한 시도를 전개해 보여주고 있다. 이러한 시각에서 바울은 가부장적이고 위계적이며, 귀족과 평민과 노예의 신분제가 엄연히 살아있는 로마 제국시대에 예배에 함께 하는 모든 이가 하나님의 가족으로서, 한 형제요 자매라는 것을 실천하는 사랑 공동체를 세우고자 한 인물이었다. 자연은 이러한 이상

을 영(the Spirit)의 작용을 통해 전하고 있으며, 이 영의 음성을 들은 영-해석자(Spirit-Interpreter)는 이를 공동체 안에서 실현하고자 노력한다. 실패할지라도 말이다. 역자도 코링턴 교수처럼 한국적 사유에 근거하여 하느님의 이야기를 풀어낼 기회를 창출해 나가기를 소망한다.

이 책에는 원서에는 없던 논평과 반론의 논문을 두 편 덧대어 실었다. 이 책에서 개진하는 코링턴 교수의 논리에 대해 이정배 교수가 한국적 시각에서 기술한 비평 논문을 첫 번째로 실었다. 또한 이정배 교수의 비판적 독해에 역자 본인의 응답을 잇대었다. 업적은 양적으로 풍성해졌지만 정작 학문적 토론이 실종된 21세기의 한국 신학계에 다시금 신학적 논쟁을 통한 발전을 희구하는 바람으로 첨부하였다. 이러한 작업의 성공 여부는 논리적 적실성이 아니라, 이러한 작업에 얼마나 많은 사람이 공감하느냐에 달려 있을 것이다. 이러한 작업에 대한 평가는 코링턴 교수나 이정배 교수나 역자나 우리의 역량을 넘어선 일이다. 그럼에도 신학적 비판과 토론 작업이 활성화되어, 한국 신학이 21세기 지구촌에서 대한민국의 위상에 걸맞은 세계적 사유를 전개하는 첫 발걸음이 되기를 소망한다. 서구의 신학 담론을 그대로 수입하여 학생들에게 주입하는 시대는 지나갔어야 하지만, 여전히 그런 몸짓을 반복하고 있는 것은 아닌지 큰 반성을 한다. 이 책을 번역하며 기울인 노력들이 의미 있는 기호를 생산하는 몸짓이 되기를 바라마지 않는다.

감사할 분들이 많다. 먼저 이 책 출판에 흔쾌히 동참해 준 동연출판사의 김영호 사장님께 특별한 감사의 말을 전한다. 학술서적의 출판이 점점 더 기피되고 있는 현실에서 묵묵히 학문을 위한 책들을 발간하는 그의 노고와 노력에 깊은 감사를 드린다. 아울러 이 책에 논문을 수록할 수 있도록 허락해 준 이정배 선생님께 마음속 깊이 감사를 전한다. 물론 이 책을 저술한 코링턴 선생님께도 마음 깊이 감사를 드린다. 이정배

선생님과 코링턴 선생님의 사랑으로 학문의 길에 접어들어 지금까지 달려올 수 있었다. 물론 본인의 이러한 활동은 언제나 말없이 지지해주는 아내 한경숙과 주원, 주은, 주영의 응원과 헌신이 있었기에 가능했으리라. 아울러 함께 길을 걸어가는 학문의 동지들, 전현식, 김은혜, 김희헌, 정경일, 박재형, 이은경, 김지목, 이상철, 최상도, 이관표, 최순양, 박지은, 신익상, 송용섭, 손문, 김정두, 김수연, 손호현, 박남희, 서동은 교수에게 감사를 전한다. 그대들이 있어 이 길이 외롭지 않았다. 한국적 신학의 해석 공동체가 이루어지기를 소망하며….

2017년 10월 서대문의 지식 유목민,

박일준

해석학 분야는 성서 주석의 암묵적 원리들을 일반화하려는 노력으로부터 태동되었다. 해석 이론의 추후 역사적 발전을 통하여 해석학은 그것의 시초 텍스트로부터 의미 자체에 대한 일반적 기술로 나아갔다. 해석 이론을 연구하는 최근 작업은 (유럽) 대륙에서 일어난 발전들에 주로 초점을 맞추어 왔다. 그래서 쉴라이에르마허와 딜타이, 하이데거, 가다머, 리꾀르, 데리다 등과 같은 사상가들이 집중적으로 조명받았다. 해석 이론은 기본적으로 유럽적 성과물이고 다른 철학 전통들은 해석 문제에 관하여 말할 것이 거의 없다는 전제가 이러한 풍조의 배후에 전제되고 있다. 이러한 역사적 진단들 중 가장 노골적으로 자행되는 생략이 바로 미국 전통의 생략이다.

이 책에서 필자는 퍼어스(Peirce)와 로이스(Royce)와 같은 고전적 미국 사상가들이 어떻게 해석학의 기초들을 닦아 놓았는지를 보여주고자 하는데, 그들의 작업들은 유럽에서 발전한 해석학보다 강력한 힘과 전망을 지니고 있다고 생각한다. 자연이 처한 상황 문제가 에머슨의 초월주의(transcendentalism)라는 역사적 정황에서 제기되었다. 궁극적 텍스트로서 자연의 우선성을 확립하기 위하여 성서 텍스트들을 탈중심화(decentralizing)하는 그의 시도는 해석학 역사에서 가장 중요한 한 장을 대표한다. 독자들은 현대 미국 사상에서 저스터스 버틀러(Justus Buchler)의 형이상학이 지평들의 본성과 해석학적 탐구 '대상들'의 구조처럼 상존하는 해석학적 문제들을 이해하는 데 가장

적절한 범주 틀을 제공해 주고 있음을 보게 될 것이다. 필자는 버츨러의 형이상학 체계가 철학의 근본 기획에 대한 근원적 변혁을 대변하는 것으로, 다가올 미래에 큰 결실을 맺을 것이라 확신한다.

실용주의 전통에 깊숙이 뿌리내리고 있는 미국 해석학의 역사적 토대들은 필자가 지평 해석학(horizontal hermeneutics)이라 부르는 것을 지향해 나가는 많은 핵심적 개념 전환들을 제안한다. 그와 같은 해석학이 이 책에서 다루는 사상가들과의 대화에서 출현한다. 그 해석학 내에서 성찰의 구체적 분야들이 서로 수렴됨을 알게 된다.

첫 번째 영역은 해석 과정의 풍성함을 온전히 가능케 하는 공동체 이론의 발전이다. 필자는 로이스를 따라 그러한 공동체를 해석 공동체(community of interpretation)라 부른다. 퍼어스와 로이스 모두 특정 해석이 기호들의 공통군으로 수렴되는 특정 해석자들의 공동체에 의해 다루어진다는 조건하에서만 타당성을 획득할 수 있다고 주장했다. 그러한 공동체를 벗어나면, 해석학은 고립된 주체에 우선성을 부여하고, 스스로 그에 종속적으로 남아 있을 수밖에 없다. 해석학 이론의 미래는 상당 부분 기호들과 그에 대한 해석들의 전개를 위한 틀구조(framework)를 제공하는 공동체 이론을 개발하고 지속시킬 수 있는 능력에 달려 있다.

두 번째 주제는 해석 공동체의 상황에서 기호 이론의 활용이다. 최근 기호학은 자신의 독자적 권리를 확보한 중요 분야가 되었다. 당대의 많은 기호 이론이 그 영감을 퍼어스의 저작들에서 이끌어냈기 때문에 기호학이 미국 해석학의 범위 내에서 재정의된다는 것은 적절한 일이다. 공동체는 자신의 해석적 풍요를 형성할 무수한 기호 시리즈

를 자신의 대상으로 삼고 있다. 따라서 기호학은 해석의 의도 대상들을 다루는 해석학의 차원으로 간주될 수 있다.

세 번째 주제는 세계의 근본 형질들에 대한 체계적이고 일반적인 기술인데, 이는 거의 시도된 바가 없다. 대륙 해석학은 일견 낯설고 임의적인 범주적 책무들에서 스스로를 자유롭게 하려는 노력의 와중에 의도적으로 형이상학을 공격해 왔다. 미국 전통이 체계적 성찰의 필요성에 대한 그러한 공격들에 거의 공감하지 않는다는 사실을 주목해야 할 것이다. 버츨러의 서수적[1] 형이상학(ordinal metaphysics)은 퍼어스와 로이스와의 일련의 대화를 통하여 등장하여, 해석 이론이 다시 터잡을 수 있는 가장 명민한 개념적 틀구조를 대표한다.

네 번째 성찰 영역은 어느 해석 이론에서든지 자연의 우월성에 대한 재확증이다. 현대의 해석학적 분석들은 인간 과정의 조작적 차원을 과도하게 열정적으로 강조해 왔는데, 그 결과 우리가 투사적 용맹을 떨칠 수 있는 백지의 스크린보다 조금 나은 것으로 자연을 바라보는 철저한 시각주의(perspectivism)를 낳았다. 따라서 자연이 일단 이차적인 신분으로 환원되자, 인간 텍스트성의 우월성이 그 자리를 차지하게 되었다. 이러한 자연에 대한 폄시가 지닌 형이상학적 부적절성은, 사람이든 사건이든 안정적이거나 신뢰할 만한 해석들이 가능하지 않은 텍스트로 모든 것을 바라보는 범텍스트주의(pantextualism)에 자명하게 드러난다. 해석의 유일한 척도는 주변화된 주체(the mar-

---

1) 역자 ― 기수는 크기 개념을 담지하지만, 각 크기들에 대한 서열이나 순서는 염두에 두지 않는 체계이다. 반면 서수는 양과 크기보다 서열과 순서를 우선적으로 가리키는 숫자 체계이다. 따라서 서수란 위계와 질서의 체계라 할 수 있을 것이다. 버츨러는 자연은 그 무엇보다도 '질서'의 구조라는 점에서 '서수 형이상학'이란 개념을 사용하였다.

ginal subject)와 그것을 구성하는 행위들뿐이다. 인간의 구성적 활동들을 그렇게 강조하는 일은 자연의 근원적 추동들로부터 극단적으로 소외되는 경우를 예증할 따름인데, 의미는 그 자연의 근원으로부터 숙성되어 나온다. 자연 그 자체는 해석 과정이며, 따라서 자연을 지평 해석학의 상황 내에서 재정의해야 할 필요가 있다.

　이상의 모든 관심을 총괄해 볼 때, 인격들(persons)은 해석 과정을 유도하고 안내하는 영으로 충만한 자연(a Spirit-filled nature)에 귀속되어 있다는 관점이 설득력을 얻는다. 유대-기독교의 성서가 담지한 특별한 신분은 이 미국 해석학의 이해 속에서 재정의된다. 로이스와 에머슨은 성서의 핵심 차원들을 각자의 철학 지평 속으로 통합해내기 위하여 성서 증언을 붙들고 노골적으로 씨름하였다. 로이스에게 바울은 원시 교회 내 최초의 해석자로, 해석 공동체를 확고하게 달성한 사상가로 등장한다. 에머슨에게 예수는 영(Spirit)의 현존과 더불어 열정적으로 피어오르는 자연의 광대한 질서들 속에서 자연 은총(natural grace)을 발견한 시인의 원형(prototype)이 된다. 로이스적 이상주의와 에머슨적 선험주의는 미국 문화에서 성서의 의미와 역할에 대한 우리의 이해를 철저하게 바꾸어 놓는다. 그들의 성찰로부터 유래하는 해석 전통에서 성서는 주변으로 물러나 잊히는 것이 아니라 다른 축의 비전을 통하여 재정의된다. 긍정적인 측면에서 성서의 통찰들은 자신들만의 형태로 계시와 은총을 전하는 공동체적이며 자연적인 형질들(traits)의 본질적인 부분임을 보여주었다. 부정적 측면에서 성서는 불충분한 일반적 통찰들을 담지하고 시간에 예속된 지체의 신분으로 격하되었다. 성서 주석에서 출발했던 해석 이론은 그 기원으로 되돌아가, 자신을 낳은 텍스트를 재정초했다. 성서가 이 역사적 반전

에 고분하게 순종해 왔는가는 미래를 위한 물음이다.

　　이 책을 내도록 필자를 도왔던 많은 사람 중 특별히 찰스 코트니(Charles Courtney)와 프랭크 오펜하임(Frank Oppenheim)에게 감사를 전한다. 로이스에 대한 이해가 명확해질 수 있도록 큰 도움을 주었다. 또한 퍼어스에 대한 통찰력 있는 관찰을 제공해 주었던 동료 칼 하우스만(Karl Hausman)과 필자의 대학원생 펠라시아 크루즈(Felicia Kruse)에게 특별한 감사의 빚을 지고 있다. 퍼어스의 초기 기호학이 담지한 복잡성들을 보여주었는데, 필자에게 특별한 도움이 되었다. 이 시리즈 편집자인 찰스 메비(Charles Mabee)의 지속적인 독려와 도움이 없었다면 이 책은 어쩌면 완결될 수 없었을지도 모른다. 덧붙여 필자의 아내 질(Gill)에게도 감사를 전하고자 하는데, 초대 기독교와 성서의 주변 환경들에 대한 그녀의 통찰들은 내 안목을 훨씬 뛰어넘는 것들이었다. 끝으로 「퍼어스 학회 교류」(the Transactions of the C. S. Peirce Society)의 편집자들에게 감사를 표해야 할 것 같다. 그들은 필자의 글 "로이스의 해석 공동체의 핵심 아이디어와 가다머, 하이데거의 해석학과의 비교"("A Comparison of Royce's Key Idea of the Community of Interpretation with the Hermeneutics of Gadamer and Heidegger" [20:3 (Summer 1984)]) 중 상당 부분을 여기에 재출판할 수 있도록 허락해 주었다.

1986년 6월
펜실베이니아 주립대학교에서
로버트 코링턴

『해석자들의 공동체: 자연주의적 성서 해석학과 기호학 – 미국 철학
적 전통에서』(*The Community of Interpreters: On the Hermeneutics of Nature
and the Bible in the American Philosophical Tradition*)의 서문을 다시 새롭
게 쓸 수 있는 기회를 갖게 되어 기쁘다. 메르서 대학 출판부가 감사하
게도 이 책을 재출판하기로 결정하면서, 대중들이 다시 읽을 수 있게
되었다. 그래서 이 책에 대해 일어났던 반응들과 그 미래적 전망들을
간략히 회고하는 기회를 갖는다. 거의 모든 비평가가 여기서 수행되는
작업에 공감했지만, 또한 그 비평들은 반성과 분석을 요하는 몇 가지
흥미로운 생략을 수행하고 있었다. 지평 해석학을 지지하는 형이상학
적 조건들에 대한 일종의 비하적 외면(abjection, 즉 무의식적 두려움과
부정)이 그 비평들 속에 담겨 있지는 않았던가? 기독교적 증언들이 보
다 포괄적인(generic) 해석 조건[2]들에 개방되어야만 하는 경계를 탐구
하는 일을 내켜하지 않았던 것은 아닌가? 모든 해석 조건을 근본적으로

---

2) 이 문제와 관련하여 Bruce R. Reichenbach가 *Christian Scholar's Review* 20/1
(1990): 90-92에 기고한 비평을 보자. 라이헨바흐는 자신의 비평을 다음과 같은 문장
으로 결론짓는다: "그러나 그의 보다 철저한 범재신론, 특별 계시와 일반 계시의 역전,
궁극적으로 특별 계시의 부정과 그 결과 자연 안에서 성령의 성육신을 중심으로 하는
축복받은 공동체로 말씀 공동체를 대치하는 것, 그리고 예언자보다 자연 시인을 고양하
는 것은 많은 기독교인들에게 심각한 한숨을 내쉬게 할 것이다"(91-92). 기독교와 필
자의 탈자적 자연주의(ecstatic naturalism) 간의 관계는 변증적이면서 또한 매우 복
잡하다는 사실이 본인에게는 보다 분명하게 다가왔다. 그리고 물론 많은 다른 기독교인
에게, 아마도 틸리히와 쉴라이에르마허의 유산 위에서 양육 받은 우리 대다수에게 이
복잡성은 칭송받아야 할 그 무엇이다.

바꾸는 범기호주의(pansemioticism, 즉 모든 것은 기호 혹은 가상적 기호라는 믿음)의 전망을 온전하게 받아들이는 데 대한 주저함이 있지 않았던가? 마지막으로, 타율과 가부장적 특권에 맞서 변화무쌍한 특성을 지닌 영(the spirit)이 비하적으로 외면받아 오지 않았던가?

이러한 물음들을 탐문해 들어가기 전에, 이 시초 작품 이래 전개되었던 기획에서『해석자들의 공동체』의 위치를 밝혀 주는 것이 적절할 것이다. 자연의 형이상학과 맞물려 지평 해석학의 발전은 보다 넓은 틀구조를 필요로 하는데, 그래야 더욱더 강건한 타당성을 획득할 수 있기 때문이다. (필자의) 일련의 저술에서 이 다음 작품은『자연과 영: 신비합일적 자연주의에 대한 에세이』(*Nature and Spirit: An Essay in Ecstatic Naturalism* [New York: Fordham University Press, 1992])였다. 이 작품에서 유한성과 초월 사이의 긴장으로서 인간 과정, 공동체의 기호학과 유토피아적 기대의 역할, 세계성(worldhood)의 구조 그리고 탈자적(脫自的 ecstatic) 자연주의 형태와 상관된 네 가지 신적 본성들(divine natures)에 대한 상세한 현상학적 기술을 시도하였다. 필자의 세 번째 작품인,『퍼어스 개론: 철학자, 기호학자 그리고 탈자적 자연주의자』(*An Introduction to C.S. Peirce: Philosopher, Semiotician, and Ecstatic Naturalist* [Lanham MD: Roman & Littlefield, 1993])는 탈자적 자연주의의 선구자라는 역할을 통해 진정한 기호학의 수립자(인 퍼어스)를 재사유하였다. 포괄적 조망을 발전시켜 나갈 때 선행 전망들이 부적절하게 읽혀지지 않도록 해방하여, 보다 넓은 의미 지평으로 확장하여 새로운 힘을 불어넣는 일이 필요하다. 추후로 이어진 작품들은 다른 사상가들을 이러한 모양으로 다루어 가야 할 의무감을 표현해 왔을 것이다.

이 (필자의) 네 번째 연구서인,『탈자적 자연주의: 세계의 기호들』(*Ecstatic Naturalism: Signs of the World* [Bloomington: Indiana University

Press, 1994])을 회고해 보면, 기호학과 형이상학 사이의 친밀한 상관관계로 초점이 이동하고 있음을 알게 된다. 그 작품에서 발전된 핵심 범주 구조들의 상당 부분은『해석자들의 공동체』에 뿌리를 두고 있는데, 특별히 거의 토론된 적이 없는 세 번째 장, "지평 해석학"으로 거슬러 올라간다. 필자의 사유가 발전해 나가면서, 이 범주들은 자아와 자연의 무의식에 대한 심층 구조 분석과 모든 형태의 해석으로 진입해 들어가는 '사이'(betweenness)라는 보다 애매한 실재에 대한 분석으로 축적되었다. 동시에 자연주의란 최소한 탈자적(ecstatic) 형태 속에서, 심오하게 그리고 근본적으로 종교적이라는 사실을『탈자적 자연주의: 세계의 기호들』은 보여주고 있는데, 이는 여러 동료 자연주의자들에게 깊은 한숨을 안겨 주었던 전망이다.3)

최근 필자는 인간 과정의 기호적이고 해석적인 차원들을 이전 보다 더 상세하게 기술하려고 노력해 왔다. (필자가 시도해 왔던 일련의 연구) 시리즈 중 다섯 번째인『자연의 자아』(*Nature's Self: Our Journey from Origin to Spirit* [Lanham MD: Roman & Littlefield, 1996])는 자연화하는 자연(nature naturing 혹은 '능산적 자연'이라고도 함—역자)의 잠재성들과 세계의 질서들(자연화된 자연[nature natured] 혹은 소산적 자연) 사이의 근본적 분열에 개방되었을 때 발생하는 자아 안의 비극적 분열을 공개한다. 이 존재론적 상처(ontological wound)에 대한 답은 자아와 그의 무의식 사이의 분열 속에 그리고 자아들 사이의 분열 속에 맴돌고 있는 해석적 영에게서만 구할 수 있다. 이 치유하는 영에 대한 감(感)은 직접

---

3) John Ryder가 *Metaphilosophy* 26/1-2 (January/April 1995): 138-46에 기고한 *Nature and Spirit*에 대한 비평을 참고하라. 또한 Robert C. Neville이 이 작품에 대한 비평을 *International Philosophical Quarterly* 34/4 (December 1994): 504-5에 기고하였는데, 독자들은 이 비평에도 관심이 갈 것 같다.

『영의 공동체』 마지막 장을 상기하게 하는데, 거기서 로이스와 에머슨은 영에 대한 그들의 깊은 성찰들을 통해 우리의 이해를 돕는다.4)

초기의 본문을 다시 접하게 되었을 때, 후일 도래할 것을 예고하는 명백한 방향 전환이 (이미 거기에) 있었음을 보게 되는 것은 정녕 아이러니일 것이다. 그러나 이것은 그 자체로 필자가 "해방적 재연" (emancipatory reenactment)이라 지칭했던 행위인데, 이 행위 속에서 과거의 조망으로부터 도래하는, 잠복적이든 명백하게 드러났든 간에 잠재성들이 개인적 조건들이나 사회적 조건들이나 혹은 내적 조건들에 의해 좌절될 수밖에 없었던 방식들을 통해 다시금 전개되어 나갈 수 있게 된다. 자서전을 쓰는 것은 어떤 경험일까 생각해 보라. 당사자는 당시에 납득할 수 있었던 의미 지평 속에 사람들과 사건들을 들어맞힌다. 원래의 문건이 작성된 지 5년 후 그동안 드러난 일들에 대하여 새로운 장을 하나 더 추가해 달라는 부탁을 받았다고 가정해 보자. 이전에 작성했던 것을 다시 쓰고 싶은 강한 유혹을 느끼지 않은 채 이 (새) 장을 그저 덧붙이기만 할 수 있는 사람이 있을까? 얼마나 초라하고 얼마나 장대하든지 간에, 자신의 삶을 다루는 공적 문서를 다룰 때 가중되는 복잡성의 정도를 상상해 보자. 역사는 당장 예측적이 되어, 소급적으로 그리고 동시에 예기적으로 읽혀질 것을 요구한다. 그러나 또한 해방적 재연은 그 텍스트와 그의 다양한 읽기를 통해 말하여지지 않은 것(the unsaid)을 탐구한다. 앞에 나열된 네 물음에 대한 분석을 통해 이 말하여지지 않은 것을 탐구하는 것으로 필자는 결론을 내릴 것이다.

---

4) 필자의 작업에 대한 아주 도움이 될 만한 일반적 소개로 Todd A. Driskill이 *American Journal of Theology and Philosophy* 15/3 (September 1994): 305-23에 기고한 "Beyond the Text: Ecstatic Naturalism and American Pragmatism"이 있다.

첫 번째 물음은 해석 이론들을 뒷받침하는 형이상학의 합당한 역할에 관한 것이다. 현재 우리의 철학 풍토는 신실용주의(neopragmatism)와 해체(deconstruction)에 의해 지배당하고 있는데, 양자 모두 모든 의미는 유한한 존재들에 의해 일종의 시적인 내면의 힘을 통하여, 말하자면 아이러니로 창조되었다고 주장한다. 이 상황에서 좀더 중요한 틀구조인 신실용주의는 미국의 고전적 철학 전통을 왜곡해 왔고, 그 결과 미국 철학은 인식 불가능해져 버렸다. 우리가 실용주의로부터 반종교적이고 반형이상학적인 관점을 이끌어낼 수 있다는 어리석은 안목도 이에 덧붙여졌다. 그 어떤 것도 진리로부터 달아나지는 못한다. 퍼어스와 제임스, 듀이, 로이스, 산타야나, 버클러 이들 모두는 진지한 형이상학이 없다면 어떤 해석 이론도 내적으로 깊이 뿌리박고 있는 나르시스적 지평에서 탈출할 수 없다는 사실을 알고 있었다. 진정으로 물어야 할 물음은 결코 "내가 형이상학을 필요로 하는가 아니면 필요로 하지 않는가?"가 아니다. 오히려 진정한 물음은, 내가 지니고 있는 형이상학이 얼마나 훌륭한가 그리고 나는 그것을 더 개선해 나갈 수 있는가?이다. (형이상학이란 모든 언어 사용자에게 불가피한 것이다.)

좀더 나은 형이상학을 만드는 일은 좀더 나은 쥐덫을 만드는 것과 다르다. 쥐덫은 성공을 판단할 수 있는 분명한 규칙들뿐만 아니라 아주 구체적인 기능을 갖고 있다. 당신은 형이상학을 어떻게 판단하는가? 이는 매우 복잡한 문제이다. 그러나 형이상학적 틀구조는 동일성들과 차이들이 인간의 물음을 통해 분명해지도록 하는 데 기여한다는 점을 우리가 인식한다면, 일단의 통찰력이 열릴 수 있을 것이다. 더 나아가 그러한 틀구조는 익숙한 것으로부터 낯선 것으로 그리고 다시 역으로 나아갈 수 있는 번역 규칙들을 제공한다. 인종 분석과 계급 분석, 성 분석은 보다 큰 폭의 형이상학적 틀구조에서 토의되지 않는다면 장기적으

로 거의 아무런 의미가 없다. 즉 그러한 분석들을 해방 공동체(emancipatory community)의 관점에서 정초하고, 타당성을 부여하거나 비판해 줄 수 있는 형이상학적 틀구조 말이다.

두 번째 물음은 유적인 것(the generic)과 개별적인 것(the particular) 사이의 영속적인 긴장을 드러낸다. 우리가 물을 수 있는 물음으로 약간 다듬는다면: 한 시각은 얼마나 개별적인 것인가? 어떤 시각도 생각만큼 개별적이지는 않다; 특별한 역사나 특별 계시 개념을 남용하여 어떻게 꾸미려고 노력하든지 간에, 한 시각(perspective)은 그 속내를 들여다보면 언제나 유적인(generic) 움직임을 담지하고 있다. 악마적인, 더 나아가 나폴레옹적인(영웅주의적인) 씨앗들은 분석과 비평을 요구하는 소위 개별 지평들 속에서 (얼마든지) 발견될 수 있다. 결국 모든 계시는, 심지어 지역적 필요성들과 욕망들이 자아보존적인 힘의 지평 속으로 그것을 압축하려 시도할 때조차도, 의도상 유적이다. 지역주의(provincialism)는 두 얼굴을 갖고 있다. 『해석자들의 공동체』에서 지목하듯이, 지역주의는 '충실성에는 충실성으로'(loyalty to loyalty) 원리가 온전히 출현하는 치유의 자리가 될 수 있다─이는 로이스가 의도하는 바이다. 혹은 지역주의는 악마적 얼굴을 지니고도 있어서, 그것을 통해 패거리주의(tribalism)가 영의 해방적 요구들을 반대하는 무기로 사용될 수도 있다. 이 두 얼굴을 조사하여 현명한 선택을 내리는 일은 해석자로서 우리의 최선의 노력을 요구한다.

세 번째 물음은 세계 내 기호작용(semiosis)의 범위를 다룬다. 『해석자들의 공동체』에 담긴 이 측면을 대부분의 비평가들은 무시하고 지나갔다. 하지만 성서 증언 자체는 자아(the self)와 자연과 신성(the divine) 사이의 기호적 관계를 지속적으로 가리키고 있어서 범기호주의(pansemioticism)를 지향하여 나아간다. 모든 자아/대상 관계는 기호

들에 의해 매개되고 그리고 그렇게 되어야만 한다. 기호들은 대상들을 결코 완전히 대치할 수 없고 그들을 지시할 따름이다(이처럼 철학적으로 삭막한 시대에는 흔히 망각되는 교훈이다). 존재한다는 것(to be)은 기호 사용자(sign user)가 되는 것이고, 전적으로 기호적인 자연 속에 살아가는 것이다. 동물들도, 비록 그것들이 기호인 줄을 모르더라도, 기호들 안에서 교류한다. 심지어 식물들도 사실상 기호적이라고 주장할 수 있다.5) 지평 해석학은 기호들과 그 대상들과 그리고 그들이 상호간에 맺는 상호작용 형태들에 관한 것이다. 이 책에서 개략한 여섯 가지 차원의 기호 기능을 좀더 전면으로 내세워, 해석학이 참으로 기호 기능의 다양한 주제를 존중할 수 있도록 배려할 필요가 있다.

마지막 물음은 우리의 해석적 삶을 수행하며 살아갈 때 영(the spirit)이 활동하는 범위에 대해서 다룬다. 우리가 그 영을 적절히 다루는 많은 책과 논문을 접하는 시대에 살고 있음에도 불구하고, 한편으로 우리가 바로 자연의 핵심에서 분출되어 나오는, 불합리하고 심지어 위험스러운 차원들을 받아들이기를 거절하고 있다는 사실은 역설이다. 영에 대한 비하적 외면(abjection)이 죄가 아니라, 그를 지배하고자 하는 나르시스적 욕망들을 내려놓기(let go)를 거절하는 것이 죄이다. 영이란 필자가 "신율적 민주주의"(theonomous democracy)라 부르는 것과 무척 잘 어울린다고 생각하는데, 틸리히의 종교적 사회주의를 좀더 섬세하게 다듬은 것이라 할 수 있다. 정의상, 신율적 민주주의는 개인적 형태나 사회적 형태의 특권들에 집착하려는 욕망의 타율적 구조들에 상냥해서는 안 된다. 영의 척도란 무엇인가? 답은 자명하다: 영의 척도

---

5) 이 문제에 관해서는 John Deely의 *The Human Use of Signs: Elements of Anthropo-semiosis* (Lanham MD: Roman & Littlefield, 1994)를 참조하라.

는 모든 지평을 초월한다. 즉 우리의 선행적 욕망들을 충족시켜 주는 모든 형태의 척도를 넘어 존재한다.

더 많은 작업들이 필요하다.6) 신학 혹은 철학을 (우리 시대 가장 해로운 우상들 중 하나인) 지식 사회학으로 환원하는 것은 어쩌면 필요한 일인지도 모른다. 하지만 깊은 이해를 요구하며, 해롭고 심지어 악마적인 조건들의 철저한 재구성으로 우리를 이끌어갈 보다 폭넓고 해방적인 지평을 발전시켜 나가는 것은 또 다른 일이다. (여전히 많은 부분 형성 중인) 탈자적 자연주의는 교회와 학계 내외에서 신율적 계기를 불러일으킬, '모든'이라고 말하기는 어렵겠지만 적어도 많은 자원들을 담지하고 있다는 것을 필자는 설득력 있게 설명하고자 애써 왔다. 그러나 고전적 실용주의자들이 잘 알고 있듯이, 적합한 공동체 속에서 치유의 열매를 맺지 못하는 그 어떤 틀구조도 그리 오래 기억되지 않는다.

1995년 6월
드류대학 신학부
로버트 코링턴

---

6) 필자의 글, "Nature's God and the Return of the Material Maternal," *The American Journal of Semiotics* 10/1-2 (1993): 115-31을 참조하라.

| 편집자 서문 |

로버트 코링턴(Robert S. Corrington)은 미국 철학자들인 조시아 로이스(Josiah Royce)와 찰스 퍼어스(Charles Peirce)의 사유의 관점에서 미국 성서 해석학의 주제를 제시한다. 이는 성서 연구와 철학 사이에 가교를 구축하려고 시도하는 아주 드문 연구이면서, 대다수가 하찮은 것으로 간주하거나 무시하던 성서 연구를 시작하는 하나의 방식을 보여주고 있다. 하지만 코링턴은 이를 아주 흥미로운 방식으로 전개하는데, 그의 방식은 성서 연구들 일반에 중요한 방법론적 함축성들을 지니고 있기도 하지만, 또한 특별히 미국 성서 해석학에 대한 전문적인 통찰력을 전시해 주고 있다.

코링턴의 책이 담지한 중요성은 무엇보다도 해석학적 과제의 수행을 위한 새로운 이론적 근거의 구축에 있다고 여겨지는데, 그것을 위해 미국의 지적 전통들에 좀 더 주의를 기울이고 있다. 그는 하이데거 학파와 연관된 유럽 대륙의 접근 방법들이 지배적인 상황에서 미국 성서 해석학의 물음들에 시의적절하게 접근해 가고 있다. 유럽대륙의 접근 방식들과 차별화해, 코링턴은 대륙적 현상학과 허쉬(E. D. Hirsch)와 같은 문학 비평가들이 주창하는 보다 문자적인 반-대륙적 접근 방법을 아우르며 나아가는 제3의 해석의 길을 열고 있다. 좀더 구체적으로 설명하자면, 미국적 성서 해석은 하이데거와 가다머 같은 대륙 사상가들에 의존하는 특별히 반성적(reflexive)인 성서 읽기를 전개함으로써 다음 두 극단 중 하나의 희생양으로 전락한다: (1) (해석들의) 동등한 타당성을

주장하며 극단적 (해석적) 개방성을 지향해 나가지만, 모든 해석을 임시적인 것으로 간주하여 (해석의) 망망대해에서 절망적으로 헤매도록 만든 그래서 적절한 해석적 틀의 상실을 야기하고 만 (유럽) 대륙 친화적 접근 방식; 그리고 (2) '하나의 권위적 해석'을 제외한 그 어떤 해석도 거절하는 문자주의의 상극을 취하는 노골적으로 반-대륙적인 방법론. 후자의 접근방식은 코링턴의 구체적인 작업에서는 일단 논의에서 배제된 관심사이긴 하지만, 미국 성서 해석학 연구 시리즈가 제시하는 논제들의 중심에 놓여 있는 주제이다. 더 나아가 이 주제는 코링턴이 말하는 것을 통해 새로운 중요성을 부여받는다. 퍼어스와 로이스의 해석 이론에 근거하여 코링턴은 동시대 미국에서 경쟁 중인 두 개의 주요 주장 사이를 매개할 수 있는 견해를 찾아서 성공적으로 해석학적 논증을 구축한다. 바로 이 점이 미국 성서 해석학 연구 시리즈에 코링턴의 책이 가져다주는 주요 공헌일 뿐만 아니라 이 책이 제시해 주는 프로그램이기도 하다(이 책은 메르서 대학의 미국 성서 해석학 연구 시리즈 3권으로 출간되었다).

구체적으로, 이 책은 로이스의 **사랑 공동체**(the Beloved Community) 개념을 통해 해석자들의 공동체 속에 범례적으로 해석의 자리를 재정초함으로써 현재 경쟁하고 있는 주요 해석 학파들과 구별된 제3의 대안을 형성한다. 사랑 공동체는 전반적으로 충실성(loyalty)과 사랑이라는 개념들에 근거를 두고 있고, 구체적으로는 자연의 인간 이전적(prehuman) 질서들 속에 전일적(holistic) 관점의 공동체를 정초하고자 시도하는 에머슨의 범재신론(panentheism) 개념에 근거를 두고 있다. 이러한 해석학적 흐름은 순수한 절대성들을 거절하고, 성서를 "시간에 예속되어 불충분한 유적(generic) 통찰들을 담지한 지체"로 인식하는 모더니즘의 요

구에 상응한다. 하지만 모더니즘의 도전들에 대한 반동으로 철저한 주관주의(subjectivism)에 예속된 채 머물러 있는 대륙의 회의주의(skepticism)는 실재(reality) 개념을 거절하는 데 반해, 공동체는 실재를 확증한다. 왜냐하면 공동체는 긴 시간 주기들을 넘어 활동하기 때문이다. 다른 말로, 우리를 갈라놓고 있는 문제들은 근본적으로 (유럽) 대륙에 기원을 두고 있으며, 그리고 대서양 이편에서 소위 자유주의자들과 보수주의자들은 그들이 생각하는 것보다 훨씬 많은 것을 서로 공유하고 있다는 사실을 논구함으로써 코링턴은 미국의 현대 성서 해석이 처한 막다른 골목을 넘어갈 수 있는 길을 가리켜주고 있는 것이다―실로 미국 성서 해석학에 광범위한 함축성들을 내포하는 통찰이다. 담론의 문법을 적나라하게 노출시키려는 본 시리즈의 근본적 의도들 중 하나는 다양한 성서 해석 진영들로 하여금 서로 대화할 수 있도록 하고, 그리하여 문화의 생명과 정기들을 형성하는 데 보다 더 생동적인 역할을 감당하도록 성서를 자유롭게 놓아 주는 것이다.

이상에 언급한 전반적인 기술의 맥락에서 코링턴의 작품이 제기하는 다수의 구체적 이슈들은 직접적으로 본 시리즈가 다루는 범위 안에 놓여 있다. 그것들을 언급해 본다면 이하와 같다.

1. 코링턴은 다원주의와 민주주의라는 지배문화의 기풍(ethos) 속에서 구축된 **지평 해석학**(horizontal hermeneutics)을 통해 해석 과정의 "재-토대화"(re-grounding)를 주장한다. 그는 완전히 민주적인 해석 공동체가 담지할 특징들에 대한 신랄한 토론을 제시한다. 그에 더하여 그는 공동체적 해석 지평으로서 개인과 (텍스트의 세계를 포함하는) 세계 사이의 "중간계"(midworld)에 대하여 말한다. 나는 우리의 성서 읽기에서 작용하고 있는 그러한 중간계에 대한 인식이 원한 맺힌 종교

논쟁들을 그 고착된 중심에서 끄집어낼 수 있다는 위대한 약속을 제공한다고 믿는다. 이러한 맥락에서 그는 모든 해석은 **또 다른 해석을 위한 해석**(interpretation for another)이라는 중요한 통찰을 보여주는데, 이는 본 시리즈가 독려하는 대중적 성서 읽기를 위한 단계를 준비하는 접근 방법이라 여겨진다.

2. 성서를 지레 권위 있는 본문 즉 텍스트로 삼는 해석학적 접근 방법에 코링턴은 굴복당하지 않는다. 이는 다원적인 미국 환경을 효과적인 신학 범주로 삼고자 표방하는 미국 성서 해석학에 중요하다. 성서가 미국적 경험의 형성에 핵심 역할을 감당해 왔다는 사실에는 의심의 여지가 없지만, 성서가 계속 그러한 역할을 감당**해야만**(must) 한다고 전제하는 것은 그릇된 것이다. 과학과 기술이 지배하는 "멋진 신세계"(brave new world) 속에서 성서는 문화가 펼쳐 주는 수사적 용어들과 범주들을 통해 스스로의 길을 습득해 가야만 한다. 특별히 로이스에 근거하여, 코링턴은 "정경적"(canonical) 성서 읽기를 고안했는데, 초기 기독교 공동체 안의 충실성과 사랑의 이상들을 성서 읽기에 반영하는 것이다. 그 이상들이 하나의 전체로서 사회를 위해 범례적으로 존재한다는 근거에서 말이다. 이런 점에서 정경성(canonicity)은 개별 신앙인이 다른 이들에게 권위적으로 부여하거나 혹은 교회적 권위로 수립되는 어떤 것이 아니다: 그것은 그들 자신의 신앙적 전제들을 공유할 수도 공유하지 않을 수도 있는 역사가들과 과학자들과 철학자들과 더불어 공공의 상황에서 신앙인들이 대화로 궁리해 나가야 하는 문제이다. 그러한 접근 방법이 미국 성서 해석학을 공공의 영역에 구축할 것인데, 그것이 민주적 공동체에서 목표를 향해 나갈 수 있는 유일한 정도(正道)이다.

3. 로이스의 사유에 기반하여, 코링턴은 신학 담론 속에서 **영**(the Spirit)을 상당히 강조하고 있다. 분명히 이것은 유럽 전통의 신학 담론

에서 무시되어 왔던 요소이지만, 그러나 의미 있을 만큼 충분히 많은 숫자의 미국 지성인들 사이에서 강한 호소력을 발휘하였다. 여기서 개신교의 성서-중심주의(Biblio-centrism)에 기반을 둔 폐쇄적 신학체계를 제거하려던 에머슨의 노력에 공감하는 토론을 포함하여, 그 강조점의 의도는 곧 대륙 철학의 로고스-중심주의(the logo-centrism)를 극복하기 위함이다. 심층적인 의미에서 미국적 경험은 언어에 집중하는 대륙 사상가들의 절대 주장들을 몰아내고, 영(Spirit)과—영의 외면적 형식으로 인식되는—자연의 계시적 힘들이 일어나도록 초청하는 성향이 있다. 분명히 "미국적 실험"을 염두에 두고 활용되었던 과학적 그리고 자연주의적 은유들은 자연과, 그 연장선상에서 영(the Spirit)을 향한 아주 극진한 존중심을 당연하게 담지하고 있다. 자연과 영의 범주들과 연관하여 그처럼 방대한 양의 탐구가 미국 성서 해석학 연구 프로젝트의 범위 내에 기존한다. 코링턴의 작업은 탐구해야 할 철학적 범주들을 설정하는 데 본질적이다.

4. 정의상, 미국 성서 해석학은 보편(the universal)보다 개체(the particular)의 우선성을 칭송한다. 이 점과 관련하여 코링턴은 강력한 논쟁을 제공한다. 그는 로이스의 견해를 따라, **보편들은 오직 개체들 속에서만 자신들을 드러낼 수 있고 우리는 보편(genera)의 특별한 '영역'에 접근할 수 없다**고 기술한다. 여기서 그는 성서의 불완전성을 지적하면서, 로이스를 따라 보편주의(universalism)보다 장소성/지역주의(locality/provincialism)의 우선성을 지적한다. 차례로 이는 보편주의라는 이름으로 그러한 지역적 실재들을 덮어버리기보다는 그 '지역들'(provinces)을 관통하는 보편적 실재들을 드러내고자 하는 이 시리즈의 목표에 적합한 이론적 토대를 놀랍게 제공해 주고 있다. 우리의 상황에서 미국적 경험 그 자체는 그러한 '지역'을 표상한다.

이상의 모든 점을 염두에 둘 때, 이 책은 미국 성서 해석학 연구의 근본적 방향성을 소통하기 위해 전문가들뿐만 아니라 성서 연구에 관심을 두고 있는 비전문가들에게도 호소력을 갖고 있음이 분명하다. 이러한 의미에서 이 책은 본 시리즈가 의도하는 공공의 대중들에게 호감 있게 다가온다. 마찬가지로 공히 이 책은 이 분야의 미래 작업을 위한 일반적인 프로그램으로 손색이 없다. 이 책을 여는 몇 가지 언급을 마무리하기에 코링틴이 적어 놓은 로이스의 인용을 언급하는 것보다 더 좋은 방법은 없을 듯싶다. 아래의 진술은 미국 성서 해석학 연구 시리즈 전체의 인증서로, 또한 이 책이 이러한 환경에서 성서와 씨름하는 우리 모두에게 제시하는 도전으로 손색이 없다.

세계 문명의 현재 상황에서 그리고 우리나라의 생명력이 처한 현재 상황에서, 긍정적 가치와 우리 자신의 안녕을 위한 절대적 필연성, 건전한 지역주의를 새로운 의미와 집중력을 가지고 속도감 있게 다가오는 미래 세계를 향한 호소력을 지닌 구원의 힘으로서 강조해야 할 때가 왔다는 것이 필자의 논지이다.[7]

필자가 보기에 이러한 말들은 그것들이 쓰였던 당시보다 오늘날 더 타당한 듯하다. 이 (북미) 대륙에서 숙성되어 왔던 민주주의의 열매가 담지한 비극적 결함은 모든 종교적 · 철학적 주장의 모호한 동등성을 근거로 확립되었던 일종의 보편주의이다. 이론적 숙고의 **처음**부터 우리로 하여금 차별화하도록(to differentiate) 강권하는 지역주의만이 인간

---

7) Josiah Royce, *Basic Writings*, ed. John J. McDermott, 2 vols. (Chicago: University of Chicago Press, 1969), 2:1069.

영을 해방시키기보다는 도리어 억압하는 그 거짓된 보편주의를 궁극적
으로 극복할 약속을 담지하고 있다.

1987년 9월 21일

마샬 대학교에서

찰스 메비(Charles Mabee)

|목 차|

1장

미국 해석학의 기원들

: 퍼어스와 조시아 로이스

미국 해석학은 찰스 샌더스 퍼어스(Charles Sanders Peirce, 1839-1914)와 조시아 로이스(Josiah Royce, 1855-1916)의 저술들을 통해 명시적으로 등장했다고 말할 수 있다. 하버드 대학에서 교육을 받았고 제도권 철학계에서 늘 주변 인물이었던 퍼어스는 기호학과 그의 내적 논리를 통합하는 포괄적인 형이상학을 발전시켰다. 존스 홉킨스 대학과 독일에서 수학한 로이스는 소위 미국 철학의 황금기를 구가했던 하버드 철학과의 핵심으로 자리 잡고 있었다. 윌리엄 제임스와 조지 산타야나, 게오르그 팔머와 더불어 로이스는 신대륙에서 가장 전도유망한 철학과들 중 하나를 만들어내는 데 일조하였다. 그의 길고 풍성한 이력 내내, 로이스는 절대적 관념론(absolute idealism)을 발전시켰다. 이는 유한의 영역과 절대자(the Absolute)의 내적 삶 사이의 관

계를 보여주기 위한 분투였다. 말년에 로이스는 퍼어스의 에세이들을 읽고 점차 영향을 받기 시작했고 그리하여 인간 공동체에서 절대자가 감당하는 역할을 훨씬 다원적으로 이해하게 되었다. 퍼어스의 기호 이론은 성숙한 로이스에게 회개 경험(conversion experience)과 유사한 어떤 것을 가져다주었다. 1913년 출판된 로이스의 마지막 대작『기독교의 문제』(*The Problem of Christianity*)는 그의 성숙한 해석 이론을 제시해 주면서, 그동안 무시당해 왔던 퍼어스의 에세이들을 새롭게 부각시켰다.

퍼어스의 미간행 사본들이 하버드 보관소로 옮겨 와 목록화된 것이 1915년이었기 때문에 로이스는 그것들을 접해 보지 못했다. 그 대신 로이스는 퍼어스의 출판 논문들과 1898년 하버드 강연에 의존하였다. 로이스는 특별히 5개의 논문을 언급한다. "범주들의 새 목록에 대하여"(1867), "인간의 것으로 주장되는 특별한 능력들에 관련한 물음들"(1868-1869), "네 가지 무능력이 가져올 일단의 귀결들"(1868-1869), "논리 법칙들의 타당성의 근거들: 네 가지 무능력이 가져올 더 많은 귀결들"(1868-1869) 그리고 "기호"(1901) 등이 그것들이다.8)

이 논문들은 로이스가 성숙한 비전으로 나아가도록 도움을 주었는데, 그 논문들이 전개하는 풍성한 기호 이론이 그의 인식론을 강화해 주고, 그의 전반적인 해석적 틀구조를 더욱 강건하게 만들어 주었다. 처음부터 우리는 기호학을 소위 기호라는 경험 내 항목들에 대한 체계적 연구로 정의할 수 있다. 기호론자들의 주도적인 경향은 모든 콤

---

8) Josiah Royce, *The Problem of Christianity*, ed. John E. Smith (Chicago: University of Chicago Press, 1968), 275-76.

플렉스를 기호들로 정의하고, 기호학을 형이상학의 논리(organon)9)로 보는 것이다. 퍼어스는 이 점에 대해 모호한 입장을 취했지만, 대체로 기호들의 영역을 사고의 영역으로 제한했다. 말하자면 퍼어스는 모든 사유가 기호들 속에 존재해야 하고, 사유의 영역 밖에 놓인 것은 기호가 될 필요가 없다고 주장하였다. 로이스는 실재(reality)를 기호 체계로 정의하는 견해에 더 가까웠다.10)

퍼어스의 기호학을 로이스가 활용한 방식에 대한 구체적인 기술을 시작하기에 앞서, 퍼어스 철학의 전반적인 주장을 요약하는 것이 필수불가결하다고 생각한다. 우리의 초점은 해석적 시각의 출현과 관계있는 요소들에 놓일 것이다.

퍼어스는 실용주의 운동의 창시자로 가장 주목받는다. **실용주의**라는 용어의 기원과 그와 연관된 일반 개념들의 창조는 1870년대 형이상학 클럽(the Metaphysical Club)으로 소급될 수 있다. 거기에 참여한 정규 멤버들 중 주요 인물은 퍼어스와 윌리엄 제임스, 저스티스 홈스(Justice Holmes), 니콜라스 그린(Nicholas St. John Green), 존 피스키

---

9) 역자 — 'organon'은 통상 '도구' 혹은 '수단'이라는 말로 번역되기도 하지만, 철학적으로 아리스토텔레스의 저작들 중 논리학과 연관된 저술들을 후학들이 출판하면서 '오르가논'이란 말을 붙였다. 아리스토텔레스는 '논리학'이란 명칭을 사용하지 않았지만, 후학들이 이 이름하에 연구 및 사고의 형식과 법칙 등과 같은 학문의 도구 혹은 준비의 역할을 하는 분야들을 귀속시켜 출판하면서, '논리'라는 말이 유통되었다.

10) 퍼어스가 정신(mentality) 개념을 얼마나 확장하고자 했는지는 분명치 않다. 그의 글을 살펴보면 한편으로 퍼어스는 물질이란 활력을 잃은 정신이라는 자신의 원리를 가지고 범심론(panpsychism)의 방향으로 나아갔다. 이 관점에서 보자면, 모든 콤플렉스는 어느 정도 정신적이어야 한다고 추론할 수 있을 것이다. 하지만 다른 한편으로 퍼어스는 자연의 질서들 속에서 기호 활동을 발견하였지만, 저술들에서는 '정신'을 해석자들에게 제한하였다.

(John Fiske), 천시 라이트(Chauncey Wright) 등이다. 토론된 주제들은 진화에 대한 다윈의 전반적 이해, 마음의 본성, 믿음의 본성, 과학적 탐구의 구조, 칸트의 철학 등에 대한 함축성들이었다. 실용주의는 진화 이론과 의식의 구성적 힘에 우선성을 두는 칸트의 비판적 전회에 공감하는 철학적 조망으로 등장하였다.

퍼어스에게 모든 관념들(ideas)은 본질적으로 행위 계획들(plans of action)이었다. 관념들은 무시간적이거나 비실용적인 용어들을 통해 출현하지 않는다. 한 관념의 틀을 잡는다는 것은 만일 그 관념을 실행하게 되면 어떤 일이 뒤따를지를 상상하는 것이다. 과학 자체는 참명제들의 단순한 집합체가 아니라 생산적 힘을 담지한 주도적 관념들의 집합으로 기능한다. 해당 예측이 올바르다면, 제안된 관념은 올바른 작업가설이라고 생각하게 된다. 어느 관념의 미래에 대한 검증은 그 관념의 현재에도 타당성을 부여한다. 하지만 퍼어스는 이 관념들이 어떻게 형성되는지에 대해서는 엄밀하게 이해하고자 전력을 투구하지 않았다. 그는 그 주도적 관념들이 창조적인 자유 연상으로부터 출현할 수 있다고 주장했을 따름이다. 이러한 관념들 중 더 거대한 종류를 가리키는 그의 용어가 **귀추법**(abduction)이다. 연역(deduction)이나 귀납(induction)과는 대립되게, 귀추법 속에서 관념들은 현재의 자료들을 뛰어넘어 좀더 유적인 전개를 시도할 수 있다. 귀추 과정은 일반 가설들을 형성하는 과정과 연관되어 있고, 특정한 예들로부터 일반화들을 만들어내기 위하여 사례들을 사용하는 단순한 귀납들을 뛰어넘어 진행된다. 실용주의는 연역과 귀납과 귀추를 함께 취하여 자연과 그 형질들에 대한 우리의 이해를 심화하는 데 사용한다. 과학은 탐구 중인 문제가 요구하는 바에 따라 각각의 방법을 사용하며 진

보해 나간다.

퍼어스의 실용주의에 필수적인 개념은 바로 우리의 주요 관념들이 잘못될 수 있다는 개념이다. 말하자면, 여느 일반적 혹은 특별한 주장들에 대해 필연적인 확실성을 가질 수는 없다는 말이다. 이 입장은 토대주의(foundationalism)에 대한 퍼어스의 거절과 맞물려 있는데, 여러 가지 형태로 등장한다. 인식론적 토대주의는 앎이란 모든 진리 주장들의 타당성을 부여하도록 기능하는 자명한 '소여'(given)에서 기원하여, (다시) 그 소여에 이른다고 주장한다. 형이상학적 토대주의는 한 부류 혹은 종류가 궁극적 실재로서 우세하고, 그로부터 모든 다른 것이 파생한다고 주장한다. 정신 철학에서 토대주의란 단순한 직관에 의해 고립적으로 파악될 수 있는 최종적인 실체적 자아(substantive self)에 대한 믿음으로 나타난다. 실용주의는 이 세 가지 형태의 토대주의 모두를 거절한다. 왜냐하면 그것들은 귀추법 일반의 가류주의(fallibilism)를 위반하는 주장들을 발전시키고 있기 때문이다. 더 나아가 가류주의는 모든 해석 과정의 일부로서, 어떤 형태의 방법론적 성찰에 의해 극복될 수 없다. '순수한'(pure) 소여(given)는 없으며, 직관되는 영혼-실체(soul-substance)와 같은 것은 없다. 모든 주요 관념은 변화하는 경험에 비추어 시험받아야 하고, 대개의 경우 판단은 연기되어야 한다.

관념들은 오류의 가능성이 있고 잠정적인 시험들을 통해 출현하기도 하지만, 또한 그것들 스스로 습관적 패턴들로 형성되기도 한다. 윌리엄 제임스처럼, 퍼어스는 관념화 과정의 틀을 만들고 지배하는 습관의 힘에 깊은 인상을 받았다. 자연 자체는 습관들이라고 기술하기에 아주 적합한 특정 패턴들로 진화한다는 자신의 형이상학적 믿음이

관념들의 습관적 구조에 대한 이 믿음 아래 놓여 있었다. 소위 자연 법칙들은 특정의 우주적 시기에 우세한 습관들이다. 이 습관들은 긴 시간 주기에 따른 변화에 예속되어 있고, 스스로를 새롭고 신기한 패턴들로 개혁할 수 있다. 그의 인식론과 우주론 모두에서 핵심적 위치를 차지하는 습관 개념은 가류주의와 개방성(open-endedness) 개념에 형이상학적 타당성을 제공한다.

따라서 퍼어스의 실용주의는 미래 지향적이고 새로움에 개방적이다. 이 틀구조를 근거하는 믿음은 바로 개체(an individual)는 실재를 정확하게 알 수 없다는 사실에 대한 강한 믿음이다. 앎이란 오류가능성을 담지하고 있고, 자연 그 자체는 새로운 변이에 종속되어 있기 때문에("튀키즘"tychism 원리)[11], 개체는 신뢰할 만한 앎을 얻기 위해 다른 이들에게 의존해야 한다. 어떤 개체(개인)도 습관과 새로움 모두를 파악하는 데 필연적인 해석 단계들을 단번에 구성해 나갈 수 없다. 퍼어스에게 과학 공동체의 탐구자들은 진리 탐구를 위해 가장 적합한 지평이다. 그러한 공동체는 어떤 합의에 이르기 위해 많은 통찰과 재능을 결합해낼 수 있기 때문이다. 퍼어스가 보기에 과학 공동체는 자기-교정적 본성 때문에 규범적이 되었다. 말하자면 모든 앎의 주장은 추후의 분석과 평가에 귀속된다. 과학 공동체는 그의 보편적 이론들에 대한 귀추적 추론들을 재사유하도록 강요할 반증(counterexample)을 환영한다. 퍼어스는 과학 공동체에 필수적인 과학적 방법과 활용이 권위적 방법이나 고집, 선험적 추론보다 더 우선시될 가치가 있다

---

11) 역자 — 튀키즘(tychism)은 우연이 우주를 구성하는 절대적 인자라고 주장하는데, 퍼어스 우주론의 중요한 원리에 속한다.

고 주장한다.

퍼어스는 단지 앎이 어떻게 기능하는지를 보여주는 데 만족하지 않았다. 그는 자신의 역할을 제일 원리들을 탐색하는 철학자로 여겼다. 실재를 하나의 궁극적 원리로 환원하는 대신, 퍼어스는 더욱 복잡한 모든 범주를 환원할 수 있는 세 가지 근본적이고 환원 불가능한 범주를 제안하였다. 즉 실재를 "일차성"(firstness)과 "이차성"(sec-ondness), "삼차성"(thirdness)으로 나누었다. 일차성은 벌거벗은 즉자성의 범주로 기술될 수 있다. 말하자면 일차성은 순수하고 무차별적인 현존을 다룬다. 인식론적으로, 일차성은 즉각적이고 생생하지만 기술 불가능한 경험이다. 형이상학적으로, 일차성은 빨강색이나 고통처럼 보편적인 형질들이 될 수 있는 가능성이다. 어떤 경우든 일차성은 생생하고 즉자적이며, 비체계화되어 있고 무반성적이고 비인식적인 것으로 범주화된다. 하지만 보편 형질들(특성들)은 형이상학적 일차성 속에서 출현할 수 있다.

대조적으로, 이차성은 우리의 의도들이나 기대들에 대한 저항으로 특징된다. 인식론적으로, 이차성은 습관적인 앎의 패턴들에 충격(shock)으로서 경험된다. 그것은 특별하고 분열적이다. 형이상학적으로, 이차성은 비자아(nonego) 혹은 타자라는 특성을 드러낸다. 말하자면 이차성은 자아와 연관될 수 없다. 왜냐하면 그것은 자아의 의지들과 적극적으로 모순되기 때문이다.

삼차성은 일차성과 이차성 모두에 의존하면서, 그들의 매개로 기능한다. 삼차성은 개념적이고 의식적이다. 그것은 일반적이고 반복 가능한 경험들의 영역으로서, 일반적으로 인지적이다. 앎의 수준에서든 실재의 차원에서든 모든 획일성들(uniformities)은 일반적인 한

삼차성의 양식들이다. 인간 행위는 인지적으로 현재하는 삼차성에 의해 지배받는다. 삼차성들이 없다면 우리는 즉자성과 저항의 혼돈스럽고 인식 불가능한 세계에 내버려지고 말 것이다.

세 범주는 모두 앎과 실재가 어떻게 불가분리하게 존재하는지를 보여주는 기능을 한다. 실용주의는 삼차성을 탐구한다. 왜냐하면 삼차성은 경험을 지배하고 그것에 질서를 부여하는 일반 관념들이 발견되는 길을 보장하기 때문이다. 이차성이 제공하는 저항은 거짓된 길들을 제거함으로써 다양한 길로 우리를 인도한다. 이론이 실재의 한계를 넘어설 때면 언제나, 실재는 기술 불가능한 방식으로 행위하면서 실재에 대한 주장들에 저항할 것이다. 이 저항은 이론이 탐구하고 있는 실재에 부합할 때까지 지속된다. 일차성은 앎에 초기적 즉자성과 생생함을 가져다준다. 질적인 의미에서(qualitative) 전체는, 한 콤플렉스의 특별한 형질을 뚫고 나가기를 시도하면서 사유를 지탱한다. 세 범주 모두 실용적 탐구의 주요 관념들을 안내하여 풍성하게 만든다. 퍼어스는 어떠한 인식론도 이 범주들을 통한 적절한 형이상학적 뒷받침 없이 기능할 수 없음을 의식하고 있었다. 세 범주는 그에게 어떻게 앎이 기능하는지를 보여주는 구조를 알려 주었다.

세 범주는 퍼어스의 정밀한 기호 이론으로 구체화되었다. 사유는 기호들 없이 기능할 수 없다. 따라서 인간의 이해는 기호들의 동화와 조작으로 구성된다. 퍼어스는 기호 유형들 사이에 존재하는 다양한 구별을 세별해내는 데 엄청난 노력을 투자하였다. 그러나 기본적 구별들은 세 가지로 확인되었다: 도상(圖象 icon)과 지표(指標 index), 상징(象徵 symbol).[12] 그의 기호 이론이 다른 많은 구별을 포함하고 있긴 하지만, 이 삼원구조는 기호들이 대상들과 관계하는 방식에 부

합한다.

　기호는 특정한 방식으로 대상을 지시하고, 그 대상에 대한 해석을 해석자가 이용할 수 있도록 한다. 각 기호는 다른 기호들과 연결되어, 시작도 끝도 없는 기호 시리즈를 형성한다. 그럼으로써 기호는 하나의 도상(즉 유사기호)으로서, 하나의 지표로서 혹은 하나의 상징으로서 (혹은 그 셋의 결합으로서) 기능한다. 하나의 도상으로서 기호는 그것이 지시하는 대상에 대한 유사성으로 의미를 나타낸다. 예를 들어, 지도는 어떤 지역에 대한 도상적 기호이다. 왜냐하면 그의 모양과 선은 거칠게나마 그 지형과 동형이기 때문이다. 사진들과 그림들은 그 시각적 즉자성 때문에 도상적 기호들이다. 지표로서 기호는 그 대상이 기호와 더불어 맺고 있는 실존적 관계를 통해 어떤 것을 가리킨다. 어떤 실존적 관계들은 인과율적일 것이고, 어떤 관계들은 시공간적일 것이다. 예를 들어, 정지 신호는 실제 상황을 물리적으로 표상해 줌이 없이 운전 행위를 통제한다. 물리적 증상들과 자연 사건들이 지표적으로 기능할 수 있다. 따라서 특정의 구름 형상은 임박한 비의 지표일 수 있다. 지표적 기호가 특정한 것을 지시하는 반면, 상징적 기호는 사물들의 일반적 부류나 집단을 지시한다. 지표와 달리, 상징은 그의 지시 대상과 공통적인 형태를 가질 필요는 없다. 예를 들어 언어는 이미지들이나 음조들이 그러하듯 상징적으로 기능한다. 상징들은

---

12) 역자 ― 퍼어스의 전문 용어들에 대한 기초 번역들이 이미 국내에 수행되어 있고, 역자는 특별히 두 편의 논문을 통해 번역 용례들을 참고했는데, 주형일 교수의 저서를 발췌한 인터넷 글「퍼스의 기호학이란 무엇인가?」(online: http://www.sunnyglish.com/tattertools/1062(1/11), 접속일자 2008년 7월 28일)과 황현택의「퍼어스 기호론과 심볼마크의 이해」(「디자인학연구」통권 제59호 Vol.18 no.1)이 그것들이다.

자연의 일반 법칙들 혹은 습관들에 근거해 있고 앎의 안정과 발전에 필연적이다.

도상들과 지표들과 상징들은, 이론적 수준에서가 아니라면 결코 순수한 형태로 발견될 수 없다. 퍼어스는 구체적 사례들로부터의 이 추상 과정을 '떼어내기'(prescinding)와 연관시켰다. 말하자면 우리는 작동 중인 해당 기호를 고립시켜, 그의 분리된 순간들이나 측면들에 눈을 돌린다. 더 나아가 해당 기호는 세 가지 양식 모두로 기능할 수도 있다. 한 기호가 한 가지 양식을 강조하면서, 다른 양식들을 퍼어스가 '퇴화' 형식이라 부르는 방식으로 드러낼 수도 있을 것이다. 퇴화적 기호 형식 혹은 범주라는 개념을 규범적으로 이해해서는 안 된다. 현재 맥락에서 '퇴화'(degenerate)란 용어는 단지 하나 혹은 두 형식이 다른 양식들보다 덜 우세하다는 것을 의미할 뿐이다. 예를 들어 무대 위에서 보여주는 배우의 제스처는 세 가지 기호 양식 중 하나로 기능할 수 있다. 팔을 바깥쪽으로 휘젓는 것은 긴장을 동반하는 장면의 전반적인 질감을 강화하도록 도상적으로 기능할 수 있다. 동일한 제스처가 지표적으로 작용하여, 다른 배우에게 무대 뒤로 걸어 나가라는 신호를 줄 수도 있다. 마지막으로, 팔의 운동은 또한 그 제스처에 의해 지시되는 배역의 인물이 악을 상징하는 사람들의 계층에 속한다는 의미를 전달할 수도 있다. 무대 감독은 도상이나 지표로서 그 제스처에 많은 관심을 보이겠지만, 문학 비평가는 각색자나 청중을 향한 상징적 가치에 좀더 관심을 기울일 것이다. 어느 경우든 기호의 한 차원 혹은 그 이상의 차원들에 특별한 주의가 주어지기 마련이다. 그 밖의 차원들은 보다 약한 형태로 현존한다.

기호들의 세 유형은 모두 의사소통과 공동체에 필수적이다. 철학

은 해당 기호나 기호 연쇄의 개념적 차원을 파악하기 위해 상징적 기능들에 초점을 맞춘다. 이러한 강조는 철학은 삼차성에 관심을 갖는다는 관점, 즉 사람들과 세계의 일반 법칙들과 습관들에 관심을 갖는다는 관점을 수반하기 마련이다. 그러한 일반 범주들이 상징들 속에 예치되어 있다.

퍼어스의 기호학은 그의 형이상학의 일반 범주들인 일차성과 이차성, 삼차성을 부각시키는 기능을 한다. 도상들(icons)은 일차성의 즉자성에 현재한다. 지표적 기호들(indexical signs)은 이차성의 물리적 저항을 드러낸다. 상징들은 일반 법칙들과 습관들, 즉 삼차성의 영역을 보여준다. 여기서 우리는 기호학이란 형이상학의 논리라는 퍼어스의 주장을 목도한다.

이해 가능한 모든 것은 기호이기 때문에, 이로부터 세계의 기본 형질들에 대한 우리의 일반적인 이해는 기호학적 용어로 번역되어야만 한다는 사실을 추론하게 된다. 의미와 해석의 규칙들을 분명하게 진술하는 한, 기호학은 형이상학의 논리(the organon of metaphysics)이다. 일단 기호들에 대한 일반 논리가 발전하게 되면, 형이상학에서 가장 큰 영향력을 발휘하는 보편적인 유(類)의 분석을 위한 신뢰할 만한 틀구조를 찾는 것이 가능해진다.

마지막으로, 퍼어스는 일반 범주들의 발전을 도모하는 우주론을 발전시켰다. 튀키즘(tychism, 즉 우연) 개념에 덧붙여, 퍼어스의 범주들에는 시네키즘(synechism 연속성)과 아가피즘(agapism 사랑)이 있다. 퍼어스는 실재의 모든 것을 하나의 연속체(continuum)로 보았다. 소위 모든 개별자는 연쇄들 혹은 단위들로 모두 혼융되어 있는데, 그 단위들은 그저 임의적으로만 나뉠 수 있을 따름이다. 예를 들어 시간

은 서로 나뉠 수 있는 불연속적인 단위들에 의해 구성되는 것처럼 보인다. 하지만 시간의 운동을 좀더 주의 깊게 검토해 보면, 고립적으로 정의될 수 있는 불연속적 순간들이란 없다는 것을 알게 된다. 오히려 시간의 '순간들'(moments)은 한데 뒤섞여 시작도 끝도 없는 연쇄를 형성하는 무한소들(infinitesimals)이다. 베르그송과 유사한 이 관점이 모든 실재에 적용된다. 존재하는 것은 무엇이든지 한 연속체의 부분이다. 퍼어스는 이 내적 연관성의 일반 원리를 시네키즘(synechism)이라 불렀다. 이는 자연과 사유의 통일성과 전일성을 향한 성향을 드러낸다. 많은 연속체들이, 비록 동일한 방식으로 기능하지는 않지만, 자연 속에 퍼져 있다.

  퍼어스 우주론의 세 번째 일반 원리인 아가피즘(agapism)은 하나의 전체로서 우주 안에는 진화론적 사랑(evolutionary love)의 원리가 존재하고 있음을 확신한다. 아가페(agape)는 목표를 미리 결정함이 없이 자유롭게 성장하도록 도와주지만, 그러나 동시에 성장은 언제나 더욱 완전한 조화 상태를 향하여 나아감을 전제한다. 시네키즘(synechism)의 원리가 자연 내 연속체들을 가리키지만, 아가피즘의 원리는 자연의 자율성과 운동성을 지시한다. 현재 우리의 우주 시대는 불완전과 미완성을 특징으로 삼고 있지만, 하느님의 신적인 사랑과 조화에 더 부합하는 우주가 미래에 출현하여 불완전한 우주를 극복할 것이라는 기대를 갖게 한다. 자연의 일반적 습관들(삼차성들)은 이상적 합치(convergence)를 향하여 나아가고 있는데, 그 이상 속에서 먼 미래에 이차성의 부조화는 완전한 상태로 합치될 것이다.13)

---

13) 아카피즘에 대한 퍼어스의 이해를 설명하는 통찰력 있는 분석으로서 Carl R. Hausman,

아가피즘은 퍼어스의 세 우주 원리 중 가장 논쟁적이다. 튀키즘이나 시네키즘과 유사한 어떤 것을 지지하는 많은 논증이 발전되어 왔지만, 우주가 우주적 사랑을 향해 진화하고 있다는 관점을 변증하는 사상가는 거의 없었다. 로이스는 세 원리 모두를 수정된 형식으로 확증한다. 튀키즘에 대한 그의 믿음은 그의 해석학에서 찾아 볼 수 있는데, 거기서 로이스는 열린 결말을 지향하는 기호 번역과 비교의 관점을 옹호하였다. 창조적 우연(creative chance)은 이 과정의 본질적 부분이다. 시네키즘에 대한 그의 믿음은 그의 기호 이론에서 찾아 볼 수 있다. 거기서 로이스는 기호들은 하나로 연결되어 하나의 연쇄를 구성하며, 갈라짐(diremption)이나 근본적인 불연속성을 허용할 수 없다고 확증한다. 아가피즘에 대한 그의 믿음은 자연적이고 살아있는 해석 공동체들로부터 출현할 '사랑 공동체'(the Beloved Community)에 대한 그의 확증에서 볼 수 있다. 사랑 공동체는 우리의 일상적 관점을 구성하는 해석 공동체들에게 내적 목표(telos)와 외적 유혹으로 존립한다.

퍼어스가 로이스에게 영향을 주었던 구체적인 방식들을 검토할때, 우리는 퍼어스가 1860년대에 저술한 위에서 언급한 에세이들에 초점을 맞추어야만 한다. 그 글들 속에서 퍼어스는 기호 기능과 그러한 기호학이 수반하는 자아 이론에 대한 그의 이해를 촉매할 적합한 언어를 찾느라 분투하고 있다. 방법론이 담지하는 일반적 문제들이 새로운 해석 개념을 위한 그의 논증에 핵심이고, 이는 일반 해석학을

"Eros and Agape in Creative Evolution: A Peircean Insight," *Process Studies* 4:1 (Spring 1974): 11-25.

발전시키려는 로이스의 시도들을 근거하고 있다.

첫 번째 에세이 "새로운 범주들의 목록에 대하여"("On a New List of Categories")는 1867년에 출판되었고, 이는 경험의 다양성이 어떻게 기호들을 통하여 질서를 담지하게 되는지를 보여주려는 퍼어스의 시도를 대표한다. 그 안에서 퍼어스는 대상들의 본성과 그들에 대한 우리의 앎에 약간의 지표를 제공해 주고 있다. 대상들은 어느 정도 일반적(general)이고 우리를 위해, 즉 해석자들을 위해 기호들로 존재한다. "표상들(representations)로 간주한다면, 이해의 대상들은 상징들이다. 즉 최소한 잠재적으로 일반적인 기호들이다. 그러나 쓰였건 말하여졌건 또한 사유되었건 간에, 어느 상징들에 대해서도 논리 규칙들이 잘 서 있다."14) 그 어떤 이해 대상도 그 자체로 기호 속에 담지된 보편 술어를 갖고 있어야만 한다. 논리는 보편 술어들 사이의 관계에 관심을 갖는다. 보편들(universals)은 유명론적인 것이 아니라 실재적이라 주장하며, 개별자들(particulars) 속에서 유전된다고 주장한다. 이 보편 형질들을 담지하지 않은 대상들은 인지될 수 없다. 모든 보편은 기호들 속에 표현되며, 이는 이 보편들에 대한 모든 사유가 기호들 안에서 이루어져야 한다는 것을 의미한다.

생각하거나 혹은 경험한다는 것은 기호들을 사용하는 것이다. 이러한 용법은 귀납법에서처럼 아주 조절된 방식으로 일어나거나 아니면 상상적 연상(imaginative association)의 방식으로, 즉 퍼어스가 "해석적 명상"(interpretive musement)이라 불렀던 것에서 기인한다. 이

---

14) Charles S. Peirce, *The Collected Papers*, vols. 1-6, ed. C. Hartshorne and P. Weiss (Cambridge MA: Harvard University Press, 1931-1935), 1.559. 추후 인용들은 이 책을 가리키며, 기입된 판본을 지시한다.

명상은 기호들이 창조적이고 새로운 패턴들로 전개될 수 있도록 해준다. 우연, 혹은 튀키즘(tychism)은 이 열린-결말(open-ended)의 방법에서 나타난다. 이 열린 결말 속에서 기호들의 조작은 특정한 시기의 자료들을 초월하여 가설들을 구성하는 일반 귀추 과정(the general abductive process)의 일부이다.

퍼어스는 특정 기호 속에 세 요소 혹은 세 기능을 언급함으로써 기호들의 본성에 대한 자신의 관점을 숙성할 토대를 마련한다. 첫 번째 기능은 기호의 **외연**(denotation)으로 대상에 대한 기호의 지시관계를 가리킨다. 두 번째는 **내포**(connotation)인데, 의미의 근거—이는 기호 외연보다 큰 근거이다—에 대한 기호의 지시(관계)를 가리킨다. 세 번째 요소 혹은 기능은 기호에 의해 해석자에게 **전달된 정보**(information conveyed)이다. 퍼어스는 진술하기를,

> 먼저 그 대상들에 대한 혹은 그 외연에 대한 상징의 직접적인 지시(reference)가 있다. 둘째로 그 대상의 근거에 대한 상징의 지시, 즉 그 대상들의 공통적 특징들에 대한 혹은 그것의 내포에 대한 지시가 있다. 셋째로 그 대상을 통한 상징의 해석체들(interpretants)에 대한 지시, 즉 모든 종합 명제에 대한 지시가 있는데, 그 명제들에서 그 공통의 대상들은 주어이거나 술어이고, 이를 필자는 상징이 체현하는 정보라 이름한다(1.559).

세 번째 요소는 주어와 술어 모두를 지시하는 명제들의 합 속에 존재한다. 따라서 술어의 연관망으로서 삼차성과 주어는 기호들의 이 세 번째 기능에 현시된다. 대상은 배경(적 다양성)과 외연하는 개별

자 사이의 관계를 설정하는 기호에 의해 통일성을 부여받는다.

예를 들어, 하나의 텍스트는 하나의 복잡한 기호나 하나의 기호 연쇄로 간주될 수 있다. 말하자면 그것이 역사적 시대에 대한 정보를 전달하는 한에서, 본문의 기호들은 세 번째 기능의 수준에서 기능하며, 그 안에서 해석자로서 독자는 의미들의 망(web)과 관계를 맺게 된다. 그 동일한 텍스트가 하나의 통일체로서 기능하여 역사에 대한 소묘 속에서 어떤 공통의 형질을 드러내는 한, 그것은 이차 수준에서 기능한다. 마지막으로, 그 텍스트가 역사의 질서 속에서 실제 사건들과 인물들을 지시하는 한, 그것은 일차 수준에서 기능하는 것이다. 모든 기호는 이 세 요소 모두를 갖고 있다. 비록 한두 가지 기능이 해당 기호에 좀더 중심적일 테지만 말이다.

기호는 대상을 그 형질들과 그로부터 결과하는 해석(정보)과 더불어 통합한다. 더 나아가, 기호들은 주어들과 술어들 사이에서 획득되는 관계들을 보전한다. 이는 전체 대상을 시야에 묶어두는 것이며, 또한 이이지는 기호들이 그 대상 속에 드러내는 기호 구조들에 부응하도록 강요하는 것이다. 주어와 술어, 외연과 배경은 모두 그 기호 기능 안에 보전된다. 또한 기호들은 다른 기호들과 함께 연결되어 실재상(象)을 창조하고 유지한다.

퍼어스는 기호들의 삼원적 본성을 고정시키는 데 만족하지 않는다. 오히려 그는 과학적 지식과 일상적 앎의 발생에서 기호들이 담당하는 실제 역할을 확증하고자 노력하면서 마음과 앎의 본성을 탐구하였다. 보다 거대한 기호에 대한 그의 초기 관심을 드러내는 가장 중요한 언급이 1868년의 자신의 글 "인간의 것으로 주장되는 특정의 능력들에 관한 물음들"("Questions concerning Certain Faculties Claimed

for Man")에 담겨 있다. 이 에세이에서 그는 지속되는 정신적 삶 속에서 앎이 기능하는 방식에 관한 특정의 데카르트적 주장들을 분쇄하려는 시도를 벌인다. 네 개의 구체적 믿음을 공격한다: 내성(內省 introspection)에 대한 믿음, 순수 직관에 대한 믿음, 기호들 없이 사유할 수 있다는 믿음, 그리고 인식 불가능한 어떤 것, 즉 알려지지 않는 사물-그-자체(thing-in-itself)가 존재한다는 믿음. 이러한 데카르트적 관점들 모두 로이스에 의해 마찬가지로 비판을 받는다.

그의 일반적인 실용주의적 혹은 실용주의자적인 프로그램의 일환으로 퍼어스는 토대주의(foundationalism)의 믿음, 즉 철학은 시원적이고 자명한 제일 원리들을 갖고 있다는 믿음을 거절한다. 우리는 단순히 성찰이나 직관을 통해서 실재의 제일 원리들을 즉자적으로 파악할 수 없다. 더 나아가 우리 자신의 마음들에 대한 직관적 혹은 내성적 앎을 갖는다는 것은 불가능하다. 우리의 내적 혹은 외적 인지들을 위한 절대적 출발점은 있을 수 없다. 따라서 어떤 경험이나 사유는 앞선 경험들이나 사유들에 의해 결정되는데, 현재의 경험이나 사유가 이전 것들과 연쇄를 형성하기 때문이다. 이 기호 연속체(semiotic continuum)에서 제일(first) 기호란 없다. 우리는 한 (기호) 연쇄의 중간으로 뛰어들어, 이미 달성된 기호 구조들에 복종해야만 한다.

사유는 한 연속체 속에 존재할 뿐만 아니라, 기호들 속에 체현(體現 embodied)되지 않는 한 존재할 수 없다. 퍼어스의 말로,

우리가 외부 사실들의 빛을 찾는다면, 우리가 발견할 수 있는 사유의 유일한 사례들은 기호들 안의 사유들뿐이다. 진부한 말로, 외부 사실들에 의해 그 어떤 다른 사유도 입증될 수 없다. 그러나 오직 외부

사실들에 의해서만 사유는 알려질 수 있음을 우리는 보아 왔다. 그렇다면 인지될 수 있는 유일한 사유는 기호들 안에서 이루어지는 사유뿐이다. 그러나 인지될 수 없는 사유는 존재하지 않는다. 그러므로 모든 사유는 필연적으로 기호들 안에서 이루어져야만 한다(5.251).

로이스는 이 통찰을 『기독교의 문제』 후반부에서 핵심으로 삼았는데, 거기서 이 통찰이 해석학을 위한 함축성들로 세밀하게 발전되고 있다. 퍼어스의 관점에서 보자면, 기호들의 필연성에 대한 이 강조점은 절대적 단순들(absolute simples) 혹은 단순한 감각-자료(sense-data)의 본성에 대한 인식론적 문제들을 해결한다. 우리는 사유와 경험의 살아있는 연속체로부터 뛰쳐나가고자 시도하는 로크(Locke)의 단순들에 더 이상 의존할 수 없다. 우리가 분석을 위해 일단의 기호를 선택할 수도 있지만, 그러나 이 과정은 기호 연속체(the semiotic continuum)로의 단지 방법론적이고 잠정적인 침입에 불과하다. 모든 기호들은 최소한 하나의 다른 기호를 지시하고 하나의 기호 매트릭스 내에 존재한다. 말하자면, 기호들은 살아있는 공동체를 형성한다.

만일 모든 사유가 하나의 기호이고 모든 기호는 적어도 하나의 다른 기호를 지시해야만 한다면, 사유들은 다른 사유들을 결정하고 어떤 사유도 고립되어 존재하지 않는다는 사실이 그로부터 추론된다. 퍼어스는 이 사례를 다음과 같이 기술한다.

모든 사유는 하나의 기호라는 명제로부터, 모든 사유는 어떤 다른 사유에게 스스로를 전해야만 하고, 어떤 다른 사유를 결정해야만 한다는 사실이 추론된다. 왜냐하면 그것이 기호의 본질이기 때문이다. 결

국 이는 직관 속에는, 즉 즉자적 현재 속에는 사유가 없다는 사실 혹은 반성된 모든 것은 과거를 갖는다는 익숙한 이치를 다른 말로 표현한 것 이외에 다름 아닌 것이다. … 그러므로 말하자면 사유는 한순간에 일어날 수 있는 것이 아니라 시간을 요구한다고 말하는 것은 모든 사유는 또 다른 사유 속에서 해석되어야만 한다고 말하는 것, 즉 모든 사유는 기호들 속에서 일어난다고 말하는 또 다른 방식 이외에 다름 아니다(5.253).

기호들 속에서 사유한다는 것은 시간적 연속체를 따라 사유하는 것이다. 순수하게 무시간적 경험은 불가능하다. 더 나아가, 위에서 언급하였듯이 모든 사유는 이전 사유들에 의해 결정된다. 어느 조건도 기호 시리즈의 속박에서 자유로울 수 없다. 사유는 관계적이고 연속적(serial)이다. 로이스에게서처럼, 퍼어스에게도 원자주의(atomism)는 불가능한 이론이다. 그 어떤 기호도 구체적인 시리즈를 형성하고 있는 과거 기호들의 무게로부터 자유롭지 않다.

이상의 진술들을 전제할 때, 퍼어스가 제일 인지(first cognition) 개념을 거절했다는 것은 놀라운 일이 아니다. 우리는 언제나 우리 자신을 기호 연속체의 한복판에서 발견하게 된다. 하지만 퍼어스는 이 연속체 안에서 합치의 운명들(lines of convergence)을 허락한다. 이 기호적 운명들은 미래를 지향하고 있고, 하나의 이상적 성취를 가리키고 있다. 이 성취 혹은 완수는 시간을 따라 그 연쇄를 따르는 데 필수적인 내적 구성을 지닌 공동체로부터만 도래할 수 있다. 다시 한번 말하자면, 해석 문제가 공동체의 문제로 그리고 그 공동체의 처분에 맡겨져 있는 기호들의 문제로 번역되고 있는 것이다. 퍼어스에게 이

상적 공동체는 과학 공동체였는데, 귀추적 일반화에 맞서는 반증들을 환영하는 공동체이기 때문이다. 로이스는 이 퍼어스적 모델을 취하여, 해석 공동체의 더욱 유적인(generic) 모델로 확장하였다. 어떤 모델에서든 기호들은 살아있는 공동체 밖에서 온전히 파악되지 않는다. 모든 해석 활동은 공동체적이다.

1868년 후반에 퍼어스는 "네 가지 무능력이 가져올 일단의 귀결들"("Some Consequences of Four Incapacities")을 출판하였는데, 그 논문에서 자신의 공동체 개념을 확장한다.

> 개별적으로 우리가 추구하는 절대 철학에 도달하리라는 희망을 합리적으로 품을 수는 없다; 그러므로 우리는 오로지 철학자들의 공동체만을 추구할 수 있을 뿐이다. 그러므로 체계적 훈련을 받고 정직한 정신들이 어느 이론을 주의 깊게 검토한 후 그를 받아들이기를 거절했다면, 이는 그 이론을 고안한 저자 스스로 [그 이론에 대한] 의심을 해보아야 마땅할 것이다(5.265).

이는 순수 직관과 제일 원리들의 추정된 자명성을 퍼어스가 거절했다는 사실로부터 추론된다. 만일 우리가 기호 연쇄의 복판으로 진입한다면, 최소한 그 연쇄의 일부는 내 자신이 아닌 다른 사람이나 다른 것—다른 사유—에 의해 고안되었다고 추론할 수 있기 때문이다. 단순히 하나의 대상을 인식하는 것은 다른 사람들에 의해 발전되어 왔던 기호들을 사용하는 것이다. 예를 들어 파란색을 인식하는 것은 바로 어떻게 구체적인 방식들로 그 색의 다양성을 사용할지를 안다는 것이다. 이러한 분별력의 시초 '조각'(slice)은 공동체의 과거와 그의

역사적 분별력을 통해 우리에게 전해 내려오는 것이다. 더 나아가 우리가 절대적 단순들을 가질 수 없다는 사실을 전제할 때, 기호들은 해당 해석자의 힘을 능가하는 관계들을 연출해야만 한다는 사실이 따라 나온다. 한 사람이 역사적으로 중요한 사건의 기호 구조를 파악할 것을 기대할 수 있는가? 그러한 위업은 무한히 많은 수는 아니겠지만 많은 해석자의 협력을 요구할 것이다.

진리 그 자체는—말하자면, 기호들이 실재와 일치하는 것은—한 해석자에 의해서 획득될 수 없다. 여기서 퍼어스는 개별 철학자의 역할에 대한 비영웅적 개념이라 불릴 만한 것을 강조한다. 철학을 한다는 것은 자신의 일반 상징들을 다른 사상가들의 일반 상징들과 비교하는 것이다. 그러한 끝없는 비교들을 통해서만 우리는 실재의 일반적 형세를 이해하는 데 필요한 범주들의 올바른 목록에 이르기를 기대할 수 있다. 그 목록의 완성은 미래에 맡겨져 있고, 그 조건 명제에 달려 있다. 칸트와 달리, 퍼어스는 현재의 특정 기호들과 해석들을 전제로 미래에 있을 법한 사례에 관심을 둔다. 칸트는 현재와 그리고 감각 직관의 다양성에 대한 판단 도표들의 정적인 응용에 매달려 있다. 퍼어스가 진리 문제를 이상적인 미래의 조건적 진술들과 연관된 문제로 전환하였을 때, 그는 범주들과 지속적인 탐구 과정 간의 친밀한 관계성을 보여주고 있는 것이다. 퍼어스에게 칸트의 숨겨진 물-그-자체(thing-in-itself)는 미래의 될성부를-가능성(would-be)이 된다. 이 반사실적인(counterfactual) 조건 명제는 이상적 한계(ideal limit)가 된다. 왜냐하면 그것은 희망하는(hoped-for) 현실로 기능하기 때문이다.

모든 앎은 기호들 안에서, 기호들을 통하여 이루어지기 때문에 자

아에 대한 얇은 기호들을 통하여 발생한다고 추론된다. 우리는 다양한 변형을 거치면서 동일자로 남아 있는 자아-실체(self-substance)를 상정할 수 없다. 오히려 자아란 하나의 기호 연쇄로 간주되어야 한다. 퍼어스에 따르면,

> 그렇다면, 우리가 생각할 때, 우리가 그 순간에 우리일 때, 우리 자신들은 하나의 기호로 나타난다. 이제 하나의 기호는 그 자체로 세 지시관계를 갖게 된다: 첫째, 그 기호는 그를 해석하는 어떤 사유에 하나의 기호가 된다. 둘째, 그것은 그 사유 속에서 등가물인 어떤 대상을 위한 기호이다. 셋째, 그것은 어떤 관점에서 혹은 어떤 질적 측면에서 그 대상과 연관관계를 맺는 하나의 기호이다(5.283).

우리는 우리 자신에 대한 기호들이고, 그리고 기호들 자신들은 위에서 토론된 삼중의 방식으로 기능한다. 하나의 기호는 어떤 방식으로(내포) 하나의 대상을(외연) 어떤 사유(해석체)에 지시한다. 따라서 우리가 우리 자신 속을 들여다볼 때, 우리는 이 일반적인 삼중 패턴을 따라야만 한다. 우리는 우리 자아를 어떤 관점에서 보고, 그리고 우리의 봄(seeing)은 자아에 대한 해석체(interpretant)나 사유를 생산한다. 이 과정은 시간적이라서 복잡해지기 마련이다. 우리는 언제나 과거의 자아와 현재의 자아, 미래의 가능한 자아 사이의 관계를 찾는 딜레마 속에 있다. 각 기호(자기-해석)는 절대적 시작이나 종결을 갖고 있지 않은 연속체(continuum)의 일부이기 때문에 문제는 뒤죽박죽이 된다. 그 결과 우리는 하나 이상의 자아를 갖게 된다.

자아-이해 과정은 끝이 없다. 오로지 죽음만이 그 과정을 멈출 수

있다. 머레이 머페이(Murray Merphey)는 아주 간결하게 이 결론을 적어 놓는다.

> 퍼어스의 기호들에 대한 분석은 그 이상의 결론으로 나아간다. 만일 모든 기호가 하나의 해석체를 갖고 있어야만 하고 그 해석체 자체가 하나의 기호라면, 기호들의 연쇄는 시작을 갖고 있지 않을 뿐만 아니라 끝도 갖고 있지 않다. 퍼어스 또한 이 결론을 허락한다. 기호들의 무한한 연쇄는 죽음이나 다른 요인들에 의해 훼방을 받을 수도 있지만, 기호 과정은 그 자체로 영원히 계속된다. 따라서 사유란 기호 해석의 끝없는 과정이다.15)

내 자신을 형성하는 기호 연쇄는 죽음 이외에 그 어떤 자연적 종점(terminus)을 갖고 있지 않으며, 이는 내적이든 외적이든 모든 기호 연쇄에 공통된 특징이다. 그 어떤 대상도 완벽하게 해석될 수는 없다. 왜냐하면 그를 묘사하는 기호들이 시간의 흐름과 주어진 기호 연쇄 속에서 재해석에 종속되어 있기 때문이다. 오직 이상적 미래에서만 기호 시리즈는 완전한 합치(convergence)와 선명성에 이르게 될 것이다.

그러나 기호들은 표상되는 대상 속으로 사라지지 않는다. 기호들은 지시 대상(referent)에서 발견될 수 없는 형질들을 갖고 있다. 이는 심지어 자신들의 지시 대상과 형질을 공유하는 도상적(iconic) 기호

---

15) Elizabeth Flower and Murray G. Murphey, *A History of Philosophy in America*, 2 vols. (New York: Capricorn Books, 1977), 2:278.

들에도 해당된다. 퍼어스는 기호의 독립성을 그 자체로 취하여 그의 **물질적 특질**(material quality)이라 부르며, 다음과 같이 분석하였다.

하나의 기호는 의미되는 사물과 동일하지 않고, 어떤 측면에서 그 사물과 다르기 때문에, 기호는 그 자체에 속하지만 그것의 표상적 기능과는 무관한 어떤 특징을 분명히 갖고 있어야만 한다. 그러한 특질들의 예로 '사람'(man)이라는 말을 보면, 그것은 세 문자로 구성되어 있다—그림 속에서 그것은 평평하고, 안도하지 못하고 있다. 두 번째로, 한 기호는 그 동일 대상의 또 다른 기호와 혹은 대상 그 자체와 (이성적으로가 아니라 실재로) 연결될 수 있어야만 한다. 따라서 그 단어들이 동일한 사물의 기호들을 결합하는 실재 연사(連辭 copula)를 매개로 문장들에서 연결될 수 있지 않는 한, 단어들은 전혀 가치를 지니지 못할 것이다(5.287).

이 분석은 세 가지 양식으로 존재하는 기호들에게 적용된다: 도상적, 지표적 그리고 상징적. 따라서 한 기호는 이중적 특질을 갖는다. 한편으로, 연결되어 있는 영어 문자, m, a, n과 그 용어에 의해 외연하는(외적으로 연접하여 나타내는) 존재들의 실재 유(類 genus) 등과 같이, 기호는 그 지시 대상과 구별되어 있어야만 한다. 다른 한편으로 '**사람**'(man)이란 단어는 "이성적 동물"과 "깃털 없는 두 발 동물"과 같은 단어들이나 구들과 일단의 의미 있는 연관성을 갖고 있어야 한다. 하지만 그 도상적 기능이 퇴화했음을 전제할 때, **사람**이란 단어가 그 실재 유와 어떻게 연관되는지는 이 예로부터 볼 때 분명치 않다. 그 연관성은 자연적이라기보다는 오히려 관습적인 것이고, 그래서 변화와

변동에 좀더 종속일 수밖에 없다.

이 기호 구조는 사유와 경험의 관계에 대한 다소 전통적인 분석들에 함축성들을 지니고 있다. 로이스처럼, 퍼어스는 인상(impression)이라는 단순 관념들을 주장하는 영국의 정통 경험론을 거의 신뢰하지 않는다. 경험주의(empiricism)는 기호들의 편재성과 소위 순수한 단순들(pure simples)의 발견 불가능성을 인식하는 데 실패한다. 우리는 다양한 방식으로 마음을 실재에 연결하는 복잡한 기호 기능들을 갖고 있다고 퍼어스는 주장한다.

더 나아가, 로크와 흄에 의해 발전되었던 것과 같은 관념들의 연상(association of ideas)이라는 전통 개념은 관념들 사이의 진정하고 다양한 연관성을 보여주는 데 실패한다. 퍼어스는 추론(inference) 아래에 연상(association)을 포섭한다. "그렇다면, 관념들의 연상은 다음과 같은 사실로, 즉 한 판단은 그 판단의 기호인 또 다른 판단을 야기한다는 사실로 존재한다. 이제 이는 더도 덜도 아닌 추론이다. … 모든 연상은 기호들에 의해 이루어진다"(5.307, 309). 유사성(resemblance)과 근접성(contiguity)과 인과율과 같은 전통적인 흄적 원리들은 모두 경험에 대한 기호 분석 아래에서 다루어질 수 있다. 두 경험(인상) 사이의 유사성을 찾는 것은 따라서 한 기호로부터 다른 기호로의 추론, 즉 기호들은 적어도 하나의 중요한 형질을 공통으로 갖고 있는 어떤 것을 지시한다는 추론을 만들어내는 것이다. 경험 영역들 사이의 움직임은, 주어진 추론의 구체적인 과정들이 해석자에게 숨겨져 있다 할지라도, 사실상 추론적이다. 그러므로 우리는 가장 원시적인 수준에서조차 경험이 해석과 추론에 근거하고 있다고 결론지을 수 있다.

연상된 기호들은 일종의 무제한적 연쇄를 지향하는 경향이 있다. 따라서 해당 기호는 그 선행 기호들과 그것을 뒤따르는 기호들 모두를 통해 결정될 것이다. 결코 그것의 진리값(truth value)이 바로 그 한순간에 완전하게 결정될 수는 없다. 그래서 퍼어스는 전통적인 경험론의 분석에 시간이라는 요소를 결정적인 요소로 도입한다. 해당 기호의 궁극적 성향은 오로지 탐구 공동체에 의해서만 결정될 수 있다. 그 연쇄는 시간을 통하여 분기하고 연구되어야 한다. 실재—즉 기호 시리즈에 의해 결정되는 실재—는 오직 공동체에 의해서 발견될 수 있다. 왜냐하면 실재는 거대한 시간의 팽창을 가로질러 작용하기 때문이다.

그렇다면 실재는 조만간 정보와 추론으로 결국 귀결되는 것이고, 그러므로 당신과 나의 변덕과는 독립적인 것이다. 따라서 실재 개념의 참 근원은 이 개념이 본질적으로 공동체(COMMUNITY) 개념을 수반하는 것을 보여주는데, 그 공동체는 명확한 한계를 갖고 있지 않기 때문에 지식의 증가를 확실하게 초래할 수 있다. 그래서 실재와 비실재라는 인식의 두 연쇄는 아득한 미래의 시간에 공동체가 언제나 계속해서 재확증된다는 인식과, 동일한 조건하에서, 언제나 계속 부정된다는 인식으로 구성된다(5.311).

이 문장은 퍼어스와 로이스의 관계를 이해하는 데 근본이 된다. 이제 공동체는 앎이 획득되거나 상실되는 자리로서 존립하고, 또한 공동체는 앎이란 참으로 획득될 것이란 사실을 보증하기 위하여 거대한 시간의 확장들을 가로질러 활동할 수 있다. 로이스가 1912년 이후로

는 이 (공동체) 개념을 우리의 진리 주장들의 보증자로서 절대 자아 (the Absolute Self) 개념으로 대체하여 사용하고 있음을 볼 수 있다. 두 사상가에게 공동체는 우리가 개인적 경험을 넘어갈 수 있도록 하며, 정직한 것과 거짓된 것 사이를 구별하기 위한 객관적 판단기준들을 제시할 수 있도록 해준다. 더 나아가, 공동체는 기호들과 진화해 가는 다양한 기호 연쇄들의 명확한 표현과 파생에 어떤 선재하는 제약도 두고 있지 않다. 공동체는 기호들의 복잡성을 다루는 데 필연적인 내적 구조를 갖고 있다. 기호학과 공동체 철학 사이의 관계는 양 사상가에게 무척 분명했다. 기호들은 그들의 외연적, 내포적 기능들에서 복잡하다. 기호들은 또한 하나의 연쇄로 함께 엮이려는 자연스런 경향이 있다. 마지막으로, 기호들은 항상 어떤 사람, 말하자면 해석자를 위한 기호들이다. 해석자는 주어진 기호를 또 다른 기호로 해석하는 기능을 갖고 있다. 따라서 우리는 어떻게 기호들이 한 공동체의 복잡한 구조들 내에서만 이해될 수 있는지를 알 수 있다.

이러한 통찰에 더하여 우리는 자아(the self)의 본성에 관하여 언급되었던 것을 주지해야 한다. 본질적으로 자아는 하나의 사적 공동체 (private community)이다. 우리는 우리의 가장 밑바닥의 자아에 대한 직접적인 내성적(introspective) 증거를 갖고 있지 않기 때문에 우리는 해석을 통하여 우리 안에 있는 많은 부분적 자아들(part-selves)을 명확하게 표현하는 기호들의 연쇄에 대한 일견에 만족하여 머물러야 한다. 개별자로서 우리는 우리 자신과 타자들에 대한 기호들의 총합이다. 이들 기호들은 언어로 번역되고, 우리 본성(nature)에 대한 외적 표현이 된다.

삶은 사유의 연속(train)이라는 사실과 연관하여 본다면, 모든 사유가 기호라는 사실은 사람은 곧 하나의 기호라는 사실을 증명하기 때문이다. 그래서 모든 사유는 하나의 외적(external) 기호라는 사실은 곧 사람은 하나의 외적 기호라는 사실을 증명한다. 말하자면, 호모(homo)라는 말과 사람(man)이라는 말이 동일한 것과 같은 맥락에서, 사람과 외적 기호는 동일하다. 따라서 나의 언어는 내 자신의 총합이다. 왜냐하면 그 사람은 사유이기 때문이다(5.314).

우리는 언어를 통하여 우리의 기호들을 외화하고(externalize), 따라서 우리가 내적으로 누구인지를 발견할 수 있는 위치에 있다. 하지만 우리가 발견하는 것은 결코 단순한 일원적인 내성의 자아가 아니라 공공의 언어로 번역된 기호 연쇄이다. 언어의 표현들은, 비록 진화한다 해도 하나의 결정된 본성을 지닌 실체적인 자의식(self-consciousness)을 드러내지 않는다고 주장함으로써, 퍼어스는 쉴라이에르마허(Schleiermacher)의 초기 해석학 공식을 넘어간다. 우리는 "저자(author) 자신이 스스로를 알고 있는 것 이상으로 저자"를 필연적으로 알지 못한다. 자아가 갖고 있을 존재론적 신분이 불분명하기 때문이다. 퍼어스와 로이스는 자아를 기호론적 용어들로 바라보았고 그래서 자아-정체성(self-identity)의 문제를 새로운 복잡성과 관심의 수준으로 앙등시켰다. 하지만 쉴라이에르마허처럼 그들은 우리의 외적 표현들이 얼마나 복잡하든지 간에, 우리의 내적 본성에 대한 상당한 지표가 된다고 믿었다.

로이스가 언급한 네 번째 논문에서, 우리는 경험과 앎에 대한 기호 분석이 갖는 몇 가지 함축성을 볼 수 있다. 1868년 출판된 논문, "논리

법칙들의 타당성의 근거들: 네 가지 무능력이 가져올 일단의 귀결들"
에서, 퍼어스는 논리의 사회 이론과 그의 적용들을 향하여 나아가고
있다. 그는 삼단 논법의 단순성을 거절하고, 사회적 연쇄 내에서 기호
들 사이의 결합을 선호한다. 논리에 대한 이러한 재사유는 일단의 새
로운 형이상학적 통찰들을 수행한다.

초기 분석들로 돌아가서, 퍼어스는 앎이란 시원적 시작을 갖고 있
지 않으며, 최초 원인도 마지막 원인도 갖고 있지 않은 지속적인 과정
의 일부라는 사실에 대한 자신의 믿음을 재차 확인한다.

> 어떤 판단들은 추론된 모든 판단에 앞서 있기 때문에, 첫 번째 전제들
> 이 추론되지 않았든지 혹은 최초의 전제들이 아예 없었든지 둘 중 하
> 나임에 틀림없다. 그러나 한 연쇄 안에 최초의 시작이 없었기 때문에,
> 그 연쇄는 시간 안에서 그 어떤 시작도 갖지 않는다고 추론할 수는
> 없다. 왜냐하면 연쇄는 연속적일 것이고 그리고 본서의 글을 통해 드
> 러나듯 점진적으로 시작했을 것이고, 따라서 거기서 이 난점은 이미
> 해결되었기 때문이다(5.327).

우리는 중립적으로 주어지는 것에 대한 비해석적 직관에 의존할
수 없다. 분석하에 있는 구체적인 기호들은, 정의상 즉각적인 인지 범
위 너머의 지점에로 되돌아가는 추론들의 연쇄에 속한다. 하지만 추
론의 연쇄가 기본 공리들이나 근본 원리들을 드러내기 위해 (순서적
으로) 역전될 수 있다고 가정할 이유는 전혀 없다. 우리가 하나의 판
단을 만들어낼 때마다, 우리는 상시 움직이는 기호들과 판단들의 연
쇄들 중 일부이다. 연속성(continuity)은 모든 기호 구조의 일부를 구성

하는 인자이다.

이로부터 우리의 추론들이 방향성이나 내적 규정을 갖고 있지 않다고 말할 수는 없다. 주어진 추론의 근거는 기호 구조 내에서 그리고 그를 전개해 나가는 공동체적 분화들 속에서 발견될 것이다. 논리는 당연시되는 전제들에 근거하는 것이 아니라, 기호들과 추론들이 활동하는 사회적 실재를 반영해야만 한다. 논리 구조는 이원적(dyadic)이 아니라 삼원적(triadic)이다. 연역의 단순한 단계적(step-by-step) 과정은 (가지들이) 분화하는(branching) 관계들로 대치된다. 각 추론은 해석자와 해석되는 대상 모두를 지시한다는 점에서, 그 과정은 삼원적이다. 그것은 결코 단순한 진리 기능이 아니라, 분화하는 관계들과 추론들로 이루어진 인간 공동체에 속하는 것이다. 논리적 관계의 삼원적 본성은 공동체와 결부된다. 퍼어스에 따르면,

그 자신의 관심들과 공동체의 관심들 간의 완전한 자기-동일성을 논리적 필연성으로 인식하고, 그 자신의 잠재적 실존을 인식하는 사람은, 비록 이를 스스로 확신하고 있지 못하더라도, 그 자기-동일성의 논리를 갖고 있는 사람의 추론들만이 논리적이라고 인식할 것이며, 그래서 자신의 추론들은 오로지 그 자신이 받아들이는 한에서만 타당성을 갖는다고 보게 될 것이다. 그래서 그가 이 믿음을 갖고 있는 한에서, 그는 그 자기-동일성의 논리를 담지한 사람과 동일시된다. 따라서 실재를 구성한다고 우리가 여겨 왔던 앎의 이상적 완전(that ideal perfection of knowledge)은 이 동일시를 최종적으로 완성하는 공동체에 속한다(5.356).

전적으로 기호들에 근거하는 앎은 그 개인이 공동체의 삶과 동일시를 이룰(identifies) 때에만 획득될 수 있다. 퍼어스에게 완전한 공동체를 위한 이상적 모델은 과학 공동체이다. 과학 공동체는 대상들과 사건들의 기호 구조들에 대한 자유로운 탐구가 이루어지는 자기-교정적(self-corrective) 영역이다. 공동체는 반증들을 찾는 데 헌신하는 연구자들의 회의적인 눈길 아래에서 모든 추론을 검토함으로써 스스로를 일신해 나간다. 공동체는 이상적 미래를 향한 목적론적인 충동을 갖고 있는데, 그 이상 속에서 과학적 지식은 아가피즘과 같은 형이상학적 일반 원리들에 근거하여 공고해진다. 퍼어스는 그저 실용주의를 지향하는 과학 공동체를 일반화하기를 바라는 데 그쳤지만, 로이스는 해석 공동체로서 공동체의 본성을 온전히 드러내는 작업을 완수하였다.

퍼어스와 로이스 모두 공동체의 존재론을 발전시켰다. 로이스는 퍼어스의 1860년대 논문들 속에 담겨진 기호학을 사용했지만, 퍼어스의 공동체 개념을 넘어서서 진정한 해석 공동체들의 지평 구조들에 대한 폭넓은 인식과 풍성한 이해에 도달하고자 하였다.

퍼어스는 로이스가 살아있는 인간 공동체를 그가 발전시켜 나가고 있던 해석학의 핵심으로 삼을 수 있도록 해주었다. 공동체란 해석들이 시험받고 타당성을 획득하는 자리가 되었다. 이 강조점의 이동은 해석 활동들의 보증자로서 절대 정신(the Absolute Mind)의 역할을 축소시켰다. 하지만 우리가 보게 되듯이, 로이스는 초대 기독교 공동체에 대한 자신의 구체적인 개념을 통해 그리고 보편적인 사랑의 공동체를 향한 자신의 종말론적인 희망을 통해 공동체(개념)에 종교적인 차원을 더하였다.

퍼어스로부터 로이스는 실재는 기호들과 기호 관계들로 구성되어 있다는 관념을 도출해내었다. 더 나아가, 그리고 좀더 중요하게도, 로이스는 해석학이 만일 모든 해석 대상을 적절히 다루고자 한다면 기호 차원을 요구한다는 사실을 깨달았다. 하지만 그는 도상적 기호와 지표적 기호와 상징적 기호에 대한 분별력을 갖추지 못하고 있었고, 그래서 그 대신 기호 체계들의 사회적, 관계적 차원들에 초점을 맞추었다.

자신의 사고가 진화해 가면서, 로이스는 점차 다원주의적이 되었다. 해석과 기호의 명확한 표현(articulation)의 무한함에 대한 퍼어스의 믿음은 최종적이고 무시간적인 진리에 대한 믿음을 약화시켰다. 이 다원주의는 기호 해석의 시간 분석에 의해 강화되었다. 로이스는 앎이 시간에 걸쳐 진화해야 하고, 일원론이 허용하는 것보다 더 많은 형식들을 수용해야 함을 깨닫게 되었다.

자아에 대한 낡은 실체론적 관점을 거절하는 퍼어스를 통해 로이스는 개별자들은 사실상 하나의 소우주적 공동체이고, 기호 연쇄들로 구성되었다는 관점을 지향해 갈 수 있었다. 로이스는 해석 문제가 자아의 기호 이론을 통하여 풍요로워졌고 그래서 앎의 문제가 자신이 초기에 상정했던 절대주의적 사고를 통해 사유한 것보다 훨씬 더 복잡성을 띠고 있음을 알 수 있었다. 그래서 절대 자아(the Absolute Self)와 유한 자아(the finite self)를 재정의하였다.

로이스는 이 퍼어스적 통찰들을 한데 모아서 자신이 발전시켜 나가던 이상주의의 근거로 삼아, 거대한 힘과 범위를 지닌 해석 이론을 창조해냈다. 1913년 그는 『기독교의 문제』를 출판하였는데, 이는 공동체와 해석에 대한 그의 성숙한 관점을 대변한다. 16개의 장은 해석

학과 직·간접적으로 연관된 많은 주제들에 촉수를 뻗친다. 구체적으로 로이스는 기독교 종교에 대한 자신의 이해와 공동체 내에서 펼쳐지는 해석 과정에 대한 자신의 이해를 제시한다. 절대자(the Absolute) 교리는 보편적인 사랑의 공동체로 재사유된다.

해석 과정을 다루면서, 로이스는 그의 초기 저작에 중심을 차지하던 많은 이슈들을 다루었다. 이들 중 주요한 것이 곧 충실성의 본성, 공통체의 구조, 인간의 죄, 대속(atonement), 해석 심리학, 실용주의의 한계들 등이었다. 그에 더하여 그는 원시 교회의 본성과 사도 바울의 해석적 역할에 대한 중요한 성찰들을 소개하였다. 4장에서 필자는 바울 서신들에 대한 그의 분석을 상술할 것이다. 예수의 말씀들을 해석하는 해석적 문제에 그의 분석들이 적합하기 때문이다. 이 장의 나머지 부분에서는 일반 해석학의 원리들에 대한 그의 기술을 살펴볼 것인데, 『기독교의 문제』 후반부에서 그가 다루었던 문제들이다.

보편 공동체(the Universal Community)에 대한 그의 기술은 로고스-영(the Logos-Spirit)의 기호에 형이상학적 근거를 두고 있고, 그 로고스-영이 그 공동체에 참여하는 사람들을 변용된(transfigured) 하느님 개념으로 인도해 갈 것이라고 주장함으로써 로이스는 자신의 분석을 시작한다. 그는 진술하기를,

이 관념들 중 핵심적인 것이 바로 보편 공동체 관념이다. 그렇다면 우리에게 신학은, 만일 우리가 신학을 아무튼 정의해야 한다면, 그 공동체의 형이상학적 해석과 토대에 의존해야 한다. 만일 우리가 방어하고자 해왔던 종교적 가치로서 모든 인류의 사랑하고 연합하는 하나된 공동체라는 이상이 죽어 없어질 우리의 일시적인 관심들이

아니라 우주 안에 가장 광대하고 가장 영속적인 그 어떤 것에 근거를 두고 있는 것이라면, 참으로 그 공동체 교리는 하느님의 존재와 본성과 현현에 관한 교리임이 입증될 것이다. 그리고 근대 정신이 기독교 신조의 영(the spirit)과 맺는 관계에 대한 우리의 평가는 그에 맞게 변경될 것이고 완전해질 것이다.16)

공동체는 시간과 역사 안에 나타난 하느님의 정당한 현현이다. 로이스의 초기 개념 '절대자'(the Absolute)는 보편 교회(the Universal Church)의 사실적이고 구체적인 공동체로서 구체화되었다. 역사 안에서 흥하는 자연 공동체들은 세계를 연합할 힘을 획득할 희망들을 품고 점점 더 확장을 추구한다. 따라서 각 특정의 공동체는 보편 공동체를 향하여 나아가고 있는 중이고, 그 보편 공동체는 결국 시간의 끝에 그리고 인간 역사 진화의 절정에 달성될 왕국이다.

로이스는 성령(the Holy Spirit)이 공동체를 위한 통일성과 방향성을 제시한다고 주장한다. 이 영의 활동이 없다면, 공동체는 독아주의(獨我主義 solipsism)와 호전적 개인주의의 침식하는 힘들에 맞서 흥하지 못했을 것이다. 개별자들의 그 어떤 단순한 집합도 진정한 공동체를 구성하지 못할 것이다. 자아들의 [단순한] 집합은 공통의 기억이나 공통의 미래 없이 기능한다. 로이스에게, "참 공동체는 본질적으로 시간 과정의 산물이다. 공동체는 과거를 갖고 있고 미래를 갖게 될 것이다. 공동체의 다소 의식적인 역사는, 실재 역사이건 이상적 역사

---

16) Royce, *Problem of Christianity*, 232-33. 본서에게 언급할 추후 인용들은 이 책에서 발췌한 것이다.

이건 간에, 그의 진정한 본질의 일부이다. 하나의 공동체는 그의 실존을 위해 하나의 역사를 요구하고, 역사 의식은 기억을 통해 상당한 도움을 받는다"(243). 따라서 참 공동체는 적어도 그 구성원들이 의식적으로 공유하는 과거의 어떤 사건들을 갖고 있다. 더 나아가 그 공동체는 미래를 위한 공통의 희망들과 대망들을 갖고 있을 것이다. 이처럼 시간을 통한 전개 과정 없는 개별자들의 집합은 생명력 있는 공동체를 형성하기에 충분한 합치점을 갖지 못할 것이다. 로이스가 "기억 공동체"(community of memory)라 불렀던 것을 가지려면 공통의 역사나 공통의 선조들이 요구되는 한편, "기대 공동체"(community of expectation)를 가지려면 어떤 공통의 희망들이 요구된다(248).

이 지점에서 해석학적 문제가 첨예하게 느껴진다. 공동체는 이제 자신이 느끼는 과거와 투사된 미래를 해석하기 위한 적합한 판단기준들을 다루고자 시도해야 하기 때문이다. 그 공동체는 자신의 과거를 어떻게 알아야 하는가? 참과 거짓 사이에서 어떤 분별 기준들이 적용되어야 하는가? 한 공동체는 자신의 과거에 대한 일종의 집단적 이상화라는 형식 없이 존재할 수 있는가?

영이 주어진 진리 주장들을 보증하고, 그들의 해석적 정확성을 확정하는 데 기여할 것이라고 로이스는 지적한다. 하지만 상상된 과거의 올바른 측면들을 전달하는 데 실패할 때, 집단적 신화들이 어떻게 해체되고 교정되어야 하는지에 대해서는 완전히 불분명하다. 영의 해석적 선택들을 시험할 객관적 근거를 우리는 갖고 있는가? 심지어 영적인 것을 넘어서는(extraspiritual) 해석학을 위한 타당성에 대하여 말할 수 있을까? 이 일군의 물음에 대한 대답은 기호학과 공동체적 해석들에 대한 로이스의 재사유를 들여다볼 때 등장하기 시작한다.

단어 자체가 친숙한 것이어야 함을 우리에게 주지시킴으로써 로이스는 해석에 대한 그의 성찰을 시작한다.

한 공동체를 구성하는 것을 정의하면서 필자는 반복적으로 해석 과정들을 언급해 왔다. 해석(interpretation)이란 단어는 잘 알려져 있다. 그리고 인문학을 공부하는 학생들은 그 단어를 빈번히 사용하는 특별한 이유들을 갖고 있다. 누군가 자아에 관한 하나의 견해를 하나의 해석이라 부를 때, 우리는 오로지 철학자들에게만 친숙한 언어를 사용하고 있는 것은 아니다. … 그리고 어쨌든 간에 해석 과정은 절대적으로 중요한 것으로 알려진 인간의 필요들을 충족시키고자 고안되었다. 그러한 필요들이, 우리가 보게 되겠지만, 인간적인 것을 결정하고, 그것을 우리 삶의 전체적인 행실과 연관맥락(texture) 안에서 기술한다(273).

여기서 로이스는 해석이 문명의 성공에 지극히 중요하다는 사실을 지적한다. 해석은 일반적인 정신 과정으로서 보편적일 뿐만 아니라 불가피하다. 하지만 그 일상성 속에서 해석의 본성에 대한 성찰은 우리를 철학과 형이상학의 핵심으로 이끌어 간다.

해석은 우리의 개인적 인식이나 사유의 일부일 뿐만 아니라, 자아와 그 공동체에 모두 본질적이다. 로이스는 해석에 대한 자신의 이해를 통하여 자기-정체성(self-identity)을 공동체적 정체성(communal identity)와 관계시킨다.

우리가 보아 왔듯, 한 공동체는 그의 온전한 구성을 그 구성원들 각자

가 자신과 삶을 해석하는 방식에 의존한다. 그 외, 주인 없는 자아(nobody's self)는 단순한 자료이거나 추상적 개념에 불과하다. 하나의 자아란 하나의 삶으로서, 그의 통일성과 연관성은 계획들과 기억들과 희망들과 행위들에 대한 일종의 해석에 의존한다. 그리하여 만일 공동체들이 있다면 거기에는 많은 자아들이 있을 것인데, 그들의 다양성에도 불구하고 그 자아들은 자신들의 삶을 해석하여, 그 모든 삶들이 함께 모여 통일성의 유형을 이루도록 하며, 이것이 우리의 마지막 강의가 특징 삼았던 바이다. 따라서 세계 내에 해석들이 없다면, 자아들도 공동체들도 없을 것이다(274).

하나의 자아가 된다는 것은 부분적으로 그 공동체적 구조에서 유래하는 해석들의 연쇄가 된다는 것이다. 이 연쇄는 시간적이고, 그래서 세 자아를 수반한다: 과거, 현재, 미래. 현재 자아는 과거 자아와 미래 자아를 그의 현재 흐르고 변화하는 자아-상(self-image)에 의하여 해석한다. 그러한 모든 상(기호)의 총합은 인격적 정체성을 형성한다. 로이스는 이 자기-동일성의 과정을 하나의 공동체를 산출하는 과정과 조심스레 연결한다. 각 개인은 공유되는 과거와 자신을 동일시하고 또한 미래의 목표들과 열망들을 확증하게 된다. 따라서 자기-동일시를 향한 투쟁으로부터 위에서 언급한 '기억 공동체'와 '기대 공동체'가 유래하게 된다.

자아나 그의 공동체는 단 한 순간도 단순한 감각-자료나 무미건조한 개념들에 의존하지 않는다. 오히려 자아와 사회적 지식은 기호들과 기호 시리즈들의 조작과 동화 속에 존재한다. 우리가 자동적으로 혹은 아주 드문 경우지만 의식적으로 만들어내는 해석 활동은 지각이

나 개념으로 환원될 수 없는 제3의 작동이다.

로이스는 앎이 이원적이 아니라 삼원적이고, 해석 과정이 본성과 기능을 놓고 볼 때 지각이나 개념과 구별된다는 퍼어스의 관점을 그대로 답습한다. 그는 진술하기를,

우리의 인지 과정에 대한 이원적 분류가 널리 유행함에도 불구하고, 우리의 실재 삶에서 우리 인간 존재가 결코 순수 지각이나 순수 개념을 소유하고 있지 않다는 사실을 우리 대부분은 쉽사리 인정할 수 있을 것이다. 이상적으로, 우리는 단순히 보기만 할 뿐 결코 생각하지 않는 유형의 직관적 앎을 정의할 수 있을 것이다. 마찬가지로 이상적인 방식으로 우리는 그의 유일한 실재 대상으로서 보편들의 영역만 가진 채, 모든 감각 자료를 무시하는 순수 사유의 가능성을 상상할 수 있다. 그러나 죽을 운명을 공유하는 우리는 개념과 지각의 다소 불완전한 통일이나 종합을 통하여 우리 삶을 지성적으로 살아간다 (278).

우리는 결코 '순수' 사유나 '순수' 지각을 발견할 수 없음을 주장하는 실제의 현상적 자료들은 지각/개념의 이원적 모델에 반영되지 않는다. 로이스는 보편들이 오로지 개별자들(particulars)에서만 스스로를 현현할 수 있고 그래서 우리가 보편(genera)의 특별한 영역에 다가갈 수 없다고 주장한다. 헤겔의 구체적 보편들과의 평행점들이 간과되어서는 안 될 것이다. 해석들과 그들의 상징적 핵심들은 공동체를 위한 일반적인 진리들을 제시하고 보전한다. 절대자(the Absolute)는 해석의 영(the Spirit of interpretation)으로 기능하면서, 획득된 그리

고 동시에 획득될 수 있는 구체적 보편들의 영역으로 기능한다.

해석으로서 앎은 삼원적이어야만 한다. 그러나 로이스는 그 삼원적 기능을 두 가지 방식으로 이해한다. 첫 번째 삼원 관계는 지각과 개념을 해석으로 연결한다. 두 번째 삼원 기능은 해석된 사람과 대상 혹은 사건을 해석을 감당하는 사람과 연관한다. 말하자면, 해석자는 해석 수용자(interpretee)를 위해 어떤 것을 혹은 어떤 사람을 해석한다. 삼원적 관계의 이 두 번째 형태는 일정 부분 비대칭적(asymmetrical)이다. 해석 과정이 역전될 수는 없기 때문이다. 이것은 주어진 시간적 방향성과 해석적 방향성을 갖고 있고 또한 내장된 충동(built-in compulsion)을 담지하고 있다. 로이스는 이 두 번째 유형의 삼원적 기능을 다음과 같이 기술한다.

따라서 하나의 해석은 단지 세 용어만 연루된 관계가 아니라 그 용어들을 하나의 한정된 질서로 맺는 관계이다. 그 세 용어 중 하나는 해석자이다. 두 번째 용어는 해석되는 대상—즉 사람이나 의미 혹은 텍스트—이다. 세 번째는 그 해석을 제시받는 사람이다(287).

일단 해석자가 해석의 순간에 이르면, 그 해석의 외적 차원으로서 기호는 실재의 해석 수용자와 잠재적 해석 수용자의 빛에서 변화되어 표현된다. 각각의 새로운 해석 수용자가 해석자가 되어 감에 따라, 기호는 지속적 세공 과정과 분석을 받게 된다. 이 과정은 무한정 계속될 수 있다.

이 삼원 모델을 자아-지식(self-knowledge)으로 확장하면서, 우리는 미래 자아가 해석할 하나의 기호로서 과거 자아를 살펴보는 현

재 자아를 보게 된다. 이 시간 확장은 자아-정체성(self-identity) 문제를 복잡하게 만드는데, 현재 자아는 결코 최종적이고 분명한 자아-상(self-image)에 도달했다고 주장할 수 없기 때문이다.

예를 들어, 현재 자아가 과거에 군사 기관에서 복무해야 하는 약정과 같이 특정의 사회적 관계를 존중하기로 서면 약속을 했음을 알게 되었다고 가정해 보자. 더 나아가 그 사이 일어난 사건들이 현재 자아로 하여금 자신의 투사된 미래 자아나 자아-상에 비추어 자신이 이전에 만들었던 약속을 거절하도록 만들었다고 가정해 보자. 해석의 삼원 논리는 이 복잡한 관계를 조명하는 일을 감당한다. 바로 이 과거 자아는 누구이며, 그리고 변화된 태도들에 비추어 그 서약은 얼마만큼 강제적인가? 철저한 회심(conversion)이 발생했고, 과거에 맺은 모든 계약은 취소되었다고 간단하게 현재의 자아가 주장할 수 있는가? 예기되는 미래 자아가 과거에 대한 인식 자체를 바꾸어 (직업적) 책무들을 새로운 빛에서 보여줄 수 있는가? 분명히 윤리적 책무의 문제는, 시간적 요인이 자기-정체성의 분석에서 중심이 될 때 가장 까다로워진다.

인격적 정체성과 공동체적 정체성의 문제는, 기호 조작 과정이 끝이 없음을 깨닫게 될 때 더욱더 복잡해진다. 하나의 특정한 해석이 관심에서 멀어질 수도 있지만, 그러나 그 과정 자체는 계속된다. 그 어떤 기호도 전적으로 자기-설명적(self-explanatory)이지 않다. 더 이상의 설명(articulation)이 언제나 가능하고, 퍼어스가 주장하려 하듯이 필연적이다. 더 이상의 설명 과정은 기호들을 적어도 잠재적으로 사회적으로 만든다. 로이스는 진술하기를,

퍼어스는 이 해석되는 정신적 대상을 이름하기 위해 '기호'(sign)라는 용어를 사용한다. 세 번째로, 해석은 정신 활동이기 때문에, 그리고 표현된 활동이기 때문에, 해석 그 자체는 그 자리에서 보면 하나의 기호(Sign)이다. 이 새로운 기호는 더 많은 해석을 요청한다. 왜냐하면 그 해석은 어떤 사람에게 제시되기 때문이다. 그래서—적어도 이상적으로는—그에 연루된 사회 과정은 끝이 없다(289-90).

하나의 기호는 해석 수용자에게 주어지고, 차례로 해석 수용자는 그 기호를 또 다른 개인에게 전달해 준다. 하나의 기호는 이 전달 과정에서 그 의미를 더욱 풍요롭게 하지만, 또한 공동체가 임의적이고 파괴적인 해석들을 회피하고자 주의 깊게 활동하는 한, 그 기호는 그의 전반적인 모양새를 담지한다.

약간 사족을 덧붙이자면, 정신 철학의 문제들과 관련하여 어떻게 로이스가 이 삼원 도식을 가다듬었는지 볼 수 있다. 1916년 로이스는 『종교와 윤리 대백과사전』(*Encyclopedia of Religion and Ethics*)에 "정신"(Mind)이라는 제목의 항목을 기고했다. 그 속에서 로이스는 해석의 문제와 관련된 그의 일반 인식론을 다시금 전개한다.

『기독교의 문제』에서 그랬듯이, 로이스는 전통적으로 설명되어 왔던 두 가지 유형의 앎을 대조한다. 첫 번째 앎—개념적 앎 혹은 "무엇에 관한 지식"(knowledge about)—은 그가 플라톤에게 소급하고 있는 종류의 앎이다. 이는 일반적이고 보편적인 구조들에 관한 추상적이고 범주적인 앎이다. 두 번째 앎—지각적 앎 혹은 "면식에 의한 앎"(knowledge by acquaintance)—은 그가 제임스와 베르그송에게 귀속시키는 형태의 앎이다.[17] 그중 어느 것도 자체로 충분하지 못하다고

로이스는 주장한다. 모든 일반 개념은 직관적 내용들을 적재하고 있을 뿐만 아니라, 모든 지각은 어느 정도의 일반성(generality) 혹은 삼차성(thirdness)을 담지하고 있다. 우리가 자각(self-knowledge) 혹은 사회적 앎이라는 보다 복잡한 영역들에 이르게 될 때, 이 단순한 이분법적 모델은 완전히 붕괴한다. 자신이 이해하는 퍼어스적 인식론을 되풀이하면서, 로이스는 논쟁하기를,

> 모든 사람과 사람 간의 사회적 교제의 경우들이나 혹은 (여전히 보다
> 중요한 것으로서) 내적인 자기-파악(self-comprehension)의 모든
> 과정은, 사람이 "그 자신의 마음을 결정하려고" 할 때 혹은 "그가 무
> 엇을 하려는지를 이해하려고 노력할 때" 그래서 지각이나 개념으로
> 환원될 수 없는 제삼 유형의 인지를 수반할 때, 수행된다. 퍼어스가
> 제안한 용어를 따르자면, 바로 여기 이 제삼의 인지 과정에 우리는
> "해석"이라는 이름을 적용한다.18)

단지 지각적이거나 개념적인 '단편의' 앎이란 있을 수 없다. 지각과 개념은 해석 활동 자체 안에 있는 구성 성분이다. 이 점에서 하나의 흥미로운 문제가 등장하는데, 말하자면 해석 활동 중에 우리는 어떻게 그 해석의 순간들을 고립시켜야 하는가? 하는 물음이다. 말하자면 만일 우리가 해석 활동에서 지각과 개념 모두를 갖고 있어야 한다면, 우리가 한쪽에서 다른 한쪽으로 넘어갈 때, 우리는 어떻게 그것을 알

---

17) Josiah Royce, *Basic Writings*, 2 vols., ed. John J. Mcdermott (Chicago: University of Chicago Press, 1969), 2:736.
18) Ibid., 741.

수 있는가? 엄밀히 말해서 로이스의 이론은 하나의 주어진 해석 활동 내에서 이 구별을 요청하지 않는다. 하지만 만일 우리가 그 이원성 (the dyad)을 구축하는 두 용어에 대한 최소한의 의미라도 보유하고 있어야 한다면, 우리는 그 둘을 떼어 놓을 수 있는 어떤 수단을 찾아야 한다. 이 구별이 이론적으로 기술될 수는 있지만, 그러나 실제적으로 일관성 있게 이루어지기는 극히 어렵다고 로이스는 논증한다. 하나의 주어진 해석이나 기호가 더욱 강력한 지각이나 훨씬 강력한 개념을 갖고 있다고 느낄 수는 있지만, 유한한 정신이 그 각각의 정확한 강도를 결정하기란 불가능할 것이다. 분명히 우리는 시간 연속 안에서 먼저 지각을 갖고 나중에 개념을 찾는 것이 아니다. 양자는 함께 출현한다. 삼원적 모델은 현상학적 기술과 좀더 형식적인 초월적 논증 사이의 기묘한 중간 입장을 점하고 있어서, 실제 사태(what is the case)로부터 출발하여 어떤 것이 존재하기 위해서는 어떤 일이 일어나야만 하는가로 나아간다.

이 문제를 해결하고자 시도하기보다, 우리는 로이스가 버트란트 러셀의 인식 이론을 간접적으로 가리키며 이 이분적 긴장을 제시하고 있음을 주목함으로써 로이스의 일반 틀구조에 대한 이해를 심화해 갈 수 있다. 러셀은 1914년 봄학기에 하버드에서 가르쳤고, 그리고 로이스는 그의 정신과 철학적 능력에 대단히 감탄하였다.[19] 러셀이 가르쳤던 과목들 중 하나가 인식 이론(theory of knowledge)에 관한 것이었고, 그는 거기서 "기술에 의한 앎"과 "면식에 의한 앎" 사이에 대한

---

19) Royce to Ralph Barton Perry, 11 Feb. 1913, in Josiah Royce, *Letters*, ed. John Clendenning (Chicago: University of Chicago Press, 1970), 591-92.

그의 유명한 구분을 제시하였는데, 이는 매개적/개념적 앎과 즉자적이고 지각적인 앎 사이의 차이를 보여주려는 시도였다. 1916년 "마음"("Mind")이라는 논문을 쓰면서 다시금 로이스는 이 구별에 비판적이었다.

> 해석은 한 기호의 의미에 대한 앎이다. 그러한 앎은 단순히 즉자적인 이해나 개념적인 과정이 아니다. 그것은 본질적으로 사회적 과정으로서, 그 과정을 통해 아는 자(the knower)는 그 자신의 의미들과 관념들과 표현들을 가지고 다른 자아로부터 자기 자신을 즉각 구별하게 되는데, 이때 그 사람은 그 자아들 각자가 자신만의 개념적 의미들을 갖고 있는 동시에 그들 중 하나는 그의 의미를 또 다른 자아에게 표현하고 있음을 안다. 해석에 의한 앎은 그러므로 그의 본질상 단순한 "면식"(acquaintance)도 그렇다고 "무엇에 대한 앎"(knowledge about)도 아니다.[20]

하나의 기호는 감각-자료가 아니며, 구성상 그보다 훨씬 복잡하다는 사실은 분명하다고 생각된다. 러셀의 단순한 이분적 도식은 해석 안에서 발견되는 통일성을 부인하고, 그 두 형태의 앎 사이에 거대한 심연을 창조해낸다. 심지어 우리가 기술과 면식을 함께 덧붙여 놓는다 할지라도, 통합된 앎 혹은 사회적 앎은 출현할 수 없을 것이다. 그 이분법적 모델은 극복할 수 없는 난점들을 만들어낼 뿐이다.

『기독교의 문제』에서 로이스는 철학 자체를 재정의함으로써 자신

---

20) Royce, *Basic Writings*, 2:743.

의 해석 이론을 확장한다. 그는 진술하기를, "해석은 무엇보다도 철학의 주된 할 일(the main business)이다"(297). 해석이 생겨날 수 있는 조건들을 명확하게 하는 기능을 감당할 때, 철학 그 자체는 일반 해석학과 동등한 것으로 간주될 수 있다. 더 나아가, 곧 명확해지겠지만 철학은 해석이 발생해야만 하는 조건들을 입법화하려는 그의 노력 가운데 규범적이다. 가장 일반적이고 규범적인 지평은 해석 공동체의 지평인데, 그것이 삼차성들(thirds)의 풍요로움을 매개해 주기 때문이다.

로이스는 실재들 사이에서 비교점들과 차이점들을 찾는 가장 기본적인 정신 활동에 삼차성들을 활용코자 한다.

> 따라서 온전한 비교 활동은 '삼차성'이나 '매개하는'(mediating) 상이나—'해석자'와 같은—관념 등과 같은 것을 수반한다. 이 '삼차성'으로 인해 당신은 '일차성'의 대상을 '이차성'과 비교하여, 이차성과 일차성 사이의 유사성과 차이가 어디에 존재하는지를 당신 자신에게 명확하게 만든다. 비교가 명확하고 완전하려면 삼원적이어야 한다. 유사성과 차이는 하나의 비교가 필요하다는 기호이다. 그러나 이 기호들은 그들 자신의 해석은 아니다(300).

삼차성들은 해석 공동체가 검사해야 하는 콤플렉스들 안에서 동일성과 차이를 보존하고 제시하도록 기능한다. 따라서 이 해석적 삼차성들은 존재론적인 작업을 수행하고 있는 중이다. 이 삼차성들이 예측들을 만들어 나갈 수 있는 안정적 기반을 제시해 줄 때, 탐구를 통합하는 선도적인 실용 관념들로서 기능할 수 있다고 로이스는 주장한

다. 하지만 삼차성들은 보편 지평을 제공함으로써 더욱 거대한 역할을 감당할 수도 있는데, 그 보편 지평에서 좀더 적은 범위의 해석들이 출현할 수도 있기 때문이다.

삼차성들은 무수한 방식으로 출현할 수 있다. 퍼어스처럼, 로이스는 과학적 탐구의 단순주의적이고 실증주의적인 이해들에서 유래하는 간편한 인식 모델을 거절한다. 삼차성들은 연역과 귀납과 귀추와 명상(musement) 과정에서 출현할 수 있다. 뒤의 두 과정은 선적이거나 구체적인 목표들을 지향할 필요가 없다. 고도의 일반성을 담지한 주도 관념들을 발생시킬 땐, 임의성(randomness)이 적절하다. 로이스는 진술하기를, "이제 개별 경우들에서 매개 관념으로서 하나의 해석은 그 어떤 연상 작용을 통해서든지 간에, 혹은 그 어떤 고안을 통해서든지 간에, 혹은 그 어떤 진지한 또는 장난스런 조합을 통해서든지 간에 발생할 수 있다"(310). 전적으로 우연히든 아니면 상상적 연상을 통한 자유로운 행위들을 통해서든 매개 관념을 발견할 수 있을 것이다. 그 근원이 무엇인가는 투사된 결과만큼이나 중요치 않다. 그 매개로서 삼차성들은 일반 공동체가 궁극적인 이해를 추구하는 과정에서 시험을 거치게 될 것이다. 이상적 관찰자(ideal observer)는 해당 해석 공동체의 배후에 서서, 해당 해석들의 보증자로서 기능한다. 이 관찰자는 로이스의 초기 저작들 속에 등장하는 절대자(the Absolute)와 닮았다.

해석 활동의 최종 목표는 사랑 공동체(the Beloved Community)의 생산인데, 이 공동체가 충실성의 영(the spirit of loyalty)을 통하여 해석 활동들을 연합할 수 있도록 기능한다. 로이스는 자신의 관점이 배태하는 두 줄기를 함께 연관시킨다. 사랑의 공동체는 보편 교회(the

Universal Church)이고, 그 보편 교회는, 적어도 시작만큼은 그리스도의 몸으로 존립한다. 하지만 이 고대하는(hoped-for) 공동체는 또한 해석 공동체이다. 따라서, 『기독교의 문제』 전반부에서 말하는 사랑 공동체는 후반부에서 말하는 해석 공동체의 내적 목표(inner telos)이다. 로이스는 이 두 개념을 함께 묶어 다음과 같이 기술한다.

> 기독교가 모든 인류의 공동체를 소망하도록 가르칠 때, 우리는 그 사랑 공동체가, 그것이 무엇이든지 간에 때가 되면 해석 공동체가 될 것이라는 사실을 어렵지 않게 알 수 있다. 우리가 그러한 공동체의 이상적인 형태와 목표를 고려할 때에만, 그 어떤 다른 형태로도, 그 어떤 다른 이상을 가지고도, 그것이 지상 위에 존재하는 교회로 인식되건 혹은 초인간적이고 전지한 통찰력의 이상적 영역에서 승리한 교회로 인식되건 간에, 내가 나로서 알려진바 그대로 나를 알 수 있는 곳이라는 표현보다 더 그 이상적 교회의 구성을 잘 설명할 수는 없음을 보게 된다(318).

그 "승리한 교회"(Church triumphant)는 모든 해석 활동이 즉각적인 확증과 인준을 받는 왕국일 것이다. 그것은 바로 "내가 나로서 알려진바 그대로 나를 알 수 있는"(where I shall know even as I am known) 영역이다. 따라서 철학의 목표는 우리 해석 활동들의 최종 목적으로서 기여하는 그 불가시적 교회(the invisible church)이다. 해석한다는 것은 하느님이 바라보시는 대로 그리고 우리가 그 이상적 왕국에서 보게 될 바로서 그대로 세계를 보려고 분투하는 것이다.

해석 공동체가 사랑 공동체보다 더 일반적이긴 하지만(즉, 인간 삶

속에 좀더 예증된 공동체이긴 하지만), 그것은 모든 이가 대속과 평화를 보증받을 충실성의 공동체를 향하여 여전히 나아가고 있는 중이다. 그리스도는 그 기대되는 사랑 공동체의 머리에 서서, 자기-의지(self-will)를 극복하고 충실성의 분량에 이른 모든 이에게 입회 자격을 보증한다.

한 문장 속에서 로이스는 흥미롭게도 자신의 비이분법적 인식 이론을 (나중에 상술될) 자신의 바울적 통찰과 결부한다.

> 무언가에 홀린 갈라디아 교회 사람들의 것처럼, 그들 자신의 "공로"(work)에 의해 구원받기를 소망하는 관념을 추종하는 실용주의는, 내가 믿기로 그의 이분법적 용어들 때문에 진정한 영적인 의미를 정의할 수 없을 것이다. 왜냐하면 영적인 의미 안에서는 그 어떤 해석이라도 참이 될 수 있으며 어떤 해석 공동체도 그 목표에 이를 수 있을 것이기 때문이다(329).

따라서 바울은 근대 관념론자(modern idealist)가 실용주의자들을 비판하는 것과 동일 선상에서 갈라디아 교인들을 비판한 것으로 이해되고 있다. 양자는 구원과 진리에 이르는 길로서 "공로에 의한 의"(works righteousness)의 형태를 옹호한다. 실용주의는 하나의 주도적 관념을 일단의 지각 대상에 적용하여 앎을 보증하는 이분법적 양식을 사용한다. 로이스는 절대주의자적 실용주의(absolutistic prag-matism)를 옹호하는데, 이는 윌리엄 제임스가 주창한 유의 실용주의에 담지된 주관주의(subjectivism)와 이원론(dualism)을 회피한다.

해석 공동체에 대한 로이스의 이해와 더불어, 실재(reality)에 대한

그의 정의는 어쩌면 당연한 귀결이다.

> 어떤 실재 세계가 전혀 존재한다고 우리 모두는 믿는다. 단편적이고
> 불만족스러운 갈등들과 반론들, 우리의 현재 관념들이 안고 있는 문
> 제들로 인해 이 상황에 대한 해석이 필요하기 때문이다. 그러나 그
> 실재 세계는 현재 우리에게 알려져 있지 않다. '실재 세계'(the real
> world)라는 말을 통해 의미하는 바는 단지 우리의 이 문제스런 상황
> 에 대한 '참다운 해석'을 의미할 따름이다(337).

그 '실재 세계'는 아직 우리에게 알려지지 않았지만, 사랑 공동체에
의해 알려지게 될 것이고, 그때 그것은 우리의 상황에 대한 '참다운
해석'이 될 것이다. 이 '참다운 해석'은 하느님의 마음과 비전(vision)에
상응하는 것이 될 것이다. 하느님이 그 공동체에 현현하기 때문이다.
　해석 공동체는 우리의 다양한 해석들과 기호들이 타당성을 획득해
가는 과정에서 정화되는 지평이다. 위에서 언급했듯이, 절대자(the
Absolute) 개념은 그 공동체의 해석들 배후에 살아 활동하는 영(the
living Spirit)의 개념으로 변화된다. 인생 말미에 공동체를 자신의 관
점의 핵심으로 삼으면서, 로이스는 실제의 해석 과정을 보다 구체적
으로 만들었다.
　무시간적 절대자에 맞서 공동체를 강조함으로써, "우리의 이 문제
스런 상황"(this our problematic situation)에 대한 유일한 해석을 주장
하는 일원론의 삭막함을 로이스는 극복할 수 있었다. 다원주의에 대
한 그의 소신은 거의 주목받지 못하거나 좋은 평을 받지 못했다. 공동
체와 국지적 차이들의 적법성 모두를 강조함으로써, 로이스는 하나

이상의 세계 해석을 허용한다. 하느님이 그 전경들 배후에 숨어 계시는 듯 보이긴 하지만, 진정한 강조점은 기호들을 용인하고자 분투하는 해석 공동체에 놓여 있음을 감지하게 된다.

사람들이 실재를 해석하는 어느 곳에서나 기호들이 발견되어야 한다. 이 통찰은 기호들을 세계를 이해하는 방식으로 간주해야 한다는 퍼어스 기호학의 일반화이다. 기호가 없다면, 앎도 없다. 기호 혹은 기호 연쇄와 더불어 개인은 다른 사람과 소통할 수 있고, 해석들을 대조하고 비교한다. 로이스의 이해에 따르면, 기호학이란 소통에 기여하는 것이다. 소통 과정 자체는 소통되는 기호들의 구조에 의해 촉진된다. 기호들은 삼차성이라는 고유의 범주를 전달한다. 이 범주는 인식론과 형이상학 모두에 결정적이다. 로이스는 퍼어스의 기호 분석을 다음과 같이 재진술한다.

단순하게 논리적 관점으로 바라보자면, 퍼어스는 기호들이 새롭고 근본적인 중요한 범주를 구성한다고 주장한다. 그는 이 범주를 '제삼'(third)의 범주로 자리매김하여, '제일'(first) 범주를 형성하는 '보편들'(universals)과 퍼어스의 논리 안에서 '제이'(second) 범주를 형성하는 '개체들'(the individuals)의 고전적 범주들과 나란히 배치하였다(345).

일차성들(firsts)이 전달하는 보편성(universality)은 삼차성들(thirds)이 전달하는 보편성과 동일한 것이 아니다. 일차성들은 질적인 통전성과 통일성을 전달하지만, 이해가능하거나 의식할 수 있는 보편들을 생산해내지는 않는다. 진정으로 일반적인 삼차성들은 언설 형태

로 설명될 수 있고, 사회적 의사소통을 통하여 전달될 수 있는 개념적 일반들(generals)을 제시한다. 해석한다는 것은 연구 중인 기호가 운반하는 유적(generic) 특징을 찾고자 시도하는 것이다. 보편 문제에서 실재론자들인 퍼어스와 로이스는 모두 삼차성이 실재하고 삼차성은 자연 자체 안에 있는 일반들을 묘사한다고 믿었다. 그러나 그들이 기호들과 그것들의 보편적인 요소들을 이해하고 구성할 때 의식의 중심성을 강조했다는 점에서, 그 두 사상가는 관념론자들(idealists)이었다. 비록 그 두 사상가가 칸트의 비판적 전회(the critical turn)에 빚지고 있다 해도, 그들 중 누구도 자연이 혼돈스런 다양성보다 약간 더한 어떤 것으로서 인간의 범주적 투사들을 필요로 하는 것으로 가정하는 데까지 나아가지는 않았음을 강조해야 할 것 같다. 기호들과 삼차성들은 인간의 의식을 초월하는 실재 속에 각인되어 있다. 비록 실재가 그의 온전한 설명을 위해 의식을 요구한다고 하더라도 말이다.

우리가 해석 공동체 내에서 살아가고자 한다면, 우리에게 또한 올바른 의지의 태도가 필요하다고 로이스는 주장한다. 우리는 해석 과정과 그리고 기호들과 삼차성들에 대한 해석적 관심에 악영향을 미치는 그 어떤 태도도 거절해야 한다. 거절해야 할 태도 중 하나는 철학자 쇼펜하우어가 체현한 태도이다. 로이스는 쇼펜하우어의 일반 존재론이 무절제하고 통제불능의 살려는 의지(will to live)에 우선성을 부여하는 존재론이라고 제대로 이해하고 있었다. 이 살려는 의지는 모든 존재에게서 찾을 수 있으며, 존재들로 하여금 서로 지배하기 위해 서로 투쟁하도록 강요한다. 이 힘은 하나의 비극적 투쟁을 낳고, 그 극단적 형태에 이르면 공동체가 불가능하도록 만든다.

그러나, 공동체적 물음을 추구하는 일반적 해석 과정에 기여하는

의지의 태도—(비자연적인) 진정한 충실성의 태도—가 있다. 우리는 전체 우주와 그 안에 살고 있는 모든 해석자를 사랑해야(그들에게 충실 해야) 한다. 이 충실성(the loyal)이 유한 해석자들로 하여금 공동체의 해석 방향에 자신의 의지를 적용하도록 할 수 있을 것이다. 진정한 충 실성(genuine loyalty)은 분명하고 투철하다. 다시금 로이스는 바울로 되돌아가 충실성에 대한 바울의 관점을 공식화한다.

> 바울이 구원적 힘을 지녔다고 생각한 의지의 태도는, 적어도 그의 생
> 각에는 신적인 기원을 갖고 있는데, 그것은 바로 충실성의 태도였다.
> 내적으로 숙고해 보았을 때 그리고 그의 가장 심원한 정신과 연관하
> 여 보았을 때, 충실성은 이제 쇼펜하우어가 말했던 살려는 의지의 확
> 증이 아니다. 그렇다고 충실성이 살려는 의지의 부정인 것도 아니다.
> 충실성은 자아(the Self)의 근원에 대한 적극적 헌신—즉 바울의 삶
> 과 조언들이 언제나 주지시키듯, 활기 넘치고 자신감 있고 분명하며,
> 투철한 헌신이다(356).

이 충실성이 없다면 공동체는 불가능할 것이고, 공동체가 없다면 우리는 해석들을 갖지 못할 것이다. 해석들은 공동체적 표현과 분화 를 요구한다. 이 표현들은 의미의 영역들을 가로질러 시간을 통하여 전개되는 기호 연쇄의 일부이다. 이 기호들과 이들에 수반되는 의미 들의 전체성이 우리에게 알려지는 세계의 실체를 형성한다.

해석 공동체로부터 출현하는 구체적인 실재관으로 되돌아가면, 세계는 공동체와 그의 기호들로 구성된다는 사실을 알 수 있다. 로이 스에 따르면,

기호들에 대한 우리의 학설은 동일한 근본 원리를 전체 세계로 확대한다. 세계(the World)는 공동체(the Community)이다. 세계는 그 자신의 해석자를 담지하고 있다. 그 과정들은 그들의 시간적 변이들 속에서 무한하다. 그러나 그들의 해석자인 보편 공동체의 영은—즉 결코 변이들을 흡수하거나 혹은 그들이 서로 혼합되는 것을 허용치 않는 보편 공동체의 영은—실재 삶을 통하여 그들 모두를 비교하여 해석한다(362).

이는 형이상학적으로 강한 주장이다. 존재한다는 것은 그 자신의 해석자를 갖고 있는 한 공동체의 일부가 되는 것이다. 한 공동체의 일원이 된다는 것은 지속적인 변형 과정에 있는 하나의 기호 연쇄가 된다는 것이다. 이때 자기-정체성(self-identity)은 집단적으로 자아의 윤곽을 보여주는 데 기여하는 해석 활동의 연쇄에서 유래한다. 인격들(persons)을 지나쳐 넘어서면, 실재의 나머지 부분을 무제약적인 (무한한) 해석 활동들의 연쇄하는 산물로 볼 수 있다. 그렇다면 실재란 우리의 '문제 상황'에 대한 이상적인 미래적 해석이다.

기독교는 실재의 본성과 그 실재의 인지에로 나아가는 현실적 길(충실성) 모두를 파악하는 데 가장 근접한 종교로 간주된다.

삶의 의미란, 즉 시간 과정 자체의 참 존재란, 시간 세계의 과정이 연출하는 욕망들과 흥망성쇠들과 비극들과 승리들을 통하여 전개되는 보편 공동체의 발전적 실현 속에 존재한다는 말씀이 기독교의 본질적 메시지이다(387).

우리는 구체적인 사랑 공동체로부터 보편 공동체를 구성해 나가기를 소망하는데, 그 보편 공동체 안에서 모든 사람이 실재에 대한 참다운 해석들을 발견해 가는 일반 해석 과정에 기여하게 될 것이기 때문이다. 우리로 하여금 그러한 보편 공동체를 소망케 하는 많은 기호들이 존재한다. 과학 공동체가 그러한 기호를 우리에게 주고 있다고 로이스는 믿었는데, 해석자들이 공통의 기호군을 중심으로 연합하여 그들의 앎을 보편화하기를 소망할 수 있게 해주기 때문이다.

로이스에게 과학의 실존은 우주가 해석자를 갖고 있다는 사실을 논증한다. 의식의 진화 속에서 인간들은 자연과의 즉자성으로부터 일정한 거리를 획득해 왔고, 이 거리는 인간들로 하여금 일반 진리들을 발견할 수 있도록 해 주었다. 단순한 사냥과 재배의 기술로부터 물질에 대한 화학 분석으로 나아가는 일은 사회적 기호들의 지속적 활동을 수반하는 일이다. 이 과정은 발전적 과정으로서, 그 안에서 자연 과정들에 대한 우리의 본래적 무지가 유기적·비유기적 질서들의 형질들에 대한 더욱 심원한 의미로 대치되어 왔다. 앎의 기호적 변혁이 자연으로부터 우리를 이반시키지 않고, 도리어 사회적 소통을 통하여 자연의 비밀들에 좀더 가깝게 데리고 가는데, 아마도 그렇지 않았더라도 어차피 일어났을 일인지도 모른다.

그러나 과학 공동체의 영만으로는, 특별히 퍼어스가 제시한 바에 따르면, 보편 공동체의 출현을 위해 충분치 않다. 로이스는 그리스도의 영을 거기에 더함으로써만 기호들이 이상적 미래에 획득할 선명성과 합치를 향하여 나아가는 일을 보증할 수 있다고 주장했다. 기독론은 그리스도의 본성에 관한 고정된 교리들을 넘어 변혁될 필요가 있다. 오히려 우리는 사랑 공동체와 보편 공동체를 설파하라는 (성)령

(the Spirit)의 부르심에 행위로 응답하는 우리의 실천적인 다짐으로서 기독론을 보아야 한다. 이것이 그리스도를 진정으로 따르는 것이다. 로이스는 주장하기를,

> 그러므로 실천적으로 필수적인 것은 다음과 같은 것이다: 당신의 기독론이 보편적 사랑 공동체의 영을 실천적으로 인지하게 하라. 이는 충분하고 실천적인 신앙이다. 그리고 어떤 말을 통해서든지, 어떤 상징들을 사용하든지 그리고 그에 부합하는 어떤 실천 방법들을 활용하든지 간에 신실한 의도와 온전한 마음으로 그 공동체 내에 영의 현존을 상징화하고 실현할 수 있도록 최선을 다해 이 신앙을 사랑하고, 이 신앙을 사용하고, 이 신앙을 가르치고, 이 신앙을 설교하라(403-404).

삼위일체의 제2격에 대한 교회 교리의 토대로 기능하던 다소 전통적인 기독론의 역할은 여기서 적극적이고 사회적인 역할로 대치된다. 예수의 인격 속에서 그리스도는 배경으로 밀려나고, 공동체와 그의 살아있는 영-해석자(Spirit-Interpreter)의 신조가 중심이 될 것이다. 『기독교의 문제』전반부에서 발전되었던 그리스도와 공동체에 대한 일반적 관점들을 재진술함으로써 로이스는 그 책 후반부를 결론짓는다. 무엇보다도 공동체를 생명력 있게 만드는 영(the Spirit)의 역할을 강조한다.

신앙의 중심, 즉 핵심은 창시자 개인의 인격이 아니며, 그 외 다른 개인이 아니다. 그 핵심은 창시자의 말씀들 속에서 발견되지 않으며,

또한 기독론의 전통들 속에서 찾아지지도 않는다. 그 신앙의 핵심은 영(the Spirit)과 사랑 공동체와 은혜의 작용과 대속하는 행위와 신실한 삶의 구원하는 힘이다. 사람들이 구원받고, 구원할 수 있는 것은 하늘 아래 그 어떤 다른 것이 아니다. 이를 말하는 것은 새로운 신앙을 세우려는 것이 아니라, 당신을 모든 참 신앙의 핵심으로 인도하려는 것이다(404).

로이스의 견해는 신앙의 본질로서 예수의 인격과 삶을 주장했던 신학적 자유주의(theological liberalism)의 정반대쪽 극단에 머무른다. 오히려 바울과 자신의 초기 저작에서 유래하듯, 충실성의 윤리와 종교는 하느님 나라로 나가는 열쇠가 된다. 이 사랑 공동체 밖에서 개인은 구원받기를 소망할 수 없다.

이 모든 요소가 보편적이고 풍성한 철학적 해석학을 생산해내기 위하여 결부된다는 사실이 이제 자명해졌다. 그러한 해석학은 모든 실재에 대한 해석과 기호군 속에 해석들의 연쇄를 제시하는 일에 관심을 갖는다. 로이스는 어떻게 개인이 해석적 활동들에 참여하는지를 보여주었을 뿐만 아니라, 이 활동들이 해석 공동체 내에 존재해야만 함을 보여줌으로써 진일보하였다. 이 공동체는 해석 지평을 형성하여, 그 지평 내에서 어떤 기호라도 자신의 경계와 타당성을 수여받게 된다. 개별 해석자는 기호들이나 자아-상들의 시리즈로 구성된다는 점에서 그 공동체의 소우주이다. 인격적 정체성(personal identity)은 그러므로 하나의 사회적 산물이고 성과로 표현된다.

이 사회적 해석학 배후에는 우주는 기호들과 그들의 해석들로 구성되어 있음을 단정하는 일반 형이상학이 놓여 있다. 로이스는 이상

적인 해석자를 우리 해석 활동들의 보증자로 부여한다. 이 이상적 해석자는 공동체의 지평 외부에서 작용하며, 신적 확실성을 희구하는 우리의 현상적 필요를 만족시킨다. 그의 영적 현존을 통하여 우리는 사랑 공동체를 향하여 나아가는데, 그 공동체 안에서 모든 기호는 분명한 의미를 지니게 된다.

1912년 이전의 틀구조에서 절대자(the Absolute)는 완전히 자의식적인 무시간적 자아로 연상되었다. 이 절대자는 아리스토텔레스의 **누우스**(*Nous*)와 많은 형질을 공통으로 갖고 있다. 1912년 이후, 로이스의 절대자는 기독교의 사회적 실천(Christian social praxis)을 촉진하도록 기능하는 행위 작인으로서 영(the agent Spirit)으로 등장한다. 구체적으로, 영은 해석의 영으로서 해석적 합치를 향하여 공동체를 은밀히 움직여 나간다. 영은 개인들이 해석들로 나아가도록 돕고, 그 해석들은 보편 공동체의 필요한 것들을 보전하고 확장한다.

공동체는 해석이 움직여 나가는 지평이다. 영으로 충만한 공동체 바깥은 이분법적 분리(diremption)와 왜곡이 해석의 삶을 지배한다. 로이스의 기호학은 그의 바울 공동체의 재구성과 손을 맞잡고 어떻게 해석학이 그의 타당성과 힘을 이끌어내는지를 보여주도록 기능한다. 이 유산을 우리가 받아들이는 것은 퍼어스에 대한 로이스의 재해석과 그리고 그리스도의 몸으로서 공동체에 대한 그의 섬세한 이해와 조율되어 이루어져야 한다. 동시에 우리는 로이스의 관념주의가 담지한 일종의 과잉들(excesses)을 회피할 수 있는 지평 해석학으로 나아가야 한다(3장 참조).

2장

가다머와 하이데거의
유럽 해석학의 언어 신비주의

(유럽) 대륙의 해석 이론을 다룬 최근 작업은 텍스트나 언설에 대한 사적인 관계 속에서 유한한 자아를 강조하는 경향을 띠어 왔다. 이 관계로부터 자아와 인공물(artifact) 사이의 해석적 교류를 지배하는 해석 지평에 대한 관심이 출현하였다. 해석 문제를 이렇게 정초하면서, 대륙 사상가들은 해석의 행위 작인과 대상의 행위 작인 모두의 범위를 제한해 왔다. 이 제한은 차례로 해석 이론을 주관적이고 비일반적인 구조로 몰아갔다. 하나의 역사 지평을 또 다른 역사 지평과 엮어 내는 융합(fusion) 활동들에 해석의 부담을 부과하였다. 이 융합 활동들 자체는 개인에 기원하는 것이어서, 공동체적 타당성을 향한 추구와는 동떨어진 것이다. 문제를 이렇게 주관적으로 정초한 결과, 해석 이론은 스스로를 사생활(privacy)의 영역에서 해방시키지 못한 채 머무른다.

　해석 활동의 본성과 진화하는 해석 공동체 안에서 그것의 올바른 위치에 대한 로이스의 성숙한 성찰들은 가다머와 하이데거의 해석 이

론들에 담긴 왜곡들을 극복할 틀구조를 제공한다. 1장에서 보았듯이, 해석 공동체는 지평으로서, 그 지평을 통해 우리의 다양한 해석들과 기호들이 궁극적인 타당성을 획득해 가는 과정에서 정화된다. 1912년 이전의 로이스가 품고 있던 절대자 개념은 영이 인도하는 공동체의 시간 영역으로 변용되었다. 선행하는 기호와 현재 기호와 도래할 것으로 기대되는 기호 간의 기호적 삼원성(triad)은 개인과 공동체 모두에게 유연한 기호 교류 메커니즘을 형성한다. 각 개인은 살아있는 공동체의 지체를 형성하는 지속적인 기호 번역을 통해서만 기호적 투명성(transparency)을 내적·외적으로 성취한다. 그러므로 자아가 아니라 공동체가 각 해석 활동을 위한 지평을 형성한다. 개인적 관점을 구성하는 일반적 해석 지평들은 모두 공동체적 분화와 설명의 산물들이다. 따라서 해석 공동체는 모든 해석 활동을 위한 지평들의 지평이고 근원이다. 이 지평 밖에서는 그 어떤 앎의 주장도 타당성이나 풍성함을 누리지 못할 것이다.

이제 (후기) 로이스의 성숙한 관점과 가다머와 하이데거의 관점들 사이를 선명하게 비교해 나갈 준비가 된 듯하다. 가장 중요한 개념은 지평 개념 자체이다. 이 개념은 우리의 지향적(intentional) 활동들이 이루어지는 주변 현상 영역을 다루는 방식으로서 훗설의 작품에 등장하였다. 하지만 지평의 해석적 이해는 한스 게오르그 가다머(Hans-Georg Gadamer)의 작품과 더불어 좀더 온전한 모습으로 등장한다. 가다머는 자신의 주요 저서인 『진리와 방법』(Truth and Method)에서 지평을 다음과 같이 정의한다.

견고한 전선이 아니라, 우리와 더불어 움직여 나가면서, 앞으로 더

전진해 나가도록 우리를 초대하는 어떤 것(으로서 지평은 존재한
다). 따라서 경험적 흐름의 통일성을 구성하는 지평 지향성(horizon
intentionality)은 마찬가지로 광범위하게 작용하는 대상적 측면의
지평 지향성과 평행한다. 주어진 모든 사물은 세계로부터 실존을 부
여받고, 그리하여 그와 더불어 세계 지평을 가져오기 때문이다.[21]

주체와 대상 모두는 움직이고 열려 있는 지평의 지향적 구조들 내
에 속해 있다. 지평을 완전히 고정되고 폐쇄된 전체로 간주하지 말아
야 한다. 오히려 그것은 우리로 하여금 우리 자신을 넘어 경험과 세계
대면을 통해 보다 넓게 뻗어나가라고 유혹하는 어떤 것이다.

지평 개념을 이해하는 또 다른 길은 조망(perspective) 개념에 의
해서이다. 하나의 조망은 실재를 단순히 주관적으로 물들여, 우리가
임의대로 진입할 수 있도록 해주지 않는다. 조망은 주체와 대상들 사
이에 한 영역을 점유하고, 그 안에서 그들이 서로 대면할 수 있는 열린
영역을 보존한다. 부분적으로 퍼어스와 로이스와의 대화를 통해 활
동을 전개한 저스터스 버츨러(Justus Buchler)는 가다머의 지평에 대
한 기술과 다르지 않은 방식으로 조망들의 본성을 재사유한다.

하나의 조망은 일종의 질서, 즉 주어진 일군의 자연적 콤플렉스들이
말 그대로 하나의 선각자(proceiver)[22]를 위한 혹은 선각자들의 공

---

21) Hans-Georg Gadamer, *Truth and Method* (New York: Seabury Press, 1975),
   217.
22) 역자 ― 버츨러는 지각(perception)이란 표현을 '선행 지각'(前覺 'proception')이
   란 말로 대치하였는데, 버츨러에 따르면 선행 지각은 인간의 개별적인 활동들과 차원

동체를 위한 선행 지각(proception)들로 기능하는 질서이다. 다른 선각자들이 동일한 조망을 공유한다고 말하는 것은 각 선각자가 일군의 선행 지각들과 관계하는 질서가 하나이며 동일한 질서라고 말하는 것이다. 그러나 어떤 관계들이나 질서들은, 비록 그들이 부분적으로 공통적이고 반복 가능한 특성을 갖고 있다고 해도, 유일무이하고 반복 불가능하며, 그래서 그러한 질서의 예는 선행 지각의 영역 자체가 될 것이다.23)

버츨러에게 하나의 조망은 "인간이 점유한 질서"(humanly occu-pied order)로서, 하나의 방향성과 주어진 의식적 내용들을 넘어서는 의미를 갖고 있다. 자연의 콤플렉스들은, 그의 용어대로 표현하자면, "어떤 방식으로든 존재하는 그 무엇"(whatever is in whatever way)을 가리키는데, 개인이나 공동체를 위한 선행 지각들(procepts)로 기능한다. 하나의 선행 지각은 한 선각자(proceiver)와 관계하는 하나의 자연적 콤플렉스이다(대략적으로 그 개인과 관계하는 경험의 대상이다). 따라서 하나의 조망은 자연 콤플렉스들이 "경험되는" 방식을 주도한다. 둘 혹은 그 이상의 선각자가 연합하여 동일한 자연 콤플렉스들을 동화하고 조작할 때, 우리는 하나의 공통된 (혹은 평행된) 조망을 가질 수 있다. 우리가 우리의 선행 지각들을 반복하거나 공유할 수 없다

들, 그들의 통일적인 방향성들로 구성되는 과정을 지칭한다. 사람에 따라 다르지만, 한 사람과 더불어 변화하는 것이 바로 선행 지각 영역의 구체적인 특성이다. 즉 지각은 수동적으로 주어진 것을 지각적으로 인지적으로 깨달아 가는 과정이 아니라, 삶의 활동들로서 앞서 투사하여 창조적으로 만들어 나가는 것이란 뜻을 함축하고 있다.

23) Justus Buchler, *Toward a General Theory of Human Judgment*, 2d rev. ed. (New York: Dover Publications, 1979), 124-25.

면 우리는 다른 조망들을 갖고 있을 수 있다. 대체로 퍼어스와 로이스의 영향력 아래 있었던 버츨러는 공동체를 조망들이 공유되고 소통되는 자리로 여기고 있다.

지평들과 조망들은 모두 인간의 탐구와 기호 번역이 가능하도록 하기 위해 세계가 보여지거나 혹은 표현될 수 있는 방식들을 주도한다. 각 지평과 조망은 개인적인 것이거나 혹은 공동체적인 것일 수 있다. 지평과 조망 모두 의식적인 것과 명석판명한(clear and distinct) 것을 초월한다. 가다머의 입장에서 우리는 지평들의 융합을 기대하게 되지만, 버츨러에게 조망들은 번역과 비교를 통해 수정될 수 있을 것들이었다. 얼마나 작든지 간에, 하나의 주어진 지평이나 조망 내에는 하나의 특정한 질서가 유통되고, 그 질서가 지평적·조망적 교차들이 일어나는 방식들을 주도한다. 더 나아가 모체 틀구조(the parent framework)의 내적 구조들이 하나의 지평이나 조망에 일어나는 각각의 기호적 추가를 주도한다.

보다 구체적으로, 하나의 지평은(조망은) 시간적 특성과 공간적 특성 모두를 갖는다고 말할 수 있다. 시간적인 것으로서, 지평은 과거와 그리고 미래를 향한 기대와 더불어 느껴지는 연속성이다. 로이스의 '기억 공동체'(community of memory)와 '기대 공동체'(community of expectation)는 바로 이와 같은 방식으로 기능한다. 공간적인 것으로서 지평은 무수한 기호를 (혹은 좀더 일반적으로, 자연 콤플렉스들을) 가로질러 연장되고 그래서 한 영역의 점유를 나타낸다. 그 지평의 공간적 활동 영역(scope)은 자리(place)를 허용하고 보존한다. 자리에 대한 해석적으로 명확한 설명(articulation)은 지평적 지형학(topology)이다. 시간적인 것으로서 지평은 일신(一新, the clearing)으로 존

재하는데, 그 안에서 그리고 그를 통해, 존재하는 것은 모습을 드러내게 된다. 그 지평은(조망은) 시간적 활동 영역과 공간적 활동 영역 모두를 가지며, 성취된 의미들과 성취 가능한 의미들 모두에 의해 구성된다. 예전의 의미들과 바랐던 주변적 의미들은 인간 공동체가 전혀 이용할 수 없는 의미들에 불과하다. 이 폐쇄성(closure)은 여하한 지평의 경계를 표시한다—빛을 용인하고 숨기는 반음영부라 할 것이다. 그러므로 지평은 결코 완전한 조명(illumination)을 성취할 수 없다. 지평은 하나의 포괄적 척도로서 존재하지만, 그러나 그의 변덕스런 철수(fitful withdrawal) 속에서 의미를 허용한다.

지평들은 자기충족적인 단자들(monads)이 아니라, 대개 비극적 긴박성을 담지하고 다른 지평들과 상호작용해야만 한다. 가다머에게 이 과정은 융합으로 인식되었다. 지평 융합 속에서 다양한 시간 양태들이 함께 소집된다. 한 차원에서 융합은 해당 지평의 시간적 측면들과 관계를 맺는다. 또 다른 차원에서 융합은 지평적 교차를 발생시키고 유지하기 위하여 지평들을 가로지르는 영향력(reach)을 발휘한다. 융합의 시간적 차원과 관련하여 가다머는 진술하기를,

> 사실상 현재 지평은 계속 형성 중에 있다. 우리가 우리의 편견들을 계속 시험해야 하기 때문이다. 이 시험의 중요한 부분은 과거와의 대면(encounter)이고, 우리가 유래한 전통에 대한 이해이다. 그러므로 현재 지평은 과거 없이는 형성될 수 없다. 고립된 현재 지평이란 더 이상 가능치 않으며 역사적 지평들만이 있을 뿐이다. 오히려, 이해란 언제나 우리가 자체로 존재한다고 상상하는 지평들의 융합이다.24)

시간 확장과 융합에 의한 지평 분석은 로이스의 것과 눈에 띌 만큼 유사하다. 해석 공동체 개념은 모두 공통의 (영웅적) 행위들을 통해 느껴지는 과거와 이상적 미래에서 소망되는 완성(즉 은혜로운 사랑 공동체)의 현존을 필요로 한다. 소위 그 어떤 현재 지평도 과거와 미래의 상호적 현존(copresence) 없이는 기능할 수 없다. 전통은 기호들과 콤플렉스들 각각의 현재적 동화와 조작을 위해 진화하는 모체(evolving matrix)를 형성하는데, 그 자체로 하나의 유혹(lure)으로 기능한다. 로이스와 가다머 모두에게 융합은 개인의 삶에 주어진 현상학적 소여(a phenomenological given)이다. 물론 로이스에게 융합은 또한 공동적 교류들(communal transactions)을 구성하기도 한다.

두 번째 차원에서 융합은 외래 질서들의 상호침투를 수반한다. 지역중심주의(provincialism)를 다룬 로이스의 1908년 논문은 하나의 주어진 조망은 융합의 방식을 주도하거나 인도하는 내장된 의미 한정성(meaning parameter)을 갖게 될 것임을 함의한다. 다른 말로, 한 지역의 믿음들은 (가다머의 용어로 *Vorurteilen*, 즉 '편견들'은) 다른 지역의 믿음들과 교차(융합)될 수 있다. 그 과정에서 어느 지역도 자신의 고유한 요소들 모두를 버리도록 강요받지는 않는다. 결과적으로는 양 지역의 기호적 확장이 더욱더 거대해진다. 하지만 지평들을 포괄하는 어떤 지배적 지평(overarching horizon)이 모든 지역적 지평을 지배하게 되지는 않을 것이다. 각 지평의 통전성은 보존되면서도, 그 활동 범위는 늘어나게 된다.

버츨러에게 조망들은 서로 번역 가능한데, 그렇다고 그 과정이 엄

---

24) Gadamer, *Truth and Method*, 273.

밀하게 일대일 대응관계를 만들어낼 수 있는 것은 아니다. 조망들은 최소한 부분적으로 고유하다. "하지만, 모든 조망은 독특(distinct)하다는 점에서 환원불가능(irreducible)하다고 말할 수 있을 것이다; 그리고 정의상 독특하거나 고유한 것은 정확히 동일한 다른 것으로 번역될 수는 없다. 물론 비록 표현될 수 있다는 중요한 의미에서 '번역될' 수는 있다 해도 말이다."[25] 번역해 "표현 가능"하다는 것은 하나의 조망이 보다 새롭고 거대한 조망으로 기능하도록 만든다는 뜻이다. 즉, 그 조망 안에 담긴 요소들은 좀더 포괄적인 조망 속에서 중요한 자리들을 점유할 수 있다. 따라서 예를 들어, 민간요법(primitive medicine)이라는 조망은 현대 정신의학의 보다 거대한 조망 속에서 새로운 역할을 부여받을 수 있을 것이다(혹은 새로운 역할로 표현되어 활용가능할 것이다). 이러한 방식으로 활용 가능해짐으로써, 원시적 형식들은 "번역되"고 새로운 조망에 이바지하도록 개조된다. 이 과정에서 원시적 조망의 내적 기호 구조들은 변형되어, 다른 투명성과 의미 구조를 드러내게 된다. 그 과정이 복잡하게 심화되면서 연속성과 불연속성이 파급된다.

로이스와의 평행관계들이 분명해진다. 해석 공동체가 지평 혹은 조망으로 기능해서 해석적 투명성을 얻고자 한다면, 모든 기호는 해석 공동체를 통과해야 한다. 해석 공동체는 느껴지는 과거와 또한 기호적 합치가 소망되는 미래 모두를 갖고 있다. 더 나아가 그 자신의 조망, 즉 그 자신의 임의대로 기호들을 이해하는 나름의 방식을 갖고 있다. 그 조망은 연속 분화 과정을 주도한다. 그 어떤 기호도 해석 공

---

25) Buchler, *Theory of Human Judgment*, 6.

동체의 지배 지평이나 조망의 압박에서 자유롭지 못하다. 번역 과정은 연속적 분화 과정(the process of serial ramification)으로서, 그에 의해 하나의 주어진 기호 '나'(I)는 기호 '나-1'(I¹)이 된다. 하나의 전체적인 조망이 해석 공동체를 직면하게 되는 좀더 상위 차원에서 우리는 전체 기호 연쇄를 다루어야 한다. 그 기호 연쇄들이 낯선 환경에서 작동하고 있기 때문이다.

해석적 결정(hermeneutic determination)의 대상들을 다루어 나갈 때 로이스와 가다머는 각각 갈라진다. 하이데거의 영향력 아래서, 가다머는 언어를 우리가 유한한 상황하에서 가질 수 있는 의미의 본질적 표현으로서 본다.26) 언어는 우리의 해석 활동들이 다루는 적합한 대상이다. 왜냐하면 언어를 통해 우리의 세계-내-존재(being-in-the-world)가 가장 온전하게 표현되기 때문이다. 이 '언어 신비주의'의 형태는 자유주의 신학자 쉴라이에르마허로 거슬러 올라가는데, 그에 따르면 쓰인 문서는 작가 내면의 정신 진화에 대한 외적 표현에 상응한다. 쉴라이에르마허에 대한 가다머의 혹독한 비판을 떠올린다면, 이 역설적 평행구조가 묵과되어서는 안 될 것이다. 쉴라이에르마허와 가다머 안에서 언어를 향한 전회는 보편적 틀구조가 담지한 유적인 힘을 제한하는 방향으로 기능한다. 가다머는 언어의 중심성을 다

---

26) 언어에 대한 하이데거의 성찰 속에서 세 단계를 구별할 수 있다: 진정한 언설(Rede)과 한가로운 공론 혹은 비진정한 언설(Gerede) 사이를 구별하는 『존재와 시간』이 그 첫 번째 단계이고, 언어를 말(Sprache)로 언급하던 1930년대가 두 번째 단계라면, 언어를 말씀(saying) 혹은 전승된 이야기(saga, Sage)로 말하던 1950년대가 세 번째 단계이다. 하이데거의 언어 해석학에 대하여 올바른 파악을 하려면, 진지하든 진지하지 않든, 언설(discourse)과 말(speaking)과 말씀(saying) 간의 차이를 염두에 두어야 한다.

음과 같이 표현하였다.

인간 말(speech)의 우인성(偶因性 occasionality)은 그 표현력의 우발적인 불완전성이 아니다. 오히려 바로 언설의 가상성(virtuality)에 대한 논리적 표현인데, 이것이 의미의 전체성이 작동하도록 한다. 비록 그것을 온전히 표현할 수 없다고 하더라도 말이다. 모든 인간의 말 행위는 유한하다. 왜냐하면 그 안에 담긴 의미의 무한을 잘 다듬어 해석하기 때문이다. 그렇기 때문에 해석적 현상은 또한 이 존재의 근본적 유한성의 빛에서만 조명될 수 있고, 그것은 성격상 전적으로 언어적이다.[27]

우리의 유한성은 오직 언어 행위들 속에서만 표현될 수 있다. 가다머는 그 결과물이 아니라 '말함'에 강조점을 두었다. 하지만 그 강조점은 여전히 의미의 전달자로서 언어의 전적인 중심성에 놓여 있다. 표현할 수 없는 것(the inexpressible)을 언어가 "표현할" 수 있다 해도, 그것은 획득된 의미들의 현장에 남아 있다. 가다머에 따르면 언어를 유한한 인간의 말로 이해하는 것이 가장 적절하다.

의미는 어떤 기호로도 전달될 수 있다고 로이스는 응답할 것이다. 하나의 기호는 언어로 표현될 수도 혹은 그럴 필요가 없을 수도 있다. 퍼어스로 돌아가서, 도상적(iconic) 기호는 의미 전달을 위해 그의 지시 대상과 공통되는 구조적 혹은 시각적(pictorial) 형태만을 보여줄 필요가 있다. 물론 퍼어스의 기호학을 로이스가 1913년 글에서 전용

---

27) Gadamer, *Truth and Method*, 416.

하면서, 기호를 도상들(icons)과 지표들(indexes)과 상징들(symbols)로 분할하는 구조는 해석학으로 유입하지 않았다. 하지만 인간의 자연 언어 너머로 뻗어 나간 기호 구조들의 보편적 확장성을 로이스는 구상하고 있었다. 어떠한 인공물이나 몸짓도 기호적 의미를 전달할 수 있다. 자연의 질서들은 유비적이고 지표적인 의미들과 더불어 성숙해 나가는 것 그 이상이다. 그러므로 의미는 인간의 언설 질서에 한정될 필요가 없다. 어떤 콤플렉스도 인간의 인식에 의미 있는 방식들로 영향을 미치는 한 하나의 기호로 기능할 수 있다. 기호 관계에서 반응 범위에 대한 우리의 이해를 확대해 나가기 위해 로이스는 지시참조관계를 경시하는 방식으로 기호학을 재배치하였는데, 많은 이들은 이것을 퍼어스를 넘어서는 발전으로 보기도 한다. 버츨러는 이 차별화를 다음과 같이 소묘해 준다: "기호 관계의 가능한 복잡성들에 관하여 퍼어스와 달리, 로이스와 미드는 기호 관계에서 해석 혹은 반응이 더 중요하고, 오히려 지명관계로서 기호 즉 지시참조관계의 운송자로서 기호는 상대적으로 덜 중요함을 감지하고 있었다."[28]

　기호 혹은 기호 연쇄의 '반응'에 강조점을 두는 것은 퍼어스의 저술들에서 볼 수 있는 것보다 더 극적인 맛을 로이스의 기호학에 부여하고 있다. 지시참조관계(reference) 기능의 정확한 묘사를 멀리함으로써, 로이스는 의미 연속의 전개 속에서 일어나는 삼원적 기호 진행 과정을 좀더 명확하게 진술해낼 수 있었다. 해석 공동체 안에서 볼 수 있는 반응 패턴들은 (즉 정신적 삶의 습관들은) 각 기호를 위한 의미

---

28) Justus Buchler, *Nature and Judgment* (New York: Columbia University Press, 1955), 155-66.

와 가능한 지시참조관계 모두의 활동범위를 좌우한다. 지시참조관계는 하나의 이차적인 활동으로서 합치적 타당성을 지향하는 일반적 목적론 안에서 기능한다고 말할 수 있을 것이다. 이러한 방향으로 기호이론의 부담을 이전시킴으로써 로이스는 퍼어스를 넘어서는 대담한 발전을 이루면서, 동시에 다른 한편으로 가다머의 작품에서 도출되는 것보다 더 확고한 토대 위에 자신의 일반적 결론들을 정초하였다. 칼-오토 에이펠(Karl-Otto Apel)은 이를 퍼어스에 관하여 쓴 책에서 주목한다. "자신의 마지막 작품, 『기독교의 문제』두 번째 권에서 상술한 '해석자들의 공동체'라는 로이스의 관념은 아마도 퍼어스 기호학의 해석적이고 사회철학적인 용어들의 범위와 발전을 다룬 단독 작품으로는 가장 큰 공헌이라 여겨진다."[29] 기호학을 개정하여 공동체의 지평으로 접목시킴으로써, 로이스는 해석학의 대상에 보다 큰 활동범위를 허용하였다. 공동체적 대비(communal contrast)를 필요로 하는 하나의 기호 연쇄로 자아의 본성을 재사유한 로이스의 작업은 그가 지시참조관계 기능을 넘어서 기호학을 연장시킨 작업과 일체를 이루고 있다. 이 두 가지 개정은 그의 해석 이론이 담지한 유적인 힘을 강화해 주었다.

그 어떤 것도 하나의 기호로 기능할 수 있기 때문에 기호들 중 한 유형이나 부류를 분리하여 모든 관점에서 근본적인 것으로 삼아야 할 이론적 필요성은 없다. 가다머와 하이데거의 '언어 신비주의'는 (언어에) 우선권 도식을 부여하여 비언어적 기호 의미들의 신분을 격하시

---

29) Karl-Otto Apel, *Charles S. Peirce: From Pragmatism to Pragmaticism*, trans. John Michael Krois (Amherst: University of Messachusetts Press, 1981), 135.

킨다. 하이데거에게 언어는 모든 존재를 현존으로 불러 일깨우는 시원적 말씀(the primal Saying)으로 존재한다. 이 불러 일깨움 바깥에서 존재자들은 은폐된 채로 머물러야 하는 저주를 받았다. 더 나아가 말씀은 존재(Being [das Sein])라는 단어 속에 전달되는 현존 그 자체를 불러 일깨운다. 가다머처럼, 말함 속에 (혹은 말씀 중에) 있는 언어만이 의미를 현재케 하고 보존할 수 있다고 하이데거는 가정한다. 1959년에 출판된 에세이 "언어로 나가는 길"("The Way to language")에서 그는 진술하기를,

> 언어는 무엇보다도 그리고 천성적으로 말함의 본성에 복종한다: 언어는 말한다. 언어는 말함으로써, 즉 보여줌(showing)으로써 말한다. 그것이 말하는 것은 이전에 말해진 것으로부터 그리고 지금까지 말하여지지 않은 말씀(Saying)으로부디 솟아 나오는데, 이는 언어의 설계에 배어 있다. 보여줌(showing)으로써 언어는 모든 현존의 영역들에 이르러, 그 영역들로부터 출현하거나 소멸해 가는, 즉 거기에 현존하는 그 무엇이든지 소환한다는 의미에서 언어는 말한다. 따라서 우리는 이런 방식으로 언어에 귀 기울이고, 그것을 우리를 향한 그의 말씀이라 말하자.30)

우리가 언어와 맺는 관계는 적어도 어떤 의미로 수동적이다. 우리는 언어가 스스로 말하는 방식들에 귀 기울인다. 진정한 언어는 (즉,

---

30) Martin Heidegger, *On the Way to Language*, trans. Peter Hertz and Joan Stambaugh (New York: Harper & Row, 1971), 124.

말씀[Saying]은) '존재의 집'(the House of Being)을 형성하여, 그를 통하여 그리고 그 안에서 존재자들(beings)은 변덕스런(fitful) 존재(Being)의 빛 속에 등장할 수 있게 된다. 해석학은 말씀이 우리를 점유사건(appropriation)[31]으로 불러 모으도록 하는 기술인데, 그 점유사건이 존재와 죽을 운명의 것들을 상호적 투명성 속에 붙들어 놓는다. 말씀은 세계 내에 우리의 진정한 자리를 인정해 주고, 의미가 우리에게 현재하도록 해준다.

그 어떤 시점에서도 개별 경청자가 말씀이 불러 일깨우고 일으키는 것을 시험하고 타당성을 확인하기 위해 더 큰 공동체에 호소할 길은 없다. 종종 언급되어 왔듯이 하이데거는 언어의 신탁 말씀들을 걸러내는 데 기여할 살아 있는 공동체와의 모든 가능한 관계를 단절한다. 타당성이라는 바로 그 관념은 참 사유(true thinking)에는 이질적인 것이라고 주장된다. 참 사유는 기본적으로 시원적 존재의 파송들(mittances)[32]을 듣는 것이기 때문이다.

---

31) 역자 — 하이데거의 *Ereignis*를 번역한 용어 appropriation은 '전용' 혹은 '전유'로 번역되어 왔는데, *Beiträge zur Philosophie*의 영어번역본 출판 이후 독일어 원어의 'eignis'를 강조하는 의미로 의역된다. 그래서 appropriation 대신 enownment 혹은 enowning이란 번역어가 사용되고 있다. 참다운 자아화 혹은 자기소유화란 의미에서 en-own-ment란 의미이다(참조 - M. Heidegger, *Contributions to Philosophy (From Enowning)* [*Beiträge zur Philosophie*]. trans. by Parvis Emad and Kenneth Maly. Studies in Continental Thought. [Bloomington & Indianapolis: Indiana University Press, 1999], xx).

32) 역자 — mittances는, 즉 the mittances of the primal Being으로 코링턴이 번역한 하이데거의 원어는 *Seinsgeschick*인데, 하이데거는 "Der Satz vom Grund"라는 그의 강연에서 "서구 사상사는 존재의 mittance(*dem Seinsgechick*)에 존재한다(*ruht in*)" 고 말하였다. 베르너 막스(Werner Marx)에 따르면, 'geschick'의 번역인 mittance는 독일어 schicken(to send)에서 유래하는데, 영어로 좀더 정확히 번역하자면, "sending something on its way"의 의미이다. 즉, '제 갈 길로 보내다' 혹은 파송의

물론 오로지 용어들의 외연적 기능(denotative function)만을 강조하는 언어 개념을 비판한다는 점에서 하이데거는 옳았다. 명사적 패러다임에 근거하여, 동사와 동명사적 기능들을 거절하는 개념만이 문장을(즉 명제를) 사건들의 독립적 상태와 단순한 일대일 지시 관계에 의해 구성되는 것으로 간주할 수 있을 것이기 때문이다. 실제로 명제에 관한 자신의 초기 그림 모델을 거절하면서, 비트겐슈타인(Wittgenstein)도 동일한 통찰로 나아갔다. 잘 알려진바, 하이데거는 언어와 관련하여 순수한 지시참조관계 개념을 거절해야 할 좀더 심층적인 이유를 갖고 있었는데, 말하자면 존재자들(beings)과 우리의 진정한 관계를 보존하고자 하는 욕망을 갖고 있었다. 형이상학에 관한 1935년 강연들을 통해 하이데거는 진술하기를, "말들과 언어는 쓰고 말하는 사람들의 교류를 포장한 꾸러미들이 아니다. 바로 말들과 언어 속에서 사물들은 먼저 존재로 도래하게 되고, 존재한다. 이러한 이유로 한가로운 공론(idle talk, *Gerede*) 속에서, 즉 슬로건들과 구호들 속에서 이루어지는 언어의 남용은 사물들과 우리의 진정한 관계를 파괴한다."33)

한가로운 공론은 우리의 환경에 나타날 사물들의 본래적 출현에

의미이다. 더 나아가, 독일어 접두어인 'ge-'는 'collection'이라는 의미도 함의하고 있고, geschick(mittance)는 "collection of such free sendings"의 의미를 함의한다. geschick을 번역하기 위해 만들어진 신조어 mittance는 이러한 의미를 담지하고 있지는 않지만, mittance의 본래 의미 속에는 그러한 의미가 함의되어 있음을 유념해야 한다고 막스는 제안한다(Werner Marx, "Hermeneutics and the History of Being" in *Hermeneutics and Deconstruction*, edited by Hugh J. Silverman and Don Ihde, Selected Studies in Phenomenology and Existential Philosophy 10 (Albany: State University of New York Press, 1985), 68-69.

33) Martin Heidegger, *An Introduction to Metaphysics*, trans. Ralph Manheim (New Haven: Yale University Press, 1959), 13-14.

유사성이라는 베일을 덮어씌운다. 우리 자신의 비진정한 실존은 정보와 무반성적 사유의 아주 뭉뚱그려진 영역으로 언어를 끌고 내려간다. 해석의 문제는 인격의 진정성 문제에 결정적으로 매여 있다. 시간 속에서 얼마나 변덕스럽게 현재하든지 간에, 진정한 실존 속에서 언어는 단순한 호기심과 권태를 추동하는 부패(decay)로부터 구출된다. (초기와 후기 하이데거 모두에게서 일어나는) 진정성(authenticity)을 향한 나아감 속에서 존재자들은 오직 언어와 새롭게 맺어진 관계로부터만 도래하는 본래적 보여줌(the pristine showing)을 허락받는다. '존재의 집'으로서 언어는 불러모아-일신(gathering-clearing)함으로써, 그 언어를 통하여 존재자들은 진정한 현존재(authentic Dasein)에게 그들 자신들(what they are)이 된다.

　의미의 자리로서 언어는 하나의 불러-모음(gathering)으로 기능하는데, 그 안에서 존재자들과 그 의미들은 근본적인 관계로 귀속(belonging)된다. 1935년 동일한 강연에서 하이데거는 진술하기를, "언어의 본질은 존재의 함께-있음(togetherness) 속의 불러-모음(gathering)의 활동으로 간주되기 때문에, 존재의 의미 안에 모임(collectedness)인 로고스를 향해 말함과 들음이 지향될 때에만, 일상의 언설로서 언어는 그 진리에 이르게 된다."34) 존재자들의 현존에-이름(the coming-into-presence)으로서 진리는 언어 안에 현재하고 보존된 불러-모음으로부터 출현한다. 언어가 로고스의 불러-모음에 더 이상 동조하지 못하고, 그러한 주제 이전적(prethematic) 지평의 바깥에 서 있을 때 비진리가 득세한다. 올바른 말함이 올바른 들음에

---

34) Ibid., 173.

동조되어 있을 때, 불러-모음의 진리가 현현케 될 수 있다. 언어는 더이상 단속적인(discrete) 의미들과 지시참조관계들의 직계 전달자로 간주될 수 없다. 오히려 언어는 우리의 인간적 구상들을 초월하는 의미의 불러-모음으로 우리를 다시 귀속시키는 신당(the shrine)이다.

언어와 의미의 본성에 대한 이 철저한 재사유는 하이데거로 하여금 그가 서구 철학의 형이상학 전통이라 이해하고 있던 것을 해체하도록 강요한다. 형이상학이 독립된 분야로 출현한 것은 바로 플라톤이 현존으로서 진리라는 시원적 개념에서 등을 돌려 자신의 형상론으로 나아갔을 때인데, 그 형상들 안에서 존재는 단지 올바른 것이 된다. 유적인 형질들이나 가장 높은 존재가 간여하는 단순한 존재자들에 대한 언어는, 그리스어든 라틴어든 혹은 현대어든 간에 형이상학적이고 재현적인 사유의 소용돌이에 포박되어 있는데, 이 형이상학적이고 재현적인 사유가 단순한 유적인 특성들이나 혹은 어떤 최고 존재의 관점에서 존재자들에게 관심을 갖기 때문이다. 존재의 빛은 철학의 고유한 기원 이래로 일식 상태에 놓여 있었고, 이제 가장 깊은 어둠의 단계에 이르렀다. (퍼어스나 로이스에게는 거의 상상키 어려웠던 경험인) 허무주의의 위기는 바로 소크라테스 이전의 현존의 불러-일으킴으로부터 우리가 얼마나 멀리 떨어져 왔는지를 보여준다. 하이데거가 상상했던 시적 사유(poetic thinking) 속에서 우리는 서구(the West)로부터 달아난 것을 회상할 수 있는 위치에 있게 되었다. 혹은 오히려 우리는 스스로 존재의 물러남(the withdrawal of Being)으로 소집되어, 운명적 방식으로 이 물러남 속에 존속할 수 있도록 할 수도 있을 것이다.

우리 시대의 허무주의는 우리의 해석 활동들에 초래된 위기를 수

반한다. 만일 의미의 근거가 (어두운) 일식 상태에 놓여 있다면, 의미를 되찾으려는 우리의 노력은 우리가 의미의 근거가 되돌아오도록 용납하는 조망을 획득하지 않는 한 헛수고라고 추론할 수 있다. (계산적 사유와 대립되는 것으로) 명상적 사유로의 급진적 전회를 통해 하이데거는 언어의 말씀 속에 보존된 의미는 되돌아올 수 있다고 주장한다. 존재를 향한 전회의 책임은 고독한 사유자 혹은 시인의 어깨에 놓이는데, 그는 언어와 더욱 깊은 관계를 맺고 있기 때문에 우리에게 존재의 은혜로운(unearned) 현존을 향한 운명적 행로를 보여준다.

시인의 역할에 이렇게 특권을 부여하는 것은 일체의 대조나 비교를 허용치 않는 시초의 말씀에 모든 공동체적 해석 활동을 종속시키는 것이다. 1936년에 발표한 에세이 "휠더린과 시의 본질"("Hölderlin and the Essence of Poetry")에서 하이데거는 세계를 여는 힘의 자격을 언어에 부여한다.

언어는 인간이 소유한 많은 것 중 하나, 즉 단순한 도구가 아니다. 대조적으로, 오직 언어만이 실존자의 개방성 속에 존립할 진정한 가능성을 제공한다. 오직 언어가 있는 곳에서만 세계가 있다. 즉 결정과 생산의, 행위와 책임의 그러나 또한 동요와 임의성의, 부패와 혼동의 영속적인 순환 변화가 존재한다. 세계가 주도권을 잡은 곳에서만 역사가 존재한다. 언어는 보다 근본적인 의미에서 소유(possession, *Gut*)이다.[35]

---

35) Martin Heidegger, *Existence and Being*, ed. Werner Brock, essay as translated by Douglas Scott (Chicago: Regnery, 1949), 276.

지역들의 전체성(totality)으로서 세계는 그러한 통찰이 가능한 소수의 사람들에게 존재의 평온함(serenity)을 가져오는 시인의 시원적 언설을 통해 빛을 발한다(shines forth). 언어의 짐은 무겁다. 한편으로 언어는 이제 그의 운명적 물러남을 공지하고 있는 것 앞에 소집되어야 하고, 존재의 철회(revocation)로 인해 창조된 밑그림에 응답해야 한다. 다른 한편으로, 언어는 인간에게 되돌아와 (존재[Being]와 존재자들[beings] 사이의) 존재론적 차이를 시인들과 사유자들의 작은 공동체에 선명하게(transparent) 만들어야 한다. 이 이중의 압박이 언어를 자기-붕괴(self-annihilation)로 인도한다.

시인은 자연이나 세계화하고 있는 세계의 상황을 결정할 책임이 없다. 그러나 시인은 성스러움(the holy)과 그 성스러움의 빛을 통하여 잠깐의 역사적 놀이를 허락받은 신들을 지명하는 더욱 심원한 직무를 담당한다. 앞과 동일한 에세이에서 하이데거는 진술하기를, "시인은 신들에게 이름을 붙이고, 존재하는 바대로 모든 사물에게 이름을 붙인다. 이 이름 붙이기는 이름이 부여된 것으로 이미 알려진 어떤 것 안에 단순하게 존재하는 것이 아니다. 오히려 시인이 본질적 말을 말할 때, 실존하는 자는 이 이름 붙임에 의하여 그 본연대로(as what it is) 지명된다. 그래서 실존하는 것은 실존하는 것으로 알려지게 된다. 시는 그 말에 의한 존재의 확립(establishing)이다."36) 아담처럼 시인은 실존하는 것을(존재자들을) 드러나게 할 수 있고, 그럼으로써 존재의 빛 안에서 그들의 자리를 확보할 수 있도록 한다. 존재의 힘은 세계의 말로 표현됨(the wording)을 통하여 스스로를 고지하고, 시인

---

36) Ibid., 281.

으로 하여금 자리의 의미를 불러 일깨울 수 있도록 하여 진정한 귀향 (homecoming)이 가능토록 한다.

1957~1958년에 이루어진 "언어의 본성"("The Nature of Language") 이라는 강연에서 하이데거는 존재를 그의 현존으로 데려오는 언어의 힘을 더 깊이 있게 탐구한다.

> 만일 우리의 사유가 그 방식을 온전하게 처리해 나간다면, 그것이 있다는 말을 결코 할 수 없을 것이며, 오히려 그것이 준다(it gives[es gibt])는 말을 할 것이다—말들이 그 어떤 "그것"에 의해 주어진다는 의미에서가 아니라, 말은 그 스스로를 준다는 의미에서 말이다. 말 자체는 수여자(the giver)이다. 그것이 무엇을 주는가? 시적 경험과 가장 고대의 사유 전통에 의거하자면, 말(the word)은 존재(Being)를 준다. 그렇다면 우리의 사유는 그 말을 추구해야 할 것인데, 이 "주는 것이 존재한다"는 것 속에서 스스로를 결코 내어준 적이 없는 말을 수여자로서 추구해야 한다는 것이다.[37]

그 말(the word)은 "그것이 준다"("it gives," 독일어로 es gibt)[38]는 말 속에 스스로 참여함으로써 우리에게 존재(Being)를 준다. 이 참여는 인간과 그의 근본적 근거 사이로 언어를 몰아간다. 우리는 그 말의

---

37) Heidegger, *On the Way to Language*, 88.
38) 역자 — 독일어식 표현에서 es gibt는 문자적으로는 it gives…, 즉 '그것이 준다'는 말이지만 이는 문자 그대로를 의미하지 않고, 영어식으로 번역하여 표현하면 there is…라는 표현에 가장 근접한다. 영어로도 there is…라고 하면 '거기에 ~이 있다'는 식의 표현보다는 그냥 '~가 있다'는 식의 표현에 더 가깝다. 하이데거는 이 관용적 표현을 다시금 꼼꼼히 되돌아보면서, 언어가 존재를 수여한다는 의미로 해석한다.

파생적 힘 속으로 소환되고, 우리의 존재 망각으로부터 자유롭게 된다. 일단 그 말이 우리를 압도한 후에야 우리는 존재와 한 공동체를 세울 수 있다. 존재자들과는 질적으로 다른 이 밝은 빛과 맺은 관계가 존재의 빛을 빼앗긴 저 죽을 운명의 것들과 우리를 관계시키는 공동체성의 암묵적 근원이다. 시인에 의해 우리에게 주어진 언어는, 존재의 선민들에 속하지 못한 자들에게 가능한 공동체가 무엇이든지 간에, 그 공동체로의 시원적 열림이다.

시인과 언어를 단순한 도구로 사용하는 사람들 사이의 관계는 해석적 상호작용을 배제한다. 그처럼 심연의 서로 다른 편에 서 있는 자들 사이에 대칭적 소통은 있을 수 없다. 시인은 곧 존재가 언어의 "수여"(the "it gives") 속에서 그의 현존이 느껴지도록 결단하는 "자리" 외에 다름 아니다. 이 언어 신비주의는 공동으로 나뉠 수 있고 분명하게 언표될 수 있는 그 어떤 해석 구조들로부터 자아와 공동체 모두를 차단한다. 역설적으로, 철저한 개방성을 향한 하이데거의 충동은 인간 과정을 지배하고 정의하는 언어 외적인 교류들의 출현을 파괴한다. 해석은 순전한 공동체의 다른 편에서 출현하는 한 음성에 대한 시인의 수동적 응답으로 환원된다.

로이스는 모든 해석이 또 다른 해석 수용자(interpretee)를 위한 해석이라고 대응할 것이다. 그러한 타자는 (잠재적으로나 현실적으로나) 현재하지 않는 것처럼 여겨질지도 모르지만, 그러나 자체로 공동체적인 기호 번역의 삼원적(triadic) 논리로 진입해 들어가지 않는 한, 우리는 한 기호나 의미를 온전하게 파악할 수 없다. 언어는 기본적으로 존재의 말씀(the Saying of Being)임을 우리가 인정해야 할지라도, 우리는 여전히 자각과 언설의 공동체적 구조들 안에서 그 말씀을 제

시해야 할 것이다. 하이데거가 언어의 말씀에 대하여 저술해 왔다는 바로 그 사실은 그가 곧 효과적인 소통이 담지한 더욱 거대한 해석 문제에 대하여 인식하고 있음을 보여준다. 최소한, 존재는 현존재와 결합된 언어의 종류를 통하여 유한 해석자에게 자신의 특성들을 전달해 주어야 한다. 하지만 하이데거는 리꾀르(Ricoeur)가 "나는 존재한다"(the "I am")의 해석학이라 불렀던 것에 구속된 채로 머물러 있다. 리꾀르에 따르면, "하이데거에 의해 발전된 유의 존재론은 내가 '나는 존재한다'의 해석학이라 부르는 것에 근거를 제공해 주는데, 그 해석학은 단순히 하나의 인식론적 원리로서 인식되는 '사유'(*cogito*)의 반복이다."[39] 역설적으로 하이데거는 실체 신비주의의 형태로 다시 되돌아왔는데, 그 같은 형태의 신비주의 속에서 유한한 개별자는 시간 안에서 일어나는 의미의 자기-포용적(self-enfolded) 근원과 수용자가 되도록 강요받는다. 하이데거의 존재론적인 기본 윤곽들을 염두에 둘 때, 그는 데카르트 철학의 상궤를 타락시켜 왔던 사생활 영역을 헤어날 수 없었다. 후기 하이데거가 그리던 유의 사유를 넘어선 발전을 일구어내는 과정에서, 로이스는 공동체적 차원을 인정할 뿐만 아니라 공동체의 구성과 기능을 주의 깊게 드러낸다. 자아에 대한 그의 기호론적 재정의는 하이데거에게는 가능치 않았던 형식으로 의미의 공동체적 차원을 선명하게 만든다.

버틀러로 되돌아가서, 공동체는 그 어떤 지식의 전달에도 본질적임을 보게 된다. 진정한 의사소통은 대칭적(symmetrical)이다. 공유

---

39) Paul Ricoeur, *The Conflict of Interpretations*, ed. Don Ihde (Evanston: North-Western University Press, 1974), 223.

할 수 있기 때문이다. 또한 로이스가 이해하듯이, 비대칭적이다. 번역된 기호는 (이미) 변화된 기호이기 때문이다. 다른 기호들과 해석 수용자들(interpretees)에 의해 변형되기 전의 기호로 되돌아가는 것은 불가능하다. 소통(과 그의 공유가능성)의 대칭적 측면은 버츨러가 기술한다.

> 대칭적 소통은 동물적 생존의 요구사항이면서 동시에 추상적 앎을 향한 대로이다. 그것은 인식의 조건이고 동시에 인식의 열매이다. 그것은 공동체를 전제하고, 공동체는 공유(sharing)를 전제한다. 이제 공동체가 성립되려면, 어떤 자연 콤플렉스가 동일한 관점을 공유하는 한 개별자 이상을 위한 지배적 선행 지각(procept)이 필수적으로 되어야 한다.[40]

그러므로 우리는 공동체 없이 소통할 수 있을 것이라고 바랄 수 없다. 위에서 말한 바와 같이 공동체는 하나의 조망을 차지하고 있고, 그 조망은(혹은 조망들은) 기호들 혹은 콤플렉스들이 해석되는 방법을 지배한다. 더 나아가, 하이데거는 온전하게 파악하지 못했던 바지만, 이 의사소통은 해석자에게서 해석 수용자로 흘러가는 해석 과정과 더불어 대칭적이어야 한다. 그럼으로써 소통은 본래의 해석자에 의한 재해석에 활용될 수 있도록 기호들을 번역한다. 본래의 해석자가 해석 수용자에게서 이미 변형된 의미를 받기 때문이다.

버츨러의 공식은 가다머나 하이데거의 것보다는 로이스의 모델에

---

40) Buchler, *Theory of Human Judgment*, 33.

더 가깝게 다가간다. 전달된 의미들은 공동체적 분화의 전체적인 활동범위로 진입하려면 새롭게 표현되어야만 한다. 로이스의 해석 공동체는 이 과정을 주도하는 지평 혹은 조망으로 기능한다. 이 공동체는 대칭적 과정이다. 해석자와 해석 수용자 모두 의미의 구성 속에서 공유하기 때문이다. 그것은 또한 비대칭적 과정이다. 시간과 해석의 특성 때문에 한 지체는 나-1(I^1)로부터 나(I)로 다시 되돌아갈 수 없기 때문이다. 시간적으로, 과거는 현재로 번역되는 과정에서 변경된다. 해석적으로, 해석된 하나의 기호는 변화된 기호이다. 우리는 기호 변형(sign transformation)의 어떤 형태도 삭제할 수 없다. 그러므로 해석 과정은 대칭적이고 동시에 비대칭적이지만, 서로 다른 관점에서 그렇다.

가다머의 해석학에서 핵심적인 것은 실천 이성과 이론 이성을 통합하려는 관심인데, 이는 실용주의(pragmatism)의 관심과 다르지 않다. 아리스토텔레스에게서 단서를 얻은 가다머는 해석 과정을 인간 이해의 진화에 연결시켰는데, 그것이 공동체의 삶에서 선(the Good)의 실천적 일깨움을 향해 나아가기 때문이다. 이해는 본문들에 제한된 것이 아니라, 인간 간 소통(interhuman communication)을 향해 나아간다. 수사와 변증은 해석적 토론 과정에 근거를 두고 있는데, 개인들에게 자신들의 것이 아닌 지평들 속으로 진입할 수 있도록 허용해 주기 때문이다. 현대적 학문(science) 개념은 이해의 사회적 차원을 책임 있게 기술하는 데 실패하고 있다. 가다머에 따르면,

사회적 삶은 이전에 타당하다고 여겨 왔던 것의 지속적인 변형 과정으로 구성된다. 그러나 추상적으로(*in abstracto*) 규범적 개념들을 추

론하여, 그것들을 학문의 정직성을 주장하면서 타당하다고 단정하려는 것은 단연코 환상일 것이다. 여기서 요점은 학문 개념은 그의 이상으로 비참여적 관찰자를 허용하는 것이 아니라, 오히려 모든 이를 함께 묶어 주는 공동체를 우리의 반성적 인식 속으로 데려오고자 노력한다는 것이다.[41]

가다머는 선험적 반성의 영역으로 날아오를 초연한 비공동체적 관찰자 개념을 거절한다. 우리의 사회적 상호작용들은 합리적 성찰과 언설을 예인하는 무수한 선입견들(prejudgments)의 변증적 상호작용을 수반한다. 소통의 다양한 결과물들은 특정의 대화 과정들이 종결되는 시점에 출현하고, 좀더 거대한 사회 질서에 미칠 그 형질들의 최종적인 영향력에 관해서는 미리 예측될 수 없다.

(정신과학[*Geisteswissenschaften*]과 대립되는) 경험과학(*Naturwissenschaften*)은 귀납법이나 귀추법과 같은 구체적인 방법론들에 의존하는 반면, 해석학은 진화하는 언어 형태들의 내적 압박들을 느껴야 하는 변증적 상호작용의 기술로 남아 있다. 둘 혹은 그 이상의 개인 간에 이루어지는 모든 토론은 그 자신의 논리와 리듬을 발생시킬 것인데, 이를 기계적인 방법들을 활용하여 사전에 차단할 수 없다. 이해는 "올바른 때"("right time")를 기다려야만 하고, 인간의 대화를 미리 결정된 패턴들로 강요하지 않는다.

---

41) Hans-Georg Gadamer, *Reason in the Age of Science*, trans. Frederick G. Lawrence (Cambridge: MIT Press, 1984), 135.

(알려질 수 있는 모든 것 혹은 궁극적으로 '전체의 자연'을 포함하여) 앎으로 나아가는 모든 것 외에, 참다운 앎은 카이로스(the *kairos*)[42]를 분별해야 한다. 이는 우리가 언제 어떻게 말해야 하는지를 안다는 것을 의미한다. 그러나 이는 규칙들을 통해 자신의 것으로 동화되거나 기계적 반복을 통해 단순하게 배울 수 있는 것이 아니다. 이미 칸트가 『판단력 비판』(*Critique of Judgment*)에서 올바르게 진술해 주고 있듯이, 규칙들의 합리적인 사용을 다스리는 규칙은 없다.[43]

이해가 경험적 방법에 대한 집착을 넘어서서 말함(the speaking) 그 자체의 움직임 속으로 고양될 때에만, 성취된 시간(the *kairos*)의 순간이 출현할 것이다. 진정한 공동체적 실존의 기본적 시작들은 유한한 개별자들 간의 대화에서 처음으로 출현한다. 가다머는 인격적 우정(personal friendship)을 말하는 슐라이에르마허의 낭만적 해석학을 자신의 개념인 이해하는 대화(understanding dialogue)의 역사적 토대를 놓은 개념으로 언급한다. 진실한 우정 속에서 의미의 개별 지평들은 서로에게 열리고, 지평적 충만이 공동체의 도래 이전 삶의 자아도취적 자기-보증(self-reference)을 대치할 것이다.

해석학의 실천적 차원에 대한 주장은 가다머를 공동체의 윤리적 변혁을 향한 로이스의 관심과 연결시킨다. '충실성에는 충실성으로'

---

42) 역자 — 희랍적 사고에서 시간(time)은 두 종류가 존재하는데, 하나는 연대기적 시간으로서 *chronos*이다. 이는 양적으로 흘러가는 시간을 의미하며, 계량화 가능하고 측정 가능한 시간을 의미하는데, 우리가 통상적으로 쓰는 시간의 의미이다. 반면 카이로스(*kairos*)는 어떤 무언가가 이루어지는 '때'를 의미하는 단어로서, 신적인 만남이 이루어지는 때와 같은 것을 가리킨다.

43) Ibid., 121.

(loyalty to loyalty)라는 로이스의 개념은 해석을 위한 윤리적 전위구조(forestructure)로서 서게 된다. 우리는 다음과 같은 진술로 로이스를 다르게 설명할 수도 있을 것이다: 사랑의 공동체 안에서 열린 해석(open-ended interpretation)의 영을 촉진하는 방향으로 해석하라. 해석 과정을 종결지으려는 그 어떤 해석 활동도 불충실한 활동이고 그래서 이후의 해석자들에 의해 대속 받아야(atoned for) 한다. 가다머에게 각각의 해석은 본문이든 개인이든 간에 그 대상을 넘어 가리켜야(point beyond) 하고, 사회적 삶에 근본적인 어떤 것을 밝혀야 한다. "사유는 언제나 그 스스로를 넘어 가리킨다. 플라톤적 대화는 이에 대해 표현한다; 그것은 영혼의 질서와 정치 체제의 질서, 세계 자연의 질서 속에 스스로를 현시하는 선(the good), 바로 그 한 분(the one), 그 존재를 지시한다."[44] 로이스의 충실성의 영(spirit of loyalty)인 선(the Good)은 우리의 해석 활동들의 저편에 출현하여, 그 활동들에 의미와 방향을 부여한다. 이해의 실천적 차원은 공동체적 삶이 악마적이고 비일반적인 것으로 가라앉는 것을 막아 주는 충동으로서, 이는 가치의 무조건적 근원을 향한 충동이다. 대화의 윤리적 핵심은 해석학이 단순히 구조들에 대한 차가운 이해가 되지 않도록 해준다. 해석하려는 충동은 본질적으로 건전한 사회적 삶을 향한 충동이다.

가다머의 해석학에 담지된 실천적이고 사회적인 측면들은 하이데거에게서 볼 수 있는 해석적 이해를 초월한다. 하이데거의『존재와 시간』에 등장하는 고립된 현존재(Dasein)는 소수의 사유자들과 시인들

---

44) Hans-Georg Gadamer, *Philosophical Apprenticeships*, trans. Robert R. Sullivan (Cambridge: MIT Press, 1985), 186.

의 고독한 성찰을 넘어 공동체적 실재를 발견하기에는 무기력하다. 하지만 그렇다고 해서 가다머가 후기의 로이스에게서 찾을 수 있는 것만큼의 풍성한 개념 구조를 발전시켰다고 말할 수는 없다. 주어진 본문들과 개인들을 넘어선 해석의 흐름은 겨우 잠재적으로만 공동체적인 흐름일 따름이다. 로이스의 공동체 개념은 바로 가다머가 멈추어 선 곳에서 시작할 따름이라고 주장할 수도 있을 것이다. 가다머 안에서 찾아 볼 수 있는 원형 공동체(protocommunity)는 로이스가 보기에 한 개인 내의 구성 요소였고, 그 자체로 단지 잠재적으로만 공동체적이었다. 주어진 해석 활동의 "저 너머를 가리킴"(the "pointing beyond")은 해석 공동체의 기호적 해석 구조들 안으로 더 들어가 자리 매김되어야 한다. 가다머의 조망이 갖는 가치는 바로 그것이 우리를 더욱 큰 공동체적 관점의 경계로 데려간다는 것이고, 그럼으로써 하이데거적인 모델을 초월한다는 사실이다.

퍼어스와 로이스는 각각 한 주제를 고려하는데, 이는 가다머의 해석학에 (그리고 보다 섬세한 형태로 하이데거의 해석학에) 핵심적으로 중요한 주제였다. 방법론을 토론하면서, 퍼어스는 의미를 놀이처럼 갖고 노는 하나의 길로서 해석적 명상(interpretive musement) 개념을 도입하고 개발한다. 이 자유로운 방법은 귀추법(abduction)과 귀납법(induction)보다 풍요롭게 더 개방적이다. 해석적 명상은 통상적 문제 상황의 특징인 지식의 도구적 측면들을 넘어 해석자를 고양한다. 명상은 스스로를 도구/목적 구조로부터 해방시켜, 기호 성찰이 직접적인 환경의 압력에 의해 통제되지 않는 방향들로 전개되도록 한다. 기호적 명상에 대한 퍼어스의 통찰은 주변 환경 속에 유기체를 안정시킬 때 문제 해결사로서의 역할에 대한 전통적인 실용주의의 기술

을 초월할 수 있도록 해주었다. 로이스도 또한 기호 표현의 이 차원에 대한 감수성을 지니고 있었고 그래서 기호 연쇄들 속에서 새로이 발생하는 요소들에 둔감하게 만드는 기계적 방법들을 거절하였다. 가다머에게 해석적 명상과 대략적으로 동등한 역할을 감당하는 것이 놀이(play, *Spiel*)였다. 잘 알려진 대로 가다머는 놀이에 대한 자신의 이해를 예술 작품을 성찰하는 상황에 도입하였다. 하지만 놀이 개념은 의미에 접근하는 기본 방법으로서 더욱 큰 존재론적 역할을 감당한다.

놀이 안에서 놀이를 하는 사람(player)과 실행되고 있는 놀이 간의 구별은, 수단과 목적 간의 구별이 그러듯이 희미해진다. 놀이하는 것은 단순한 방법과 유한한 목표들에 대한 기계적인 추구로부터 자유롭게 되는 것이다.

만일 우리가 '놀이'라는 단어가 어떻게 사용되는지를 검토하고 소위 그의 전이된 의미들에 집중해 본다면, 우리는 빛의 놀이, 파도들의 놀이, 베어링 상자 속 부품의 놀이, 사지의 놀이, 힘들의 놀이, 모기들의 놀이, 심지어 말 놀이 등에 관하여 말하고 있음을 발견하게 된다. 각각의 경우, 의도하는 바는 마지막으로 이끌어갈 어떤 목표에 구애받지 않는 정처 없는 운동(the to-and-fro movement)이다. 이는 '춤'을 의미하는 *spiel*이라는 단어의 본래적 의미와 부합하는데, 여전히 수많은 말 형태에서 찾아 볼 수 있다. 놀이로서 운동은 마지막으로 이끌고 가는 목표를 갖고 있지 않다. 오히려 스스로를 계속적인 반복 속에서 새롭게 만들어 간다. 정처 없는 운동은 게임의 정의에 아주 중요하고, 그렇기에 누가 혹은 무엇이 이 운동을 하느냐는 중요하지 않게 된다. 놀이 그 자체의 운동은, 말하자면 촉매(substrate)를 갖고

있지 않다.[45]

따라서 가다머가 이해한 바를 따르자면, 놀이는 분명히 가능성들에 대한 초연한 조작의 태도 이상인 것이다. 그것은 무리한 종결을 약속하며 미숙함을 드러내는 기계적 방법들로부터 우리를 자유롭게 함으로써 사물들의 진정한 본성을 드러내도록 기능한다. 놀이의 정처 없는 운동은 우리로 하여금 존재자들의 밝은 측면들로 완전히 진입할 수 있도록 한다. 이 존재자들이 모습을 드러내려고 분투하기 때문이다. 이러한 존재론적인 의미에서, 놀이를 한다는 것은 (야스퍼스의 *schwebend*에 대한 이해를 참조한다면) 다양한 가능성들과 조망들 위를 떠다니는 것이다. 놀이가 그 아래 어떤 토대를 갖고 있다는 의미로 실체적인 것은 아니라는 사실을 유념하는 것이 중요하다. 그것은 자유로운 해석의 운동으로서 단순히 존재한다.

눈에 띌 만큼 로이스의 것과 유사한 문장에서 가다머는 놀이란 그 자체를 넘어 표상하는 기능을 갖고 있다고 진술한다. 놀이되고 있는 것이나 예식은 청중을 지향한다.

모든 표상(representation)은 잠재적으로 어떤 이를 위해 표상적이다. 이 가능성이 의도되었다는 사실은 예술(art)의 놀이적 본성이 담지한 특성이다. 놀이의 폐쇄된 세계는, 말하자면 그 벽들 중 하나가 무너지도록 한다. 종교 예식과 극장에서 상연되는 극(play)은 분명히 놀고 있는 아이와 동일한 의미로 표상하지 않는다. 그들의 존재됨

---

45) Gadamer, *Truth and Method*, 93.

은 그들이 표상한다는 사실에 의해 고갈되지 않는다. 동시에 그들은 자신들을 넘어 함께 공유하고 있는 청중들을 가리킨다.[46)

표상(representation)은 두 가지 양식으로 기능할 수 있다. 하나의 대상 혹은 사건은 그것이 말하고 있는 것을(퍼어스) 그리고 청중을 가리킨다. 청중은 해석 수용자(interpretee)로 기능한다. 가다머는 놀이가 완전히 사적인 의미들을 맴도는 독아적(獨我的)인 운동이 아니라는 것을 정당하게 지적했다. 오히려 놀이는 공동체적 구조들로 진입하여, 추후의 놀이적 표현에 활용될 수 있도록 의미를 번역한다. 청중은 그 놀이의 일부가 된다. 다양한 의미들 사이의 정처 없는 운동을 만들기 때문이다. 놀이와 놀이되고 있는 것은 놀이함에 함께 속한다. 해석학은 바로 이 정처 없는 운동이 성취한 것을 보여주는 일에 관심을 갖는다.

놀이와 해석적 명상, 연속분화 모두는 낡은 기계적 행보들로부터 해석을 자유롭게 하도록 기능한다. 그들은 방법들로 환원되지 않는다. 만일 방법들이 미리 짜인 수단을 마음속에 그린 목적들에 적용하는 것으로 이해된다면 말이다. 퍼어스와 로이스와 가다머는 의미를 죽이는 폐쇄성(closure)으로부터 해석 과정을 자유롭게 할 길을 모색하였다. 이러한 의미에서 그들은 의기투합하였다. 하지만 가다머는 주관주의(subjectivism)의 방향으로 나가는 잘못을 저질렀다. 비록 그가 청중의 실재를 기술하고는 있지만, 해석 과정은 대부분 개인의 손놀림에 머물러 있다. 주관주의를 지향하는 이러한 경향성은 위에서

---

46) Ibid., 97.

언급한 '지평들의 융합'에 의해 강화된다. 적어도 가다머의 표현을 따르자면, 융합 과정에서 외래의 지평은 (혹은 조망은) 왜곡되어 (본래와는 다른) 어떤 다른 것이 되고 만다. 문제는—이 점은 로이스도 인정하지만—변화들이 발생하는가가 아니라, 오히려 우리가 어떻게 치명적인 왜곡과 해석적 풍요로움을 구별할 수 있는가이다. 가다머의 해석 원리들을 활용하여, 우리가 어떻게 그러한 구별을 할 수 있을 것인가는 불분명하다.

로이스의 해석 공동체는 현재와 미래의 해석들을 다스리도록 기능하여, 각각의 기호 조작이 이전의 기호들과 기호 시리즈들에 합리적으로 충실할 수 있도록 보증한다. 각각의 새로운 해석은 해석 공동체에 의해 해석자에게 넘겨진 기호 연쇄들에 '귀 기울여야' 한다. 로이스의 기호적 삼원 관계(semiotic triad)는 기호들의 조작이 통제된 방식으로 이루어질 것을 보증한다. 그것은 임의적 해석들의 위험성을 줄이는 데 기여한다. 해석 공동체는 기호 표현을 다스리는 지평 혹은 조망이다. 그것은 기호들에 대한 객관적 이해를 제공하는 데 필수적인 내적 구조를 담지하고 있다.

고립된 개별자와 달리, 해석 공동체는 고차원적인 복잡성을 지닌 기호 표현을 가능케 한다. 공동체는 시간과 개별 해석자들을 가로질러 전개된다. 과거의 기호 조작들은 공동체의 기억 속에 담지될 수 있고, 현재의 해석 활동은 개별자들 사이에서 비교될 수 있다. 어떤 기호도 전적으로 사적인 표현에 파묻힐 운명을 선고받지 않았다. 해석 공동체는 해석들 간에 상세한 비교들을 가능케 한다. 이 비교 과정은 상당 수준의 객관성이 상실됨 없이 남아 있을 수 있도록 한다. 일반적 의미에서, 놀이 그 자체는 공동체에 의해 주도된다. 놀이가 공동체의

해석적 재고목록에 부가되는 각 해석에 타당성을 부여할 수 있는 길을 모색하기 때문이다.

로이스는 20세기 해석 이론 내에 담지된 강력한 주관주의적 경향성을 교정한다. 그러나 해석학을 재근거하려는 짐을 감당하려면, 그의 공식은 진일보한 설명과 재구성을 요구받는다. 다음 장에서 필자는 본인이 지평 해석학이라 부르는 것의 일반적인 특징에 대해 기술할 것이다.

3장

지평 해석학

해석학은 그 범위상 지평적이 될 것을 추구한다. 그것은 포괄적인 조망을 지향해 나가고, 그 조망 안에서 모든 기호는 서로 마주하여 그것들을 유지하고 표현하는 인간 공동체들에 의하여 자리매김된다. 물론 그러한 포괄적 관점은 유한성의 가혹한 구속 안에서는 달성 불가능하다. 하지만 그것은 우리의 해석적 교류들을 향한 근본적 유혹(lure)으로 남아 있다. 더 나아가 정치적이고 사회적인 왜곡들이 기호적 투명성을 향한 추동을 무디게 하고, 선행하는 이데올로기적 구조들에 그저 정당성을 부여하는 과정으로 해석 과정을 축소한다. 유한성과 그 유한성의 사회적 표현으로서 이데올로기는 서로 공모하여 해석학의 지평적 포부들을 옥죈다. 지평 해석학은 인격적 개방성과 공동체적 민주제에 의하여 이 과정을 역전하고자 시도한다. 해석의 정치적 차원이 소위 기호 번역의 중성적 기술을 선호하는 가운데 무시되어서는 결코 안 된다.

퍼어스와 로이스에게 지평 해석학(horizontal hermeneutics)은 특

정한 종류의 공동체적 삶의 해방적 구조들 안에서만 출현할 수 있다. 퍼어스는 과학 공동체가 귀납법과 연역법, 귀추법 등의 방법을 사용하여 해석학을 위한 가장 민주적인 구조를 제공하고 있다고 주장하였다. 각 과학자는 수렴적이고 시간을 요하는 탐구 공동체의 의견 일치에 개방적이 되기 위하여 자신의 이데올로기적 강박 충동을 억누를 것이다. 미래의 어느 시점에선가 과학 공동체는 그의 공동적 기호들과 해석들로 구성된 진리에 도달할 것이다. 로이스는 영으로 충만한 해석 공동체가 그의 내적인 해석 활동들을 무한한 해석자로 하여금 인도하도록 용납한다면, 그 공동체는 유한성과 정치적 왜곡들을 물리치고 승리한다고 여겼다. 해석 과정이 해석하는 영의 사랑의 힘 안에 그리고 그 힘 아래 존재하는 충실한 해석자들로부터만 유래할 수 있는 의미의 풍성함에 개방적이고 유연하게 머무르는 한, 언제나 이 영의 지표들을 볼 수 있다. 퍼어스와 로이스 모두 인간 상호 작용의 유한한 제약을 넘어 나아갈 길을 찾으려 분투하였다. 퍼어스는 해석 활동들의 타당성을 보증하기 위해 무한히 장구한 과정을 가정하였다. 로이스는 각 해석 활동에 타당성을 부여해 주는 것으로서 영의 내적인 현존을 가정하였다. 그 두 사상가에게 공동체는 해석을 위한 해방하는 지평으로 기능하였다.

불행히도 퍼어스와 로이스는 모두 공동체들의 구조를 묘사하면서 기술적 특징들을 명예적(honorific) 특징들과 혼동하였다. 퍼어스는 한 종류의 공동체를 모든 종류의 공동체를 위한 규범적인 공동체로 만드는 잘못을 범하였던 반면, 로이스는 그의 엄격한 이상적인 판단 기준들을 만족시키지 않는 모든 종류의 공동체를 원칙적으로 배제하였다. 모든 공동체가 과학적일 필요도 없으며, 그 모두가 영-해석자

(the Spirit-Interpreter)의 후원을 받을 필요도 없다. 기호적 합치와 해석적 개방성은 광범위하게 다양한 공동체의 구조들 속에서 힘을 발휘하고, 종종 퍼어스와 로이스가 해석자의 삶에 부적합한 것으로 거절해야 한다고 느꼈을 상황들에서도 만개할 수 있다.

여기서 우리는 공동체와 이것이 지평적 해석 구조들과 맺고 있는 관계에 대한 좀더 일반적인 기술을 필요로 한다. 우리는 한편으로 퍼어스와 로이스의 이상주의적 틀구조를 초월해 가야 하지만, 그들이 간직하고 있는 더욱 심층적인 충동들과 통찰들을 헤아려 보아야 한다. 그러기 위해서는 질서와 공동체, 기호와 지평 등의 개념에 대한 분석이 수반된다. 이 현실체들의 재정의 속에서 해석학은 그의 포부에 적합한 범주적 일신(categorial clearing)을 찾을 수 있을 것이다.

해석학은 자리에 관한 일반적인 문제, 말하자면 각 해석을 그의 고유한 질서 혹은 터에 자리매김하는 일에 관심을 갖는다. 해석학은 그 자체로 지형학(topology)과 더불어 작용하는 자의식적 계기이다. 터(place, 즉 *topos*)를 찾는 것은 해석 과정에 기본적인 일이다. 각 해석은 보다 거대한 질서에서 자신의 의미를 끌어오는데, 그보다 거대한 질서가 각 해석의 범위와 방향을 결정하기 때문이다. 특별히 쉴라이에르마허와 하이데거에게서 볼 수 있는 바처럼, 해석학적 순환(the her-meneutical circle)에 대한 전통적인 토론은 모든 해석이 해석되는 콤플렉스를 포괄하는 질서 속에 체현되어 있다는 근본적 통찰을 표현해 주고 있다. 이 순환의 중심이 표현되든지 아니면 외연부가 표현되든지 간에, 해석 활동의 서수적[47] 본성은 처음부터 분명하다.

---

47) 역자 ─ 본서 서문의 역주 2) 참고.

모든 질서가 순서정연하다고 추론할 수는 없지만, 모든 해석은 질서 의존적(order dependent)이라고 추론할 수 있다. 한 해석의 체현(embodiment)으로서 기호는 그것의 좀더 거대한 질서뿐만 아니라 그 자체 안에 담겨진 무수한 하부 질서들도 가리킨다. 주어진 기호는 무한한 방식으로 무한한 질서들을 조명할 것이다. 이 구조들에 대한 탐구는 결코 단순한 과정이 아니다. 비록 의미 있는 윤곽이 드러나지 않는 경우는 거의 없지만 말이다.

최소한 하나의 질서는 형질들(traits)의 모임으로서, 그 안에서 형질들은 서로 어떤 관계로 존재한다. 하나의 주어진 형질은 그 질서 내의 또 다른 형질에 아주 약하게 관계할 수도 있지만, 그것은 그럼에도 연관성을 갖고 있을 것이다.[48] 예를 들어 자동차라는 복합물(혹은 콤플렉스)의 질서 안에서, 좌석 덮개의 색은 그 엔진의 성능과는 아주 약하게만 관계할 것이다. 엔진은 좌석의 색에 상관없이 구체적인 방식들로 기능할 것이다. 하지만 자동차의 전체적인 윤곽은—즉 그 소유자의 삶 안에서 그것이 지닌 온전한 의미와 범위는—그것을 구성하고 있는 모든 형질에 의해 결정될 것이다. 내장재의 색은 엔진 자체에 직접적으로 관계하지는 않을 터이지만, '터'라는 보다 거대한 의미 안에 모든 형질을 정초하는 인간 시야의 관점에서 보자면 간접적인 관계를 맺고 있다. 의미와 적합성의 가교들을 찾아 볼 수 있는 것은 그것들이 각 형질의 질서적 배치를 드러내기 때문이다.

한 기호가 속한 모든 질서를 알아내는 것은 결코 가능한 일이 아니

---

48) 질서들과 적합성(relevance)에 대한 상세한 분석은 Justus Buchler, *Metaphysics of Natural Complexes* (New York: Columbia University Press, 1966)을 참고하라.

지만, 한 기호의 삶을 다스리는 다양한 질서의 자리들에 대하여 파악하는 일은 어느 정도 가능하다. 하나의 기호는 다양한 질서 속에 담지되어 있을 것이고 그래서 하나의 복합적인 윤곽을 드러낼 것이다. 그러나 해석 과정이 지평을 향한 추동 속에서 이 모든 질서에 주의를 기울이고자 시도할 필요는 없다. 인간 공동체가 인식 가능하고 구체적인 의미들을 일구어내고자 한다면, 일종의 선택 개념이 작용해야 한다. 이 단계에서 모든 해석은 표현되는 기호의 고유한 의미를 부분적으로 다스리는 질서 속에서 발생한다는 사실을 유념하는 것이 중요하다. 기호 그 자체는 자신의 하부 질서들과 형질들을 담고 있어서, 이것들을 공동체가 이해할 수 있도록 번역할 필요가 있다. 따라서 모든 기호는 질서 의존적이고, 그보다 적은 적용 범위의 질서들을 담지하고 있다.

기호든 아니든 간에 모든 콤플렉스는 한 질서의 일부이다. 그러므로 존재한다는 것(to be)은 질서정연하게 위치된다는 것이고, 하부질서들을 담지하고 있다는 것이다. 기호들은 부가적인 의미 특성들을 갖고 있는 질서들이다. 하나의 기호는 누군가에게 어떤 것을 의미하는 하나의 콤플렉스이다. 모든 콤플렉스가 기호인 것은 아니다. 비록 많은 콤플렉스가 잠재적으로 기호이긴 하지만 말이다. 모든 콤플렉스가 기호가 되기를 기다리고 있다고, 즉 어떤 해석자에게 의미 있는 것이 되기를 기다리고 있다고 주장하는 것은 너무 엄청난 형이상학적 파격을 허용하는 꼴이다. 어떤 콤플렉스들은 영원히 알려질 수 없기도 하고, 다른 콤플렉스들은 의미에 불응한다. 자연은 기호가 될 수 없는 무수한 콤플렉스를 담지하고 있다는 것을 건전한 기호 이론은 인식한다. 그러나 동시에 인간의 조작과 분석에 이용 가능해질 때

면 언제든지 그 무한한 수의 콤플렉스가 기호가 된다는 사실도 동등하게 자명하다. 가능하고 실제적인 기호들의 목록에 일종의 정해진 숫자를 부여하는 선험적 경계란 존재하지 않는다. 해석 과정의 지평적 충동은 기호들의 숫자를 예정하는 일을 애초에 배제한다.

실제적으로든 잠재적으로든, 기호들인 콤플렉스들과 기호들이 아닌 콤플렉스들 사이의 구별은 기호들의 전체적 통합성을 이해하는 데 결정적이다. 기호들을 비기호들과 분리하여 의미 개념을 더욱 정확하게 드러낼 수 있도록 해야 한다. 이 구별이 이루어졌을 때에야, 기호학은 훨씬 광범위의 형이상학에 올바르게 배치될 수 있다.

따라서 어떤 관점에서든 우리가 가리키는 무엇은 모두 하나의 질서이고 그리고 다른 질서들 속에 참여한다. 동시에 그러한 질서는 무수한 하부 질서들을 갖고 있고, 그 하부 질서들이 그 질서의 통합성을 집단적으로 결정한다.[49] 이미 주목해 보았듯이, 이 질서들의 일부는 형식 구조들을 결여하고 있거나 혼돈 상태일 것이지만, 그럼에도 불구하고 그들은 질서들이다. 따라서 예를 들어 일정한 마이크로 시스템 안의 양자 사건들(quantum events)의 역사는 무질서하지만(disorderly), 이 사건들은 다른 체계가 아닌 바로 그 시스템의 질서의 일부로 남아 있다. 따라서 해석학은 질서 의존적이다. 하나의 기호가 되든지 혹은 기호로 존재하는 한, 구별된 어떤 콤플렉스도 무수한 질서의 일부이고 그 자신의 질서를 담지하고 있다. 이 깨달음은 해석학적 순

---

49) 버틀러에게, 한 콤플렉스의 통합성(integrity)이란 하나의 구체적인 질서 속에서 이루어지는 형질 배치이다. 한 콤플렉스의 윤곽(contour)은 그 다양한 통합성들의 '총합'이다. 한 콤플렉스의 정체성은 어느 주어진 통합성과—또한 총체적 통합성으로 알려진—윤곽 사이의 지속적인 관계를 말한다.

환 개념을 확장하고 개혁할 것을 우리에게 강요한다. 각 기호는 그 자체로 전방과 후방에 의해 구성되고, 그리고 최소한 하나의 다른 질서를 위한 전방으로서 존재한다. 지평 해석학은 이 해석적 순환의 전적인 복잡성을 조명하는 일에 관심을 둔다.

모든 콤플렉스가 질서이긴 하지만(그래서 질서들의 질서이긴 하지만), 오직 일부 콤플렉스만이 공동체들이다. **공동체적**(communal) 질서들의 본질적 차이를 드러내는 것이 중요하지만, 그러한 서술 안에 규범적이거나 명예적(honorific) 형질들을 억지로 집어넣지 않도록 조심해야 한다. 일단 특정 공동체 자체의 최소 형질들을 분리하고 나서 다음 공동체 유형들을 다룰 때에야, 그러한 (규범적/명예적) 형질들은 적합성을 부여받는다.

최소한 하나의 공동체는 특정 기호들을 공유하고 있는 둘 이상의 해석자로 구성된다. 초기 이슈는 해석자들의 형질과 관련된다—말하자면, 무엇이 한 콤플렉스를 단순히 하나의 마음(mind)이 아니라 해석자로 만드는가? 최소한 한 해석자는 복잡한 정신적 삶을 갖고 있어야 한다—지각 대상들과 개념들을 품고 있어야 하고 그리고 세계의 형질들에 대하여 일정한 개방성을 지니고 있어야 한다. 마음을 담지하고 있는 이 콤플렉스들은 자연의 질서들과 독특한 관계 속에 존재한다. 그들은 하나의 전체로서의 세계에 대하여 개념적이고 감성적인 일신(clearing)을 제공하는 수많은 접근 구조들(access structures)로 구성된다. 이 접근 구조들은 (비록 정신적 구성물인 것은 맞지만) 단순히 정신적 구성물들에 불과한 것이 아니라, 자아 자신의 산물이 아닌 콤플렉스들과 역사적이고 인격적인 대면들의 축적된 결과들을 나타낸다. 대개 그들은 진화론적인 심층 토대를 갖고 있고, 시공간을

가로질러 자신들의 타당성을 입증해 왔다. 더욱 강력하고 일반적인 접근 구조들은 원형들(archetypes)에서 유래하는데, 원형들은 집단 무의식의 계통 발생적 구조들(the phylogenetic structures) 안에 자리 잡고 있다. 이 접근 구조들의 가치는 그들의 생존력과 진화적 경쟁력의 힘의 속에 놓여 있는 것이 아니라, 질서들의 무한한 '계'(界)로서 자연의 형질들과 구조들을 열어 갈 수 있는 그들의 능력에 놓여 있다. 그러므로 마음을 담지하고 있는 콤플렉스들로서 인격들은 세계에 고유한 방식으로 개방적이다.

이 마음들이 많은 중요한 기호를 공유하고 있을 때면 언제나, 마음들의 집단은 하나의 공동체가 된다. 따라서 예를 들어 둘 이상의 사람이 특정 운동 경기에 적합한 기호들을 지각할 때면 언제나 우리는 공동체를 갖게 된다. 이 사람들에게 그 운동 경기가 의미 있는 한, 그 운동 경기는 그들의 삶들을 합치로 이끌어 가면서 공통의 기호적 요소로 존재하게 된다. 공동체를 형성하려면 이 둘 이상의 사람이 서로를 인식하고 있어야 하는가? 그들이 특정한 공동체를 형성한다는 주장을 입증하기 위해서 그들 간에 일정한 형태의 의사소통이 일어나야 한다고 대부분의 사람들이 주장할 것이다. 하지만 공동체를 위한 최소한의 조건으로서 이것이 필수적인 형질인지는 불분명하다. 왜냐하면 한 특정 개인은 대체로 그 자신이 인식하는 시계(視界) 내에 있지 않은 많은 공동체에 속해 있기 때문이다. 특정의 사건이 그 사람에게 이전에는 은폐되어 있던 공동체적 차원에 눈 뜨게 만들어 주는 일이 자주 일어나는 것도 사실이다. 예를 들어 한 지도자의 암살 사건이 이전에 그 자신의 삶이나 가치 구조의 일부로 여기지 않았던 사회 집단과 무의식적인 정체성을 갖고 있음을 보여줄 수도 있을 것이다. 그러

므로 우리가 해당 공동체의 모든 구성원을 인식하고 있을 필요도 없고, 그 모든 구성원과 대화를 나누고 있을 필요도 없다.

물론 공동체에 대한 이러한 정의는—말하자면 일정한 기호들을 공유하고 있는 둘 이상의 정신에 의해 구성되는 것으로서의 정의는—우리의 좀더 심층적인 해석학적 감수성을 좀처럼 충족시켜 주지 못한다. 우리는 공동체적 삶에 대한 더 풍성한 이해를 추구하고, 그래서 이 공통의 기호들이 어떻게 간주관적(intersubjective) 의사 교류와 기호적 합치를 위한 다양한 중심들을 표현하는지를 보여주고자 한다. 철저히 해석적인 공동체들의 형질들을 탐구해 나가려면 공동체의 최소 조건을 넘어서야 한다.

자기-반성과 시간성 그리고 상호주관성(intersubjectivity)을 더하게 되면, 마음들은 해석자들이 된다. 물론 대부분의 사람은 다양한 정도로 이 형질들을 충실하게 드러낼 것이다. 하지만 해석적 기획의 성공은 인간 실존에서 이 차원들을 극대화할 수 있느냐에 달려 있다.

자기반성 속에서 사람은 외적 기호들에 대한 인식, 그 이상의 것을 성취한다. 반성적 전환을 통해 자아는 시작도 끝도 없는 하나의 기호 연쇄로 스스로를 인식하게 된다. 자의식(self-consciousness)의 출현은 그 어떤 실체적인 혹은 무시간적인 구조도 자아의 정체성을 지탱해 주지 못한다는 자각과 부합한다. 오히려 자아는 무수한 기호로 출현하는데, 각각의 기호는 개인의 정체성이 지닌 풍성한 윤곽(contour)의 한 측면이나 차원을 조명해 준다. 퍼어스가 논증했듯이 그러한 기호적 자아는 상당히 안정적인 윤곽을 갖고 있다. 하지만 그것은 우리의 해석 활동들을 통해 직관될 수 있을 만큼 안정적이고 해석적으로 중성적인 중심을 갖고 있지 못하다. 반성적 전환은 자아가 무수한 기

호 연쇄로 구성되어 있다는 발견을 열어 주는데, 그 기호 연쇄들이 시간의 흐름을 따라 일정한 자기-정체성 형태를 발생시키는 데 기여한다. 이 다양한 (기호) 시리즈들이 의미 있는 합치점을 갖게 되는 한에서, 자아는 내적인 분열과 잠재적 광기에서 자유롭게 된다. 이 시리즈들이 각각 제 갈 길로 나아가는 한, 자아는 거의 또는 전혀 어떤 합치점을 갖지 못한 채 수많은 부분적-자아들(part-selves)로 분열되어 갈라져 나갈 것이다. 퍼어스가 논증했듯이, 자아가 이 기호들을 어떤 의미 있는 윤곽으로 간직해야 한다면, 일정한 형태의 자기-조절(self-control)이 필수적이다.

　해석하는 것은 시간과 공간을 가로질러 한 기호의 의미를 측정하는 것이다. 그 어떤 기호도 무시간적 방식으로 이해될 수 없다. 그 기호가 담지한 과거 차원들이 현재 차원들과 비교되어, 투사된 미래 의미들을 위한 일관된 가치를 제공해야만 한다. 한 기호의 주어진 해석은 과거의 축적된 가치들에 어떤 새로운 구조를 더함으로써 혹은 유전된(inherited) 의미들을 재구성함으로써 그 의미를 변화시킬 것이다. 해체(deconstruction)의 기법을 통해 숨겨졌거나 도치된 의미들이 일깨워지고, 그 기호를 극적인 방식들로 변경시킨다. 이 방법들 혹은 기법들은 함께 시간을 따라 기호의 의미를 풍요롭게 하고 변혁시킨다. 성서와 같은 본문의 복잡한 기호를 (혹은 기호 연쇄를) 고려해 보자. 해체적 독법(reading)은 신적 본성의 남성적이고 로고스 중심적 형질들을, 특별히 소위 구약에 제시된 것과 같은 것을 분리하여 반전시킬 것이다. 그러나 특정의 연속성이 명백해질 것이다. 왜냐하면 일군의 기호가 일군의 해석자에게 지배적으로 남아 있을 것이기 때문이다. 그것은 우리가 전적으로 새로운 기호들을 갖게 된 것이 아니라,

유전된 기호들이 눈에 띨 만큼 새로운 가치들을 물려받았다는 의미이다. 일상적 어휘로 우리는 다음처럼 묻고 싶은 충동을 느끼지 않을 수 없다. "어쨌든 간에 그들은 어떤 성서를 읽고 있는가?" 그들은 우리가 이용하는 것과 동일한 기호들을 읽고 있다는 것이 그 물음에 대한 대답이다. 의미의 해체는 공통으로 수용된 해석의 단순한 증보만큼이나 풍성함을 더해 준다. 이 과정들은 전적으로 시간적이다. 그 과정들은 이상적인 혹은 그와 비슷한 미래에 일어날 것으로 소망하는 합치(convergence) 개념을 수반하고 있기 때문이다. 과거와 현재의 기호 의미들은 의식적이거나 명백하게 표현될 수도 혹은 아닐 수도 있을 미래의 목표에 기여한다.

앞 장에서 언급한바, 가다머는 이 내적 시간성이 지평 개념에 근본적이라고 생각한다. 해석자가 기호 소재를 동화하고 조작할 때마다, 시간의 세 양식이 자동적으로 작동된다. 기호가 질서 의존적인 한, 그것은 해당 해석자의 수명을 무색하게 할 만큼 멀리 느껴지는 과거로 소급해 갈 무수한 분화를 담지하고 있어야 한다. 역으로, 기호는 가깝거나 먼 미래에 있을 어떤 형태의 합치를 불가피하게 가리키고 있는 주도적 지표들을 담고 있어야 한다. 현재가 과거 반경과 미래 반경으로 가득 차 있다는 사실은 해석적 삶의 소여들 중의 하나이다.

시간성과 자기-반성(self-reflection)은 상호주관성의 고도로 분화된 현상 속에 필수적인 구성요소들이다. 로이스가 논증하듯이, 자의식은 다른 자아들과 갖는 사회적 시간 대비들로부터 출현한다. 자아를 그것이 귀속된 공동체들에서 분리하는 것은 불가능하다. 하나의 인격적 윤곽을 갖고 있다는 것은 다소간의 활동 범위를 지닌 공동체적 교류들로부터 출현했다는 것이다. 그 '나'(the 'I')와 '나가 아닌 것'

(the 'not-I') 사이의 전적인 구별이, 즉 매우 유동적인 경계들을 지닌 차이가 상호주관적 대비들로부터 출현한다.

우리가 상호주관성(intersubjectivity)을 일종의 생물 종(種)적 존재 나 보편적 본질 등으로 실체화하지지 않는다는 사실을 유념하는 것이 중요하다. 인간 공동체에 대한 그러한 존재론적 분석은 의사소통의 막연한 복잡성과 공유된 의미들의 진화를 이해하지 못하는 무능력을 드러낼 뿐이다. 공동체는 상호주관적 의식의 본질(훗설)이라기보다 는 오히려 불충실성과 배반의 폐허들로부터 동떨어진 영원한 형상 (eternal form)이다. 그 반대쪽 극단에서 우리는 사회적 원자주의(social atomism)를 거절해야만 하는데, 이 주의는 상호주관성이 유한한 자 아들의 상세한 세목들 안에서는 찾을 수 없는 형질들을 갖고 있다는 사실을 부정하기 때문이다. 살아 있는 해석 공동체는 자연적 수권 (enabling) 조건들로부터 출현하는데, 그 조건들이 곧 다른 종류가 아 니라 바로 이 종류의 공동체 유형을 지지하고 그리고 처음에 출현하 였던 바로 그 공동체의 소멸을 확증할 것이다. 유한한 해석자는 단지 한 명의 구성원으로서 이미 앞서 구성된 공동체에 덧붙여지는 것이 아니라, 그 공동체의 범위와 윤곽을 풍요롭게 해주는 상호주관적 교 류들을 통해서 그 자신의 의미를 이끌어낸다.

따라서 마음(mind)은 자기-반성과 시간성과 상호주관성의 형질 들이 계속적인 해석 과정을 확보하도록 함께 기능한다면, 그것은 언 제나 해석자가 된다. 별도로 고려하든 혹은 함께 고려하든, 이 모든 세 형질은 생래적으로 공동체적이다. 자기-반성은 시간의 흐름을 따 라 함께 협력하여 자기-정체성을 확보해 나가는 무수한 기호와 기호 연쇄의 상호주관적 공동체를 드러낸다. 자연으로 나아가는 접촉 구

조들을 제공하는 한에서, 시간성은 기호들의 공동체적 차원으로 개방되어 간다. 해당 기호는 선행(先行)적이고 원망(願望)적인 해석적 보상이 주어지는 대가로 인간 공동체라는 짐을 짊어질 것이다. 다양한 정도의 기호적 집적도가 기호들과 그와 동반하는 연쇄들 속에 현현할 것이다. 과거와 미래는 기호들의 질서정연하고 공동체적인 차원의 일부가 될 것이다. 마지막으로, 상호주관성은 가장 자명하게 공동체적이다. 해석자들 간 대조와 합치의 형질들이 가장 근본적인 것으로 출현하기 때문이다. 따라서 어떤 해석자도 인간 과정의 이 모든 차원에서 공동체적 구조들을 연출하게 될 것이다.

질서들과 공동체들을 분석하면서, 기호들과 기호 연쇄들을 고려해 보았다. 이제 기호들의 구체적인 형질들을 조사할 때가 되었다. 기호들의 구체적 형질들은 해석의 삶에 속하기 때문이다. 여기서 필자는 기호들의 삶에 대한 여섯 가지 양상을 명시할 것인데, 이 양상들은 가장 덜 보편적인 것에서 가장 보편적인 것으로 나아가면서 드러나는 활동 범위의 정도들을 표상하는 것으로 이해될 수 있을 것이다. 가장 높은 수준에서, 기호들은 자연 혹은 세계 안의 기호나 형질이 아닌 어떤 것을 가리킨다.

기호 기능들의 여섯 가지 모든 차원에 결정적인 것은 바로 지시참조관계(reference) 혹은 관계 개념이다. 지시참조관계는 관계의 한 유형이고, 기호는 비대칭적인 방식으로 어떤 것을 가리킨다는 사실을 수반한다. 기호는 논리적(으로 특칭)인 혹은 지역적인 형질을 가리키지만, 그 형질이 그 기호를 다시 역으로 가리킬 필요는 없다. 예를 들어 퍼어스가 지표(indexical) 방식이라 부르는 것 속에서 기능하는 정지 신호(a stop sign)는 교차로와 연관된 사건들의 구체적인 상

태를 가리킨다. 그 자체로 정지 신호라는 기호는 지역적인 형질과 일반적인 형질을 갖고 있는 어떤 것을 가리킨다. 그러나 도로 지형이 그 정지 신호를 다시 가리키면서 그 의미를 강화하지는 않는다. 달리 말해 하나의 지시하는 지표로서 그 기호의 의미는 도로 지형에서 유래하지만, 도로 지형이 정지 신호를 그 윤곽의 일부로 가질 필요는 없다. 물론 인간의 관습적 질서에서는 정지 신호가 필수적일지 모르지만 특정한 도로 지형들의 질서에서 필수적인 구성요소는 아니다. 따라서 기호는 도로에 의존적이지만 도로는 기호에 의존적이지 않다. 이 의존과 독립의 상관성이 비대칭적 관계의 한 형태이다. 다른 형태의 관계들은 시간 관계나 혹은 그와는 다르게 정의된 공간 관계를 수반한다.

만일 기호의 지시참조관계가 비대칭적이라면, 기호관계들은 대칭적이다. 그러나 서로 다른 방식으로 그렇다. 한 기호와 그것의 상관물들은 대칭적이다. 서로의 윤곽을 결정하면서 상호적으로 연루되기 때문이다. 각 관계는 관계소들(relata)을 향상시켜 변혁시키고 그리하여 대부분 하찮은 것이긴 하지만, 새로운 것들을 만들어내어 기호 재고 목록에 첨부시킨다. 따라서 한 기호는, 예를 들어 주어진 해석자에게 대칭적인 방식으로 관계한다. 해석자는 기호 안에 미리 주어진 의미들을 동화하여 그 의미들을 개조하고 심화하는 작업을 한다. 이 부가(적 의미)들은 추후 그 기호의 진화하는 윤곽의 일부를 형성한다. 이 과정은 변증적이다. 그 두 관계소(기호와 해석자)가 해석 과정에서 변혁되기 때문이다. 위에서 주목해 보았듯이 해석된 기호는 변화된 기호이다. 그러한 과정은 대칭적이고 시간적이어야만 할 것이다.

비대칭적 지시참조관계와 대칭적 관계 사이의 대략적인 구분을 알게 된 지금, 우리는 기호가 기능하는 모든 차원을 고려해야 한다. 이

차원들 중 둘은 비대칭적 지시참조관계를 수반하는 반면, 네 차원은 대칭적 관계 자체를 수반한다. 주어지는 어떤 기호도 이 차원들 대부분에 참여할 것이지만 실증화되는 정도는 각각 다르다. 가장 완전한 기호는 여섯 차원 모두에 참여할 것이다. 어느 한 차원을 별도로 떼어 놓는 것은 기호 기능의 풍요로움에 폭력을 행사하는 것이다. 하지만 기호 시스템들의 전적인 복잡성을 적나라하게 드러내려면, 떼어 놓음의 과정(즉 추상화의 과정 the process of prescinding)이 본질적이다.

가장 덜 보편적인 일차적 수준에는 국소(local) 혹은 하부 형질에 대한 기호의 지시참조관계가 있다. 그러한 형질은 제한된 범위와 중요성을 지니며, 한 콤플렉스 안에서 중요치 않은 구성원을 대표한다. 예를 들어 세잔(Cézanne)의 그림에서 빨간색의 범람은 청색과 녹색과 갈색의 좀더 기본적인 세 색 그룹을 강화해 주는 제한된 방식으로 기능할 수도 있다. 그것은 그 그림이라는 콤플렉스 내 지역 형질일 뿐만 아니라, 또한 그것이 자연 내의 한 형질이나 혹은 예술 작품 세계 안의 한 형질을 지시하는 한에서 하나의 기호로서 이바지한다. 그것은 더욱 넓은 범위의 광역적(regional) 형질들을 가리키며 그들의 윤곽이 풍성해지도록 돕는다. 물론 국소 형질과 광역 형질 간의 관계가 공간적일 필요는 없다. 한 가락의 음악에 배어 있는 특정 음조의 우세는, 그 자신의 독립성을 유지하면서 국지적 동기들(motifs)을 강화할 수도 있다.

하나의 콤플렉스로서 기호가 그 여러 차원 중 하나 안에 국소 형질을 지시하고 있는 한에서, 그것은 최소한의 기호적 집적도를 담지한다. 범위의 정도를 지시하는 것에 덧붙여, 국소 형질과 광역 형질 사이의 차이를 이해하는 한 가지 길은 전달되는 의미의 깊이에 의해서

이다. 정의상 국소 형질들은 특정의 최소 상황을 넘어서 의미를 지탱할 수 없다. 세잔의 그림의 예로 돌아가서, 색의 국소 형질들은 좀더 거대한 색조의 장을 강화해 주는 한편 그것들 자체로 놓고 보면 광범위한 심미적 가치를 유지하는 데 실패하고 있다. 만일 그것들이 자신들이 기여하고 있는 광역 형질들에서 분리되어야 한다면, 그것들은 이내 기호적 집적도의 결핍을 드러내고 말 것이다.

광역 형질들은 국소 형질들의 단순한 합 이상이지만, 상당히 자율적이고 고유한 가치들을 표상한다. 자체로 광역 형질들은 자신들의 시계 안으로 들어오는 국소 형질들을 배치하고 다스린다. 국소 구조에서 광역 구조로의 이동은 흔히 복잡성의 한 차원에서 또 다른 차원으로의 개념적 혹은 경험적 도약을 수반한다. 우리는 국소 형질들의 합을 열거하는 것으로 하나의 구체적인 콤플렉스 내의 광역적 구성들에 접근해 나갈 수 없다. 광역 형질들은 훨씬 고차원적인 통치 수준을 표상하고 그래서 광역 형질들의 '전체'보다 더 큰 기호적 집적도와 범위를 전시하기 때문에, 다른 각도의 이해력으로 전환함으로써만 광역 형질들에 이를 수 있다. 이 새로운 각도(axis)는 국소 구조와 광역 구조 사이의 존재론적 차이를 드러낸다. 명시되는 현상이 복잡하면 복잡할수록, 국소 구조와 광역 구조 사이의 분할은 좀더 극적이고 더욱 새롭다.

기호 기능의 두 번째 수준에서 기호들은 광역적 구조들을 지시하고 비대칭적이지만, 그것들의 지시 대상보다 더 큰 범위와 집적도를 체현하고 그럼으로써 국소 형질들을 지시하는 기호들보다 인간 과정에 훨씬 의미를 내포한다. 국소 형질과 광역 형질 간에 함축된 위계질서는 존재의 위계질서가 아니다. '좀더 실재적인'이라는 말의 뜻이 무

엇이든지 간에 국지적 형질들이 광역 형질들보다 더 실재적인 것이
아니라, 풍요로움과 포괄성의 증가를 표상한다. 그러한 기호들은 보
다 유적(generic)이어서 국소적 지시 대상과 함께 하는 기호들보다 더
많은 것을 세계에 드러나게 해주는 데 기여한다.

국소와 광역 간의 차이는 관습적인 것인가 아니면 자연적인 것인
가? 자연의 질서는 이 차이를 제시하는가 아니면 그것은 단지 인간
선택의 기능에 불과한 것인가? 그에 대한 답은 언제나 간단치 않다.
많은 경우—예를 들면 과학 분야들에서 선택적 탐구 과정들에 속한
경우들에서—광역 형질들이 상당 정도의 규칙성과 강제성을 지니고
출현하여, 자연이 어쨌든 그 구별을 인간의 탐구에 드러냈다는 가정
으로 우리를 이끌어간다. 모든 유기체가 자연 선택에 취약성을 드러
내고 임의적 변이의 내적 압박들을 견뎌내야 하는 이중적 차원들을
삼낭해야 한다는 사실은, 이 형질들이 단순히 국소적인 것이 아니라
광역적이라는 사실을 가리킨다. 그 형질들은 편만하고 근본적이다.
다른 극단에서, 일상의 대화 가운데 이루어지는 비국소적 형질들의
선택은 흔히 난점으로 가득 차 있다. 어떤 구절들이나 언급들이 자아
의 기본적 윤곽을 드러내고, 어떤 것들이 그렇지 않은가? 예를 들어
임상 심리학자에게 이 물음은 다루기 힘들기(recalcitrant) 때문에 무
엇보다도 중요한 의미를 갖는다. 원형 이론으로 무장한 그러한 심리
학적 질문은 광역 구조들에서 국소 구조들을 가려내, 적합한 치유 기
술들을 찾도록 예비할 수 있다.

국소 형질과 광역 형질 간의 구별이 단순히 관습적인 것인지 혹은
매우 강박적인 자연 구조들에 의해 다스려지는 것이든지 간에, 기호
이론에 미치는 차이는 분명하다. 하나의 기호가 강화된 범위와 집적

도를 담지하고 있는 한, 그것은 광역적 형질을 체현하고 있을 가능성이 높다. 그 자체로 기호는 그것의 국소 친족보다 더 큰 해석적 부담을 적재하고, 유한한 해석자의 삶에서 그리고 그러한 해석자가 귀속된 다양한 공동체들 안에서 좀더 완전하게 기능한다. 국소 형질들은 광역 형질들에 의해 배치되고 규제된다. 비록 일부 국소 형질들은 그것들의 보다 일반적인 친족들과 최소한의 관계를 맺고 있을 수도 있지만 말이다. 예술 작품들에서 위대함을 분별하는 판단기준들 중 하나는 광역 형질들과 국소 형질들이 상호적 증폭작용을 일으켜 복잡성과 형태적 통합성을 확보해내는 성과가 될 것이다.

국소 형질이나 광역 형질을 지시하는 기능을 하고 있는 한, 기호들은 내적으로 삼원적(triadic)이다. 로이스에게 이 수준에서 삼원성은 지각과 개념과 해석 사이의 대비에서 드러난다. 해석의 체현으로서 기호는 지각과 개념을 함께 3차 가치 속에 담지하게 되는데, 3차 가치는 바로 그들에 대한 구체적인 해석이다. 이전에 언급했듯이, 이 내적 삼원성은 해석적 삼원성(the hermeneutical triad)이다. 좀더 일반적인 수준에서, 즉 기호 기능의 세 번째 수준에서 그 기호적 삼원성이 출현한다. 이 수준 혹은 차원은 기호와 그 해석자 간의 전적으로 대칭적인 관계이다. 물론 이 차원은 결코 부재할 수 없지만, 우리는 그것을 오직 추상하는 과정을 통해서만 독립된 단계로 분리해낼 수 있다.

해석자는 기호의 의미를 명시적으로 표현하고 심화하기 위하여 기호를 동화하고 조작한다. 기호들은 상품을 보기 위해 포장을 뜯어야 하는 별도의 의미 다발들이 아니다. 보다 나은 유비는 무대(arena)의 비유인데, 다양한 무대 공연들과 활동들에 열려 있기 때문이다. 의미들은 구체적인 드라마가 전개되어 갈 때 무대 옆 대기실에서 기다릴

수도 있다. 각 장면은 다른 주제들이나 다른 줄거리 전개를 드러낼 수도 있다. 따라서 하나의 기호는 투과 가능한 경계들을 지닌 해석적 일깨움이고, 다시 한 번 등장하거나 카메오 역을 위해 상시 대기하고 있다. 기호들은 시간적·관계적으로 모든 면으로 열려 있다. 기호가 인간 과정에 영향을 미칠 때면 언제나 그것은 그 자신의 모습을 풍성하게 만들고 그 자신의 범위와 집적도를 확장한다.

기호적 삼원성은 해당 기호와 그 해석자, 그 기호가 명시되는 암묵적인 해석 수용자 사이에 존재한다. 해석 수용자는 이 수준에서 단지 가정되고 있을 뿐, 기호 기능의 네 번째 단계에 이르러서야 온전하게 출현한다. 물론 반성적 의사소통을 활용하는 해석자는 해석자와 해석 수용자 모두로 기능할 수 있다. 자아가 무수한 기호 시리즈와 부분-자아들(part-selves)로 구성되는 한, 자아는 해석하는 사람이면서 동시에 해석의 혜택을 받는 사람이 될 수 있다. 물론 그러한 내적인 공동체적 교류는 오직 널리 편만한 상호주관성의 현존 때문에 가능한 것인데, 그 현존이 상호 주관성을 위한 시원적인 접근 구조를 제공하기 때문이다. 로이스가 논증했듯이, 사회적 대비는 내적 대화를 위한 수권 조건(enabling condition)이다.

기호 기능의 네 번째 수준에서야 명시적인 방식으로 기호 수용자가 출현한다. 한 해석자는 주어진 이해를 시험하고 타당성을 확신하기 위하여 하나의 기호 속에 체현된 자신의 해석을 또 다른 해석자에게 넘겨준다. 기호는 기호 수용자에 의해 더 분화해 나가면서 명확하게 표현되는데, 기호 수용자는 차례로 그 기호를 본래 해석자에게 다시 넘겨주거나 또 다른 해석 수용자에게 건네준다. 기호1 해석이 점점 더 완전하게 공동체적으로 되어 가면서, 본래의 기호적 삼원성은

무수한 삼원성으로 급증한다. 그 삼원성들은 연합하여 무수한 방향으로 뻗어나가는 구조들의 연속들을 생산해낸다. 기호와 해석자, 해석 수용자 간의 관계는 온전한 공동체를 구축한다. 언급된바, 둘 이상의 해석자가 하나의 지배적인 기호를 공유하는 한, 그들은 최소한의 의미에서 하나의 공동체를 형성한다. 물론 해석 공동체는 바로 언급한 최소한의 것들 이외에 부가적인 형질들을 지니고 있을 것이다. 그러한 형질들을 간략히 언급해 보자.

우리는 부당하게 은유들(metaphors)을 혼합해서는 안 된다. 하나의 기호가 또 다른 사람에게 넘겨질 때마다 그 기호는 개방적 특성을 담지한다. 비록 그 기호가 전달 과정에서 본래의 특징들만을 갖고 있다고 해도 말이다. 넘겨지는 것은 주의 깊게 제본된 의미 상자가 아니라, 줄거리의 계속적인 발전을 기다리는 의미들의 무대이다. 이 이미지는 계주 경기에서 계주봉을 넘겨주는 이미지를 뜻하는 것이 아니라, 구체적이고 조금은 유동적인 역할을 하도록 다른 배우에게 무대를 넘겨주는 이미지를 말한다. 기호적 경계들은 팽창하거나 수축할 수도 있지만 그것들이 정지된 채로 남아 있는 법이 거의 없다. 한 공동체가 누리는 풍요로움은 습관과 타성(inertia)의 두 힘을 거슬러 기호적 확장을 유지할 수 있는 능력으로 가장 잘 측정될 수 있다.

그와 같은 공동체적 전달은 난점들로 가득 차 있다. 의식적으로 변호되건 맹목적으로 지속되건 간에, 선행하는 이데올로기와 지평의 참여는 기호 표현의 개방적 운동을 둔화한다. 기호들과 해석자들과 해석 수용자들이 속한 차원인 이 네 번째 차원에서 기호 번역이 자유롭고 시의적절하다는 것을 확신하려면, 공동체적 삶의 규범적인 특정 측면들을 논증하는 것이 필수적이다. 공동체적 실존의 겨우 최소

조건들을 진술하는 것만으로는 불충분하다. 둘 이상의 해석자가 하나의 지배적 기호를 공유한다는 요구조건을 넘어, 기호 전달의 민주주의를 확보하는 더욱 심층적인 구조적 가치들이 있어야 한다. 모든 공동체가 진정한 해석 공동체 혹은, 좀더 낮게 표현해서 표현적 공동체는 아니다. 기호 기능의 다섯 번째와 여섯 번째 차원에 대한 분석으로 나아가기 전에, 온전히 민주적인 해석 공동체의 형질들을 검토해 보아야만 한다.

표현 공동체라 기술될 수도 있을 해석 공동체는 해석자들이 기호들의 공통군에 새롭고 풍성한 의미들을 제공하는 데 필수적인 자유를 갖고 있을 때 출현한다. 물론 해당 해석자는 무수한 공동체가 교차하는 자리가 될 것이다. 이 복잡한 교차는, 만일 갈라짐(bifurcation)을 회피하고자 한다면 최소 수준의 자기-제어를 수반한다. 개별자 안에서 이 부담들은 첨예해질 수 있다. 해석 공동체는 이 긴장들을 존중하고, 그들이 일정한 안정적인 윤곽을 찾을 수 있도록 적합한 질서를 제공해야 한다. 그러므로 참된 해석 공동체는 개인의 자유를 허용하고 상호주관적 조화를 확보할 수 있도록 도움을 주어야 한다. 물론 이 조화가 공허한 획일성(uniformity)을 수반할 필요는 없다. 개인에게 적절한 작전 공간을 인정해 줌으로써, 공동체는 또한 상상의 나래에 의미 있는 경계들을 제공해 주어야 한다.

개인의 자유는 해석 공동체의 충분조건을 구성하지 않는다. 일종의 의식적 합치(conscious convergence)가 또한 사회 질서의 구성원들을 위한 미래적 대망의 자리에서 영향력을 지니고 있어야 한다. 민주주의는 단순히 해방된 개인들의 전체 합계가 아니라, 공유되는 가치들과 목표들을 중심으로 제도적이고 사회적인 합치를 요구한다.

이러한 공통의 미래가 없다면 기호 과정은 어울림 없이 경쟁하는 소리들의 다원주의적인 불협화음으로 퇴행할 것이다.

기호 과정이 개방적(open-ended)이고 보편적인 포괄성을 지향하여 나갈 때마다 개인의 자유와 사회적 합치는 서로를 강화한다. 공동체가 지닌 과거의 기호적 풍성함은 끝없는 회상의 온상이 아니라, 새로운 설계들이 유래하는 근거로 존립한다. 기원(origin)과 기대(expectation)는 공동체적 교류를 위한 양 극으로 존립한다. 신화적이든 아니든 간에, 기원의 기호들이 종말론적인 것(the eschatological)의 해방하는 힘 아래 존립하는 한, 그 기호들은 습관적이고 이데올로기적인 것을 초월하는 기호로 개인을 개방시키는 데 기여한다. 기호적 삼원성은 긍정적 기대의 영향 아래 유동적으로 남아, 팽창한다. 합치는 기원이나 개인을 부정하지 않고 공동체에 정의를 촉진하는 유혹 아래에 그 양자를 위치시킨다.

로이스에게 '충실성에는 충실성으로'(loyalty to loyalty)라는 개념은 해석 공동체 안에서 인간의 가장 고차원적인 의지 행위로 기능한다. 충실성의 영 안에서 유한 해석자는 다른 해석자들의 진정한 충실성에 이끌림을 느끼고, 그래서 사회 질서의 가장 심층적 영감을 표상하는 의미 있는 합치를 지향하여 노력해 나간다. 충실한 해석자는 진정한 충실성이 사그라들지 않도록 한다. 그러한 충실성에서 출현하는 모든 기호 연쇄는 공동체의 보편적인 기호적 삶의 일부가 되어야 한다. 그 공헌들은 모든 해석자의 진화하는 자원의 일부가 될 것이기 때문이다. 활동 중인 기호 연쇄 안에서 표현된 불충실한 행위들은 해석 공동체의 진정한 핵심을 구성하는 충실한 해석자들에게 합당한 비판과 판결을 받을 것이다. '충실성에는 충실성으로'라는 개념은 단순

한 동어 반복이 아니라, 진정한 충실성의 영을 파괴하는 어떤 다른 충실성도 용납되지 않도록 한다. 강도들의 무리에 바친 충실성은 진정한 충실성이 아니다. 왜냐하면 그러한 충실성은 정의상 어떤 다른 집단들의 충실성들을 파괴할 것을 주장하기 때문이다. 타율적인 정치 당파에 대한 충실성은 진정한 충실성이 아니다. 왜냐하면 그것은 해방된 공동체의 진정한 가능성을 파괴하기 때문이다. 용납되는 유일한 구체적인 충실성은 바로 타자를 위해 기호적 가능성들을 열어주는 데 기여하는 충실성이다. 충실성의 개념 안에는 칸트적 목적의 왕국에 대한 헌신이 함의되어 있는데, 그 헌신은 어떤 개별자도 단순히 수단으로서가 아니라 무조건적 가치를 지닌 사람으로 대우할 것을 요구한다. 해석 공동체는, 충실하든 충실하지 않든 간에 모든 해석자의 가치를 보증한다. 불충실한 해석자들이 진정한 합치와 개인의 자유를 파괴하려고 협박할 때마다 공동체는 그들을 꾸짖는다.

해석 공동체는 물론 해당 경험 공동체 내의 작은 소수를 대변할 수도 있다. 창조적 소수는 좀더 거대한 공동체 내부의 목적론적 핵심이어서, 근본적인 자아-초월(self-transcendence)을 향한 자신의 소망을 대변할 수도 있다. 알량한 크기와 타율적 힘은 빈번히 해석 공동체를 무기력하게 만든다. 그러한 공동체들의 실패는 승리주의적 주장들에 어떤 근거도 제시해 주지 않는다. 그렇게 파편화된 해석 공동체의 비극적 부인(denial)이 역사의 근본적 교훈이라고 주장할 수도 있을 것이다. 은총 충만한 사랑 공동체를 찬양하는 로이스가 그렇게 파편화된 공동체들은 그것들을 둘러싼 타율적 구조들로부터 거의 자유롭지 못하다는 사실에 눈감아서는 안 될 것이다. 사랑 공동체가 전적으로 은총이 충만했다는 사실은 해석적 확장과 기호적 풍성함이 지닌

힘에 대한 증거이다.

진정한 해석 공동체의 출현은 인간의 자아-초월 속에 담지된 계기이다. 타성과 타율적 왜곡에 맞선 이 승리를 축하하는 것은 정당하다. 더욱 중요하게도 그러한 (승리의) 만개가 개인들의 해석적 삶을 변혁하는 은총의 결과라는 사실을 인식하는 것이 필수적이다. 만일 해석적 은총을 말할 수 있다면, 역사의 단편적인 실재로부터 일시적으로나마 자유롭게 된 공동체들 안에서 그 은총이 가장 충실하게 현현한다고 추론할 수 있다.

기호 과정은 그를 유지하는 공동체들의 삶을 체현한다. 이 삶은 기호 기능의 다섯 번째 차원이 드러날 때 더욱 충실하게 등장한다. 네 번째 차원이 기호와 해석자와 해석 수용자 간의 상관관계를 다루는 반면, 다섯 번째 차원은 무한정 연장되는 삼원성들 속에서 기호 전개를 다룬다. 물론 이 차원은 네 번째 차원에 은폐되어 있고 시공간을 통해 그의 수행을 표상한다. 기호들은 서로 연합하여 자신들만의 합치선과 윤곽들을 지닌 단편적인 연쇄들을 형성한다. 우리는 이 과정을 연쇄 분화(series ramification)라 부른다. 하나의 기호가 세를 형성하는 한에서 최소한 한 기호 연쇄의 일부가 될 것이다. 그 연쇄의 범위가 얼마나 작든지 간에 말이다. 그러한 연쇄들은 그들 안에서 기능하고 있는 기호들의 살아가는 역사들을 주도하고 배치한다. 동시에 주어진 기호는 그 구체적인 연쇄에 대항하는 힘(counterpressure)을 행사하여, 다른 기호들로 하여금 그것들의 통합성과 의미를 변경하도록 압력을 행사할 수도 있다. 이 관계는 전적으로 대칭적이다. 두 관계소(relata)가 그 관계 속에서 변혁될 것이기 때문이다.

기호 연쇄는 반성적 (혹은 상호주관적) 공동체 안에 또는 해석 공

동체의 삶 안에 존재할 수도 있다. 내적 연쇄와 외적 연쇄 사이의 경계들을 긋기란 어렵다. 내적 연쇄들은 외적 의미 구조들에서 자신들의 의미들을 이끌어 오기 때문이다. 인간의 문화 진화 속에서 이 경계들은 계속적으로 재정의되어 왔다. 정신분석적 투사 이론은 소위 외적 기호 연쇄들의 대다수가 실제로는 내적 연쇄들로서, 심적 경제 전반을 교란할 여지가 있는 자각을 회피하는 수단으로서 외적 표현을 지향하여 나간다는 사실을 인지하도록 우리를 강요해 왔다. 그러한 투사들의 철회가 사회문화적 진화를 위한 근본적인 기동력이다. 하지만 근대성의 가혹하고 신랄한 회의주의 내에서조차 내적 연쇄와 외적 연쇄의 그러한 전도(轉倒 inversion)는 난제로 가득 차 있다. 투사들에 저항하는 투쟁을 제거할 그 어떤 절대적이고 무시간적인 순환도 도출될 수 없다는 것은 기본적인 진리이다.

한 기호 연쇄의 구성요소들은 일정한 측면에서 서로 관계를 맺는다. 하지만 약한 형태의 적합성과 강한 형태의 적합성이 가능하다. 예를 들어 욥기서와 같은 성서 본문들 안에 수반된 의례 언어의 변화들은 그 본문의 전반적인 의미에 매우 적합할 것이다. 한 작가는 부당한 고난의 문제를 다른 작가와 다르게 바라볼 수 있을 것이다. 이 관점의 전환 때문에 그 책 한 부분의 기호들은 다른 부분의 기호들을 두드러지게 조명할 수도 있을 것이다. 다른 한편으로 욥의 탄식 안에 담긴 구체적인 표현들은 그의 친구들이 제공하는 연설들과 단지 약한 관계만을 맺고 있을지도 모른다. 심지어 그보다 약한 적합성의 수준에서, 욥의 친구들의 숫자는 그 책의 전반적인 윤곽과 단지 최소한의 관계만을 맺고 있는 듯하다. 한 기호 연쇄에서 모든 기호는 다른 기호와 다양한 정도의 적합성을 갖게 될 것이다. 그 동일한 기호는 다른 기호

와 혹은 연쇄의 부분과 강력한 관계를 맺지만, 또 다른 기호와는 약하게 관계를 맺을 수도 있다.

어떤 기호 연쇄도 다른 연쇄와 완전히 고립되어 득세할 수 없다. 어느 시점에서 그것은 최소한 하나의 다른 연쇄와 상호작용해야만 한다. 연속 분화(serial ramification)는 원리상 미리 정해진 경계가 없다. 물론 주어진 연쇄의 일부는 한 연쇄와 상호작용하는 반면, 그 동일한 연쇄의 또 다른 부분은 처음의 연쇄가 아니라 다른 연쇄와 상호작용할 수도 있을 것이다. 이 과정은 무한정 복잡해질 수 있다. 해석 과정은 이 모든 지류를 기술하고자 시도해야 하지만, 모든 연쇄와 상호작용의 온전한 윤곽을 구체화해내는 데에는 궁극적으로 실패할 것이다. 이를 묘사하는 이미지로 맞물려 있는 뿌리들을 숨기고 있는 나무들의 숲을 떠올리면 된다. 의미의 이 전적인 다수성(multiplicity)이 해석학을 무능하게 만드는가? 전적으로 무시간적인 파악을 추구하지 않는 한 그렇지는 않다. 해석 공동체는 어떤 기호 연쇄가 물음의 선택 과정에 좀더 중요한지, 어떤 기호 연쇄가 부차적인 역할에 기여하고 있는지와 관련하여 필연적으로 선택들을 할 것이다. 새로운 기호들과 그 해석된 의미들이 공동체의 가치 위계질서들을 역전시킬 때, 이 결정들은 교정을 필요로 한다. 자연과 역사는 협력하여 그 선택 과정을 주도해 나가고, 그래서 모든 기호가 동등한 비중이나 함의를 지니게 되는 것은 아니다. 비판적 상식과 세밀한 탐구는 해석이 긍정적인 방향들로 나아가도록 공모한다.

각 기호 연쇄는 그 자신의 자연사를 갖고 있다. 그 어떤 연쇄도 절대적 시작이나 최초의 기호를 갖고 있지 않지만, 한 연쇄는 기원의 그림자를 가질 것이다. 그것이 또 다른 연쇄에서 유래하건 혹은 하나의

고유한 기호 집단을 탄생시킨 창조적 침입을 통해서 발생하건 간에 말이다. 뒤집어 말하자면 그 어떤 기호 연쇄도 절대적 종말을 갖지 않을 것이다. 인간 개인과 그의 반성적 공동체의 죽음조차도, 얼마나 단명했든지 혹은 약했든지 간에 일단의 흔적을 남길 것이다. 주어진 기호 연쇄가 구체적인 통합성으로서 득세하기를 마침내 중단할 수도 있을 터이지만, 분화 가능성들은 언제나 득세할 것이고 혹은 해석자가 존재할 때마다 언제나 활용 가능할 것이다. 연속 분화는 이루어진 분화들의 숫자를 포괄하고, 추후의 기호 전개를 위한 유혹으로 존재할 것이다.

기호 연쇄는 주어진 시기의 구체적인 활동 범위에 좀처럼 '만족하는' 법이 없다. 유적인 굶주림(generic hunger) 같은 어떤 것이 각 연쇄를 활성화해 포괄성(the Encompassing) 자체를 향하여 몰아간다. 그 어떤 연쇄도 전체성에 미치지 못할 것이지만, 그러나 그 어떤 연쇄도 온전한 포괄(full encompassment)을 향한 갈망에서 완전히 자유로울 수 없을 것이다. 각 연쇄는 자신의 시야 안에 자연의 더욱 많은 것을 담으려고 분투할 것이다. 하나 이상의 해석자에게 자신의 실존을 의존하는 각 연쇄는 그의 경계들을 넘어가, 다른 연쇄들을 잘못 표상할 것이다. 예를 들어 프로이트적 분석의 심리 성적(psychosexual) 모델은 온전하고 완전함을 주장하는 범주적 배치 안에 개인적이고 집단적인 인간 실재의 모두를 포괄하고자 시도하는 기호 연쇄를 표상한다. 동시에 심리분석적 틀구조는 그것의 훨씬 거대한 지평의 단순한 하부 구성요소들로서 별도의 대안적 기호 연쇄를 표상한다. 이 하부 연쇄들은 증보나 왜곡일 수도 있겠지만, 그러나 그것들은 그것들 자신의 자율성을 부정당한다. 모든 기호 연쇄가 이 제국주의적 의도를 완전

하게 체현하는 것은 아니지만, 그 연쇄들이 기능하는 한 그 제국주의적 의도는 그것들 각자 안에 잠자고 있다. 치명적인 정신병은 경쟁하는 다른 연쇄들의 실재를 용납할 수 없는 오만하고 사사로운 기호 연쇄의 결과로 정의될 수 있다.

기호 체계들에 필수적인 건전한 성장을 약화하지는 않지만, 연속 분화의 범위를 한정하는 두 가지 길이 있다. 첫 번째는 올바른 연속 분화의 길인데, 한 연쇄가 또 다른 연쇄의 압박들에 개방적이 되어 자신의 활동 범위를 제한당하지만 동시에 아주 다른 방법으로 자신의 활동 범위를 강화한다. 그 연쇄가 또 다른 연쇄의 하부 연쇄가 되는 한 그것은 제한당하는 셈이다. 혹은 덜 폭력적으로, 그것이 비슷한 활동범위와 초점을 가진 또 다른 연쇄와 대등하게 된다. 한편 그 연쇄가 그것의 본래적인 조망 혹은 조망들 외부에서 (새로운) 의미들을 부가함으로써 자신의 기호 창고를 풍요롭게 한다는 점에서, 그 연쇄는 향상된다. 직접적인 증가를 통해서든 아니면 새로운 연합을 통해서든, 그것의 '내적' 통전성은 변경될 것이다. 연속 분화는 확장과 교차를 향하여 분투해 나가 포괄(encompassment)과 한정(limitation)의 이중적 요구를 충족시킬 수 있어야 한다. 이 과정은 해석 공동체의 건전성에 근본적인 것으로서, 해석 공동체는 자신들이 아는 것보다 더 많은 기호 연쇄들을 존중해야 하고 자신들이 제어할 수 있는 것보다 더 많은 교차들을 지탱해야 한다.

한정의 두 형태, 즉 연속 분화와 포괄성을 향한 운동 중에서 후자는 훨씬 드물고 또한 공동체의 삶에 좀더 중요하다. 자아-투명성(self-transparency) 내의 운동으로 존재하는 한, 연속 분화는 기호 기능의 다섯 번째 수준에 머문다. 포괄성을 향한 운동은 기호 기능의 여섯 번

째이면서 마지막 차원이며, 기호 관계를 종교의 영역으로 이끌고 들어간다. 이 여섯 번째 차원에서 기호는 진실로 하나의 상징으로 출현하고, 포괄성이 인간 실존을 향한 섬뜩한(uncanny) 유혹을 발휘하는 일소(clearing)가 된다. 그 자체로 또 하나의 기호가 아닌 이 실재 자체에 대하여 일견을 얻고자 한다면, 그 포괄성의 상징들과 다른 모든 기호 사이를 분간해야 한다.

위에서 우리는 한 기호의 유적 활동 범위를 조명하는 수단으로 기호적 집적도(semiotic density) 개념을 사용하였다. 한 기호가 두 번째 차원에서 광역 형질을 가리키는 한, 그것은 첫 번째 수준에서 국소 형질을 가리키고 있는 기호보다 큰 범위와 집적도(즉 의미)를 갖고 있는 셈이다. 우리가 기호 기능의 다른 차원들로 나아감에 따라, 그 기호의 범위는 증가하여 세 번째 차원의 해석자들과 네 번째 수준의 해석자들과 해석 수용자들의 더 거대한 공동체를 포함하게 된다. 다섯 번째 수준에서 기호는 모든 방향으로 촉수를 뻗어나가는 무수한 기호 연쇄와 관계 맺는다. 연속 분화 과정의 일부인 기호는 모두 아주 높은 집적도를 갖게 될 것이다. 이 의미의 집적도가 유한 해석자의 힘들을 왜소하게 만들 수도 있을 것이다. 심지어 해석 공동체의 해석 범위 너머에 놓일 수도 있다. 해당 해석자들은 의사소통의 구체적인 일들을 용이하게 하려면 대체로 이 집적도의 일부를 무시해야만 한다. 한 기호가 드러내는 차원들이 많으면 많을수록 운반해야 할 기호적 적재량이 그만큼 많아진다. 물론 각 기호는 기호 기능의 여섯 가지 차원 모두에 참여하지만 대부분은 약하거나 부분적인 방식으로 그렇게 한다. 아주 드문 경우에만 한 기호는 여섯 차원 모두를 체현할 만큼 충분히 풍성하여 모든 차원을 온전히 다룰 수 있을 것이다. 그러한 일을 일관

되게 해낼 수 있는 유일한 기호들이 바로 종교의 기호들이다.

종교적 상징은 기호 집적도 현상과 호기심 적은 관계를 맺는다. 정의상 종교적 기호는 처음 다섯 차원에서 볼 수 있는 의미 집적도를 담지해야만 한다. 그러므로 그것은 국소 형질과 광역 형질을 지시할 것이고, 해석자들과 해석 수용자들 그리고 다른 기호들과 관계를 맺을 것이다. 예를 들어 인간의 종교적 이해력을 위한 아마도 궁극적인 상징인 십자가 상징은 그 표현 매체의 국소 형질들을, 그것이 나무이든 다른 소재든지 간에 체현할 것이다. 동시에 십자가의 구체적인 구성은—예를 들어 비잔틴식이든 캔터베리식이든 혹은 몰타식이든—특정 지역이나 시기와 대체로 동일시될 수 있는 광역 형질들을 드러낼 것이다. 이 광역적 구성들은 사용된 소재의 국소 형질들보다 큰 해석적 함의를 지닌다. 물론 십자가의 제작에 이국적 소재들이 사용될 적마다 그것은 하나의 광역 형질로 기능할 수 있다.

그 다음 수준에서, 십자가는 인간 실존을 위한 그것의 함의를 이해하고자 시도하는 구체적인 해석자와 관계를 맺게 된다. 다섯 번째 수준에서 십자가는 그것의 가치를 살려내려고 투쟁하는 해석 공동체의 유력한 대상이 될 때마다 자신의 의미를 심화하게 된다. 이 특정 상징의 비범한 본성 때문에 그와 관련된 해석 공동체는 거대한 범위와 깊이를 갖게 된다. 그것은 엄청나게 다양한 기호 연쇄를 머금은 많은 시대들과 문화들을 거슬러 올라간다. 다시금 정의상, 그러한 공동체는 정해진 시작이나 예측 가능한 종말을 갖고 있지 않은 기호 연쇄들에 참여한다. 모든 상징 가운데 십자가는 서구 전통들 내의 해석자들에게 가장 큰 의미 집적도를 전달해 준다고 생각된다.

하지만 십자가의 기호가 진정한 상징이 되려면 이 수준에 머물러

서는 안 된다. 다른 기호들이 최소한 유비적인 힘과 범위를 가지고 기호 기능의 다섯 차원 모두에 참여한다. 인간 과정에게 얼마나 풍성한 의미를 담지하고 있든지 간에, 하나의 기호와 진정한 상징 사이의 차별성은 여섯 번째 차원에서 일어나는 의미 전도에 놓여 있다. 왜냐하면 바로 이 차원에서 기호는 철저하게 다른 어떤 것에 투명해(transparent)지기 위해 그 자신으로부터 자유롭게 풀려나기 때문이다.

그 자체로 하나의 기호나 상징이 아닌 포괄성 척도에 개방적이 될 때 기호는 상징이 된다. 이 시점에서 기호는 급격한 변혁을 겪게 되어, 그 집적도가 어떤 다른 것을 위해 희생당하게 된다. 그 다양한 기능 가운데 기호의 주변에 언제나 북적거리던 의미의 충만(the plenitude of meaning)은 일종의 공허(emptiness)에 자리를 내주게 되는데, 이 공허가 기호적 함의를 잠시간 밀쳐내게 된다. 상징으로서 기호는 휘황한 공허를 성취하며 모든 유한한 의미를 떨쳐내어 포괄성의 빛이 그 순수한 모습으로 출현하게 할 것이다. 기호 기능의 다른 차원들에서 기호에 귀속되었던 구체적 의미들은, 말하자면 무대 옆에서 대기하고 있다가 포괄성의 힘이 시야에서 멀어져 간 뒤에야 다시 돌아오게 된다.

십자가의 상징으로 되돌아가, 우리는 이 과정이 어떻게 등장하는지를 볼 수 있다. 십자가는 구속의 신/인 드라마의 기호로서 엄청난 기호적 부하를 담지하고 있다. 그것은 문화적, 역사적, 심리학적, 신학적, 심미적 가치들을 지니고 있어서, 해석 공동체는 그것을 명확히 표현해 가는 가운데 (의미) 분화를 해나가게 된다. 이 기호적 증폭이 서구 문명을 관통하여 흐르는 근본 실마리들 가운데 하나를 대표한다. 하지만 이 기호적 풍요로움이 이 상징의 진정한 의미는 아니다.

십자가는 아마도 지배적 상징들 가운데 독특한 상징일 것이다. 내부로부터 스스로를 부정할 수 있는 힘을 지니고 있기 때문이다. 특별히 십자가의 상징은 그 어떤 인간적인 혹은 공동체적인 가치도 이 실재에 덧붙여질 수 있음을 부정한다. 신기하게도 우리가 그 십자가를 그 이상의 인간적 내용물들로 채우려 시도할 때마다 십자가는 스스로를 뒤집는다. 그의 자기-부정(self-negation) 속에서 십자가는 인간의 범주적 투사들을 광범위하게 능가하는 어떤 것으로 깨어져 열린다.

포괄성은 진정한 종교적 상징들을 통해 드러나는 실재이다. 십자가가 그 포괄성의 가장 철저한 상징인지와는 상관없이, 십자가는 공허가 기호적 집적도의 자리를 차지할 때마다 그의 역할을 이행한다. 이 공허는 의미의 허무주의적 부재가 아니라, 공동체와 그 해석자들의 기호들에 의해 경계가 정해지지 않은, 즉 다른 종류의 의미의 휘황찬란한 각성(evocation)이다. 그 (공허의) 상징은 일시적으로 그의 다른 기호 기능들을 가려 덮어, 포괄성의 더욱 심층적인 실재가 감지될 수 있도록 한다.

한 기호가 기호 기능의 최종 수준으로 도약할 때마다 그 기호에 담지된 다른 수준들까지도 마찬가지로 바꾸어 놓는다. 일단 한 기호가 그 포괄성 위에 스스로 깨어지게 되면, 그의 지시 관계들과 관계성들은 변혁되어 쉽사리 움켜쥘 수 없는 궁극적 의미로 채워진다. 국소 형질들과 광역 형질들은 그 형질들의 무리의 일부가 아닌 어떤 것을 가리키는 특별한 투명성을 입게 된다. 해석자들은 그들의 기호적 비상들에 붙잡혀 그들의 모든 투사(投射)적 열망에 저항하는 어떤 것을 대면하도록 강요받는다. 그 공동체 자체는 모든 조망과 지평의 범위 너머에 놓여 있는 어떤 것에 유혹을 받는다. 현존으로 파악하기는 어렵

지만 이 유혹은 해석자 집단의 변덕스런(fitful) 삶에서 급진적인 은총의 순간으로 존재한다.

　종교적 상징들을 통해 말을 걸어오는 유혹 속에 현현하는 포괄성은 개인의 삶과 공동체의 삶을 다스리는 지평들이나 조망들과 어떻게 다른가? 기호 기능의 여섯 번째 차원에 대한 적합한 통찰을 얻기에 앞서 우리는 이 문제를 명쾌하게 풀어야 한다.

　존재하는 것은 무엇이든지 하나의 질서이고, 그리고 함축적으로 질서들의 질서이다. 인간적으로 점유된 질서들은 인식(awareness)과 팽창력(expandability) 그리고 아주 드물게, 자의식적 변혁(self-con-scious transformation)의 형질들을 보다 더 갖고 있는 조망들이나 지평들이다. 하나의 지평은 인간 과정을 개방계(a sphere of openness) 내에 정초하는 범주적이고 경험적인 일신(一新)이다. 모든 사람은 지평 자체의 범위와 통합성에 대해 필연적으로 무지함에도 불구하고, 지평들을 점유한다. 지평은 자의식적 탐구와 표현의 대상이 되는 법이 거의 없다. 하지만 개인적 삶과 공동체적 삶의 충격들과 분열들은 지평들이 좀더 온전하게 자기-투명성을 갖게 되도록 하는 데 기여한다. 인간 이전의 형태들은 아주 최소한의 의미에서 지평들을 가질 수도 있고, 또한 이 인식은 자연에 대한 모든 일반 해석학을 주도해 나가야 마땅하다. 하나의 지평은 단순히 주관적인 투사가 아니라 어떻든 사람과 세계 사이에 제삼의 현실체로서 존재하면서 각각 상대방에 열려 있다는 사실을 강조해야 할 것 같다. 그 지평의 영역은 아마도 중간계(the Midworld)라는 은유를 통해 가장 잘 표현될 수 있을 것이다.[50]

---

50) 철학자 존 윌리엄 밀러(John William Miller)는 여러 저술을 통해 자신이 중간계(the

중간계는 주체와 대상 사이에 존속하며, 기호들과 공동체의 진리들을 대변하는 해석들에 의해 구성된다.

지평들은 유적인 확장과 포괄을 향한 갈급함을 갖고 있다. 모든 주어진 지평의 내적 구조 안에는 세계 그 자체와 동일화되어 인간의 조망과 그 조망이 나타내고자 시도하는 자연 콤플렉스들의 영역 사이의 거리감을 망각하려는 욕망이 있다. 한 지평의 논리의 일부는 바로 그것이 지평이라는 사실을 잊는 것이다. 이 망각(forgetfulness)은 지평 자체의 내부로부터 결코 극복될 수 없고, 한 지평이나 혹은 지평들의 지평이 아닌 것을 마주하여 스스로의 자기-낮춤(self-humiliation)을 통해서만 극복될 수 있다. 지평적 승리주의와 그보다 드물게 출현하는 심원한 계기들 사이에는 인상적인 변증법이 우세한데, 그 심원한 계기들 안에서 지평은 그 자신의 십자가를, 즉 신기하게도 처음으로 그 자신 속으로 지평을 끌고 들어오는 십자가를 포용한다. 지평은 중간계의 충만함으로, 즉 좀더 급진적으로 말해 포괄성에 의해 깨어져 열린다.

하나의 지평은 따라서 인간적으로 점유된 질서로서, 중간계에 위치하며 사람들과 자연을 연합하는 제삼의 현실체로 존재한다. 그것은 다른 관점에서 그리고 다양한 정도로 주관적이면서 동시에 객관적이다. 한 지평이 공동체적 교차와 변혁에 개방적이지 않는 한, 그것은

Midworld)라 부르는 것의 조망적 차원을 탐구해 왔다. 특별히 중요한 작품으로 *The Midworld of Symbols and Functioning Objects* (New York: Norton, 1982). 이 개념에 대한 분석은 필자의 글 "John Miller and the Ontology of the Midworld," *Transactions of the Charles S. Peirce Society* 22:2 (Spring 1986): 165-88을 참고하라.

객관적이기보다는 주관적으로 남는다. 그 지평이 자연의 충격들에 (퍼어스의 제이차성에) 그리고 다른 지평들의 풍요로움과 통합성에 대한 감수성을 갖게 될 때, 그것은 객관적으로 나아간다. 지평들은 범위와 복잡성에서 다르다. 중간계는 인간 과정에 의해 지탱되는 모든 지평을 '담고 있는' 유적 현실체이다. 문화 진화는 중간계의 역사적 확장으로 정의될 수 있는데, 중간계가 그 자신의 구성에 보다 많은 기호를 가중하기 때문이다.

모든 지평의 '합'으로서 중간계는 모든 주어진 지평을 포괄한다. 동시에 그것은 지평들이 교차하여 서로에게 투명하게 되는 영역으로 존재한다. 중간계는 기호 과정이 기호들 속에서가 아니라 실재들 속에 잠겨 머무를 것을 확증하기 위해 자연과 인간 공동체 안으로 뻗쳐 내려온다. 중간계는 많은 왕국을 담고 있으면서도 인간적 의미들을 후원할 충분한 안정성을 담지하고 있다. 아주 본래적인 의미로 중간계는 사람들이 지평들을 갖고 즐길 수 있도록 해주는 바로 그것이다.

모든 현실적 지평과 가능적 지평의 '합'으로 포괄성 자체를 구성할 수는 없다. 인간이든 동물이든 간에, 모든 지평을 위한 자리로서 중간계는 또한 포괄성으로 기능하지도 않는다. 이 궁극적 실재는 어떤 다른 것을 위한 긍정적인 위치 혹은 질서로 기능할 수 없다. 이것은 하나의 기호도 또한 하나의 지평도 아니며, 모든 지평적 실재와 철저히 다른 것으로서 존재한다. 그것은 구체적인 기호적 구조들을 통해서나 유비의 사용을 통하여 발견될 성질의 것이 아니다. 우리가 포괄성에 다가갈 수 있는 유일한 출입구는 모든 범주적 투사를 산산이 부서트리는 일종의 **부정의 길**(*via negativa*)을 통해서이다.[51]

중간계 너머에는 모든 콤플렉스와 기호를 포괄하는 것이 놓여 있

다. 포괄성은 인간의 탐구가 활용할 수 있는 그 어떤 긍정적인 윤곽도 지니고 있지 않다. 그것은 심지어 모든 지평의 가장자리에서 스스로를 알리는 와중에도 자신의 본성을 탐구하려는 모든 시도를 부정한다. 그의 현존과 부재의 기묘한 변증법 속에서, 포괄성은 유한 해석자에게 스스로를 은폐하고 동시에 보여준다. 그것은 결코 직접적으로 등장하는 것이 아니라, 해석하는 눈의 맹점으로부터 포착되어야만 한다. '존재의 유비'(the analogy of being)를 통하여 포괄성을 전용(appropriate)할 수는 없지만, 그것의 본성에 대한 약간의 기초적인 지표들을 제공하기 위해 유비를 사용할 수 있다. 그럼에도 불구하고 그 포괄성 자체로 억지로 밀어붙일 때 모든 유비는 실패한다는 사실을 기억해야만 한다.

어떤 지평도 그를 점유하고 있는 사람, 혹은 좀더 정확히 표현해서 그 지평이 점유하고 있는 사람에게 전적으로 자명한(self-transparent) 법이 없다. 지평은 그 '소유주'에게 혹은 외부로부터 그 지평을 탐구하려고 시도하는 사람들에게 영원히 드러나지 않을 형질들을 담지하고 있다. 지평은 그의 알려진 혹은 알려질 차원들보다 범위 면에서 훨씬 광대하다. 흔히 이 숨겨진 형질들의 일부는 그 지평이 외래 지평과 충돌할 때마다 의식 속으로 출현하는데, 그 외래 지평이 그 지평에게 더욱 전적으로 투명해지도록 강요하기 때문이다. 각 지평은

---

51) 포괄성(the Encompassing, *das Umgreifende*) 개념에 대한 선구적인 작업은 칼 야스퍼스(Karl Jaspers)에 의해 이루어졌다. 그중 특별히 중요한 것은 그의 저서 *Von der Wahrheit*(『진리로부터』)인데, 그중 긴 장들이 최근 번역되어, *Karl Jaspers: Basic Philosophical Writings*, ed. and trans. Edith Ehrlich, Leonard H. Ehrlich, and George B. Pepper (Athens: Ohio University Press, 1986)에 실려 있다.

주제적이고 비판적인 의식의 대상이 되어 본 적이 거의 없는 이데올로기적 구조들을 담고 있다. 공동체적 삶의 영속적인 비극의 일부는 자신들의 특이하고 악마적인 형질들 모두를 드러내려는 지평들의 입장에서 느껴지는 이 궁극적 반항(recalcitrance)이다. 지평은 언제나 알려질 수 있는 것보다 더한 어떤 것이기 때문에, 유비적으로 지평은 영원히 시야로부터 뒷걸음질 쳐 물러나는 포괄하는 질서로 기능한다. 그러나 지평의 숨겨진 차원이 유한하고 시간에 예속된 조망에 귀속된 긍정적 형질들을 여전히 담고 있다는 것이 인식될 때, 그 유비는 좌초한다. 한 지평은 또 다른 지평과 여전히 다를 것이고 그래서 단지 그 자신이 갖고 있는 형질들을 담지하고 있을 것이다. 기호 공동체의 관점으로부터 그들이 얼마나 깊이 잠수하고 있든지 간에 상관없이 말이다.

포괄성은 은폐된 채로 있지만 결코 구체적이고 조망적인 그의 형질들을 숨기지는 않는다. 그 형질들이 어떻든 스스로를 시간 안에 드러낼 수 있기 때문이다. 포괄성 그 자체의 유일한 긍정적인 형질은 포괄되는 것과 그것이 맺고 있는 관계이다. 그것은 기호들과 지평들과 중간계를 위한 척도로 존재하지만 그 자체로는 결코 측정되거나 포괄되지 않는다. 그것은 모든 상징을 (즉 종교적 함의를 지닌 기호들을) 자기-부정의 형태 속으로 유혹하여 기호 의미의 집적도가 공허에 자리를 내주도록 만드는데, 그 공허 안에서 포괄성의 궁극적 의미가 스스로를 드러낸다. 사람들은 자연과 해석 공동체들에 의해 포괄되는 반면, 모든 유한한 실재는 영원히 우리 지평들의 범위 너머에 놓여 있는 것으로부터 그들의 척도를 물려받는다.

유혹(the lure)의 은유는 포괄성의 관계적 차원을 가장 잘 포착한

다. 이 유혹은 두 가지 방식으로 기능하는데, 한 방식은 해방적인 만큼 가혹하기도 한 논리를 통하여 다른 방식으로 직접적으로 이어진다. 첫 번째 수준에서 포괄성의 유혹은 (야스퍼스가 난파[Scheitern]52)라 부르는 것으로서) 십자가에 못 박힘(crucifixion) 속에 현현하는데, 이 십자가에 못 박힘이 지평과 그의 동반하는 기호 연쇄들의 힘을 깨뜨린다. 종교의 관점에서 이 순간은 하느님의 분노와 대면하는 순간이다. 루터가 설득력 있게 논증했듯이, 이 분노는 단지 더 심층적이면서 더욱 설득적인 하느님의 사랑에 대한 전주에 불과한데, 그 하느님의 사랑이 지평적 승리주의의 종말을 가져오기 위하여 분노를 표출하고 변혁시킨다.53) 자기-미화(self-glorification)를 넘어서 포괄성의 유혹이 담지한 두 번째 차원이 놓여 있는데, 그 어떤 윤곽도 지니지 않은 철저한 개방성으로 현현한다. 종교 언어 속에서 이는 부활의 순간을 말하는데, 그때 지평은 그 자신의 유한성을 느끼는 법을 배우게 되는 한편 그 어떤 제약들도 갖고 있지 않을 가능성을 경험하게 되고, 그러면서 지평적 십자가 형벌 속에 고통스럽게 현현하는 제약들이 극복된다.

유혹은 지평들을 그들 자신의 한계들을 향하여 유인해 가고 그래

---

52) 역자 — 야스퍼스의 *Scheitern*, 즉 난파는 인간의 실존적 자아가 전체주의적 질서의 폭력성을 극복하기 위해 내면화 과정을 시작하게 되는 계기를 말하는데, 이것은 곧 인간이 자신의 실존적 한계 상황을 경험하는 것을 의미한다. 자신의 한계 상황에서 어쩔 수 없음을 경험하면서 야스퍼스는 현존재(*Dasein*)의 집단주의적 무리 근성을 극복할 초월과 관계하는 길을 찾기 시작한다고 주장하였다.

53) 물론 필자는 루터의 근본적이면서 여전히 타당한 구별, 즉 영광의 신학과 십자가의 신학 사이의 구별을 가리키는 것이다. 해석학은 포괄성의 힘 안에서 그 자신의 깨부수어짐(shattering)을 경험하고자 한다면 이 구별을 전용해야만 한다.

서 지평들로 하여금 그들을 맞이하는 난파(shipwreck)를 배겨낼 수 있도록 한다. 그의 내적 논리 속에서 유혹은 그 난파를 넘어 항상 뒷걸음질 치는 힘(the ever-receding power)을 향하여 나아가는데, 그 항상 뒷걸음질 치는 힘이 세계를 계속 개방적으로 유지한다. 포괄성의 개방하는 힘은 인간사와 자연사를 점철하는 악마적 폐쇄성(closure)의 형태들에 대항하여 말없이 일한다. 유한과 유한하지 않은 것 사이의 절대적 심연은 포괄되는 것을 향한 포괄성의 사랑에 의해 열려진다.54) 이 사랑은 모든 지평을 깨부수는 분노의 내적 중심에서 가장 극적으로 현현한다. 사랑은 그의 필연적 경계인 분노를 언제나 극복한다.

공동체를 구속의 희망으로 채우는 아가페적인 변혁의 사랑 속에서 지평 해석학의 실현을 보게 된다. 얼마나 우연적이고 사소한지에 관계없이, 각 해석 활동은 사랑의 해방하는 종말론적 힘으로부터 그 기준을 물려받는다. 이는 진정한 공동체의 살아있는 핵심이고 모든 해석의 희망이다. 이 희망이 없다면 우리는 모든 삶의 기원과 목표가 되는 그 포괄성 기준을 빼앗길 수밖에 없을 것이다.

---

54) 유한과 비유한 간의 이 구별은 하이데거가 "존재론적 차이"라 불렀던 것의 개념적 재정의에 해당한다. 이 주제에 대한 좀더 상세한 토론을 위해서는 필자의 "Naturalism, Measure, and the Ontological Difference," *Southern Journal of Philosophy* 23:1 (Spring 1985): 19-32를 참고하라.

4장

바울과 원시 교회: 로이스의 해석

해석 공동체의 형질들을 표현해내면서, 로이스는 초대 기독교의 원시 교회를 범례적 공동체로 생각했다. 로이스는 바울의 육체적이고 또한 신학적이었던 여행들이 연약한 공동체들을 내적으로 엮어 갔고, 바울이 예수의 말씀들을 통하여 활동하며 살아 숨 쉬고 있는 교회에 적합한 신학을 발견하고자 했음을 보여주고자 분투하였다. 이 신학은 십자가와 부활 사건들이 발생한 이후 역사 속에 펼쳐지는 신적 드라마의 진정한 자리인 그리스도의 몸으로서 교회에 초점을 맞추었다. 충실성의 영에 근거한 이 공동체 밖에서 그리스도는 음성이나 형상을 갖출 수 없었다. 하지만 이 공동체 안에서 그 영은 역사의 구조들을 변혁할 종말론적 드라마의 예감 속에서 믿는 자들의 삶을 북돋울 수 있었다.

　바울 서신들에서 예수의 단편적인 말씀들은 진화해 가는 교회를 위한 규범적 형태와 강조점을 형성하였다. 바울은 시간 속에서 변혁되어 가는 인성을 추구하는 그의 종말론적 비전을 중심으로 삼기 위

해 그 창설자(예수)의 전기적이고 역사적인 측면들을 무시하였다. 로이스에게, 바울은 공동체의 역동적 구조들을 탐구하고 이 구조들이 시간을 통해 활동하는 그리스도의 작용인 성령(the Holy Spirit)의 현존에 의해 어떻게 활성되고 심화되는지를 보여준 서구 최초의 사상가였다. 본래적 의미에서 바울의 기독론은 공동체적 형이상학의 차원이며, 당시 출현하고 있는 원시 신앙 공동체들의 자의식에 실체를 부여하는 기능을 담당하고 있었다. 예수의 삶과 죽음 속에 체현된 충실성은 내외의 분리와 해체 위협에 맞서 원시 교회를 결집하는 충실성의 패러다임이었다. 경쟁하는 헬레니즘적 신비 제의들의 압박 속에서 교회는 충실성과 사랑의 영 때문에 생존할 수 있었는데, 그 영이 부활한 주님의 살아있는 흔적으로 존재하고 있었기 때문이다.

바울 신학에 의해 형성된 원시 교회는 세 가지 근본적인 관념을 발전시켰는데, 이것들은 추후 전통에 의해 빈번히 왜곡되거나 오해되었던 관념들이다. 첫 번째 관념은 개인의 구원은 올바른 공동체의 일원이 됨으로부터만 도래한다는 관념이다. 두 번째로, 개인은 신적인 행위 작용이 없이는 극복될 수 없는 고유의 윤리적 짐을 지고 있다는 것이다. 세 번째 관념에 따르면, 구원은 오로지 대속(the Atonement)을 통해서만 주어진다. 이 대속은 하늘나라에 관한 예수의 언급들이 지닌 내적 의미이다. 로이스는 축적된 전통으로부터 이 관념들을 자유롭게 하기 위하여 이것들을 재사유하고자 노력하였다. 바울 서신들은 이 세 통찰을 하나로 묶어 보편화할 수 있는 방식으로 표현해내는 과정에서 해석적으로 불분명한 창시자의 말씀들을 변혁한다. 바울과 원시 교회들 간의 변증법적 관계는 이 관념들이 전개해 가는 구조적 일신을 제공한다. 이 모든 세 관념의 핵심에는 로이스의 근본적

으로 윤리적이고 종교적인 충실성의 원리가 놓여 있다.

로이스는『기독교의 문제』에서 전개되는 작업은 자신의 초기 작업들과 특별히 1908년 제시한 충실성의 윤리(ethics of loyalty)와 연속적이라고 주장한다. 1913년의 형식에서 충실성은 종교적으로 확장되는데, 로이스는 기독교를 충실성의 종교로 정의한다.

> 그러나 충실성이라는 이상의 깊이와 생명력은 내가 해왔던 작업을 통해 더욱 잘 이해된다. 충실성이 의미하는 것을 연구하는 과정에서 나의 발견을 표현해내려는 각각의 노력들은, 내가 믿는바, 어떤 새로운 결과들을 담고 있다. 이 책에서 '충실성의 종교'를 파악하고 설명하려는 나의 노력들은 상당 부분 기독교의 본질과 연관된 관점들로 나아갔고 그래서, 그 관점들이 어떤 진리를 담지하고 있다면 그것들을 주의 깊게 고려해야 할 필요가 있다.[55]

위에서 바울에게서 예증된바, 충실성의 영(the Spirit of loyalty)은 진정한 공동체를 이해하는 데 핵심이다. 로이스에게 기독교는 그리스도의 몸으로서 사랑의 공동체 안에서 자체로 일어나는 충실성의 영을 표현하는 데 어느 다른 주요 종교들보다 더 탁월하다. 충실성은 윤리적이고 종교적인 개념인데, 무엇보다도 충실한 자아들로 구성된 공동체의 건전한 기능을 가리킨다.

공동체는 충실성 없이 생존할 수 없다고 주장함으로써 로이스는

---

55) Josiah Royce, *The Problem of Christianity*, ed. John E. Smith (Chicago: University of Chicago Press, 1968), 38. 추후 인용들은 이 책에서 언급될 것인데, 동일 편집본을 가리킨다.

충실성의 중요성을 강조하며 확장한다. 충실성은 그 공동체 안에 보존된 사랑의 실천적인 요소이다.

만일 내가 그 빛이 나에게 도래할 수 있기 전에 '심연들로부터'(out of the depths) 스스로 외쳐야만 한다면, 결국 나를 구원하는 것은 나의 공동체여야만 한다. 이를 주장하고 이를 실현하는 것이 기독교적 경험의 참 핵심을 구성하며, '충실성의 종교'의 핵심을 구성한다. … 한 개인이 공동체를 위해 실천적으로 헌신하는 사랑이 충실성이 의미하는 바라고 말하는 나의 언급을 들으면서도, 공동체(community)라는 (영어) 단어가 -ty라는 철자로 끝난다는 순전히 어구적 사실조차 깨닫지 못하고 있는 비계몽인들을 뒤에 내버려두고자 한다 (41).

충실성은 사랑을 살아있게 함으로써 공동체적 유대관계들을 결집한다. 충실한 자아는 개인의 경험 속에 공동체의 역할을 보존하고 확장하기를 소망한다. 이는 그 공동체 안에서 그리고 외래 공동체들 안에서 다른 자아들을 이해하는 해석 과정과 탐구에 본질적이다.

하지만 마치 무시간적 경험인 듯이 충실성의 본질적 형질들을 토론하는 것은 충분치 못하다. 로이스는 충실성에 대한 가장 초기의 완벽한 표현과 관련한 역사적 탐구에 즉시 착수한다. 그 본문을 통하여 본질적인 것과 역사적인 것 사이의 어떤 긴장이 존재함을 발견한다. 충실성 혹은 공동체의 본질적 형질들에 대한 그 어떤 이해도, 인간사속에서 전개된 그 형질들의 발전과정에 대한 역사적 분석과 병행되지 않는다면 부적절하다. 로이스에게 이 분석은 초대 기독교와 당시 출

현하던 그리스도론에 대한 상세한 연구를 수반한다.

기독교는 충실성을 대표하는 최고의 종교로 간주된다. 그렇지만 이 관점을 온전히 이해하는 것은 이 종교의 가장 초기 단계들에 대한 연구를 요구하고, 이는 차례로 창시자와 그의 가르침들뿐만 아니라 그 가르침들이 원시 교회에서 어떻게 수용되었는지에 대한 역사적 분석을 수반한다. 로이스는 예수의 전기로부터 주의를 돌려 초대 교회를 인도했던 형이상학적 가정들을 향하여 나아갔다.

> 역사적으로 말해, 기독교는 그 스승(the Master)이 가르친 종교로 단순하게 등장하지 않았다. 그것은 언제나 그 스승에 대한 그리고 그의 사명과 관련한 교리의 빛에서 그의 종교에 대한 그리고 하느님과 인간에 관련한 그리고 인간의 구원에 관련한 해석이었다—인간구원론은 심지어 그의 가장 단순한 표현들에서조차 그 스승이 생전에 가르쳤다고 전통적으로 알려진 바를 언제나 넘어서는 것이었다(66).

로이스는 예수의 단순소박한 경건주의와 삶을 기독교와 동일시하기를 거절하였다. 오히려 로이스의 분석 작업 시초부터 해석 문제가 등장하는데, 로이스는 스승이란 어떤 근본적인 의미에서 그의 생애와 활동에 대한 추후의 형이상학적 해석들의 산물이라고 주장한다. 따라서 로이스는 역사적 예수보다는 오히려 역사적 교회의 예수에 관심을 두었다. 초대 교회는 예수와 그의 사명에 대한 해석을 창조하였고, 바울은 이 창조에 참여하여 당시 통용되던 해석들에 자신의 독창성을 첨가하였다.

로이스는 여러 차원들에서 자신의 해석적 문제의식을 바탕으로 작

업하였다. 한 차원에서 로이스는 예수의 삶의 의미와 씨름하고 있었던 바울 공동체가 구성한 구체적인 해석들과 관련된 역사적 물음을 제기한다. 이 접근방법은 원시 교회를 살아나게 했던 형이상학과 거기에 바울이 첨가한 것에 대한 분석을 수반한다. 다른 차원에서, 로이스는 해석의 본성과 그의 본질적 형질들에 대한 일반적인 해석 문제를 새롭게 제기한다. 다시 또 다른 층위에서, 로이스는 해석학이 지향해 나가는 최종적 지평을 명확히 하고자 노력한다. 여기서 그는 그의 공동체 형이상학을 확장하여 해석 공동체의 일들을 명확히 표현한다. 분석의 이 세 층위는 흔히 상호침투적이고 서로를 조명한다는 사실을 언급하는 것이 중요하다. 따라서 예를 들어 그리스도의 몸으로서 사랑하는 공동체에 대한 바울의 이해는 해석 공동체의 좀더 일반적인 본성을 조명한다. 혹은 다시, 해석 활동에 대한 퍼어스적 이해는 (그의 무역사적 모습에서) 어떻게 그 원시 교회가 관점들을 중재하고 이해하는 데 성령론을 사용했는지를 조명한다.

분석의 이 상호의존성을 염두에 두어야 한다. 로이스는 유적/본질적 조망과 특수적/역사적 조망 모두로부터 자신의 해석학을 발전시켰다. 그 역사적 소재들은—예를 들어 대속론에 대한 그의 분석은—해석 일반에 대한 그의 이론의 도움을 통해 파악된다. 본질적 소재는 원시 교회의 해석 원리들에 대한 그의 분석으로부터 이해된다. 그중 어느 조망도 절대적이거나 구조적 우선성을 취해서는 안 될 것이다.

로이스는 어떻게 원시 교회가 해석 문제를 대면하게 되었는지를 보여주는 데 관심을 가졌다. 특별히 예수의 말씀들이 어떻게 이해되고 적용되었는가를 물었다. 예수가 자신의 언급들을 이해하는 데 필요한 해석적 지침을 제공하지 않았다는 사실과 그 문제는 중첩된다.

여기서 초기 교회는 그러한 지침을 스스로의 힘으로 발전시켜 나갈 수밖에 없었다. 따라서 로이스는 이 문제를 다음과 같이 진술한다.

> 이 후대의 해석들은, 지금껏 보고된바 본래의 말씀들과 비유들과 다소간 문제의 여지를 남겨두고 있어서, 추후 연구가 요구되고 있기 때문에; 이 모든 보다 의심스러운 문제들이 기독교적 생명론의 전체 평가에 핵심적으로 중요하기 때문에, 스승의 말씀들에 근거한 원시 기독교는 기독교 공동체가 스승의 인격과 활동 그리고 그가 종교 전체에 부여한 해석을 통해 풍성해지고 심화되었다는 사실을 인식해야만 할 것이다(69).

예수는 그의 삶과 활동들을 올바로 이해하기 위한 충분한 개념적 소재를 제공하지 않는다. 우리가 기독교의 '참된' 의미를 이해하려면, 예수의 삶으로 되돌아가야 한다는 관점을 로이스는 거절하였다. 오히려 우리는 초대 교회를 바라보고, 그 수수께끼 같고 불완전한 구전적 자료를 가다듬는 과정을 살펴보아야만 한다. 물론 본문들 자체는 구전 전통을 이해하려고 분투하는 과정에서 초대 교회로부터 등장한 것이다. 그 공동체의 해석적 조작들이 없었다면 그 전통은 장기적으로 생존할 수 없었을 것이다. 그러므로 로이스는 기독교의 자리를 원시 교회의 해석 활동들에 놓았다.

로이스는 원시 교회의 구체적인 해석적 선택들을 명확히 함으로써 자신의 역사적 연구를 진척시켰다. 그는 하늘나라 설교를 예수의 핵심 가르침으로 여겼다. 이 원시적 핵심에서 초대 교회는 초기 신학적 표현을 발전시켰다. 영이 교회의 해석적 조작들을 도와 예수의 말씀

속에 담긴 훨씬 심층적인 의미들을 볼 수 있도록 해준다고 교회는 믿었다. 로이스에 따르면,

그것들은 모두 하늘나라와 관련된 본래 가르침의 진정한 의미를 설명하려는 후대의 노력의 와중에서 기독교 세계의 정신에 도래한 관념들이다. 기독교 공동체는 그 관념들이 창시자의 영의 인도하심 때문인 것으로 간주하였다. 그러나 또한 그 관념들을 처음 조명하게 되었을 때, 그것들은 스승의 보고된 말씀들과 비유들이 당시에 명시적으로 만들어내지 않던 새로운 특징들을 입고 있었고, 이것들은 그 후 주도적 특징들이 되었다(70).

하늘나라의 의미에 관한 이 관념들은 역사적 창시자에 기인한다고 여겨지던 언설들을 넘어섰다. 그의 영은 좀더 온전한 이해의 추구 속에서 공동체의 자기-이해에 길잡이가 되었다. 그의 변함없는 영의 임재 바깥에서 그의 가르침들은 그 역사적 공동체 속에서 현실적인 것으로 될 수 없었을 것이다.

앞서 언급했듯이, 로이스는 하늘나라의 핵심 가르침에서 유래하는 세 관념을 지적한다: 사랑의 공동체(the Beloved Community), 개인의 도덕적 부담, 대속. 이 관념들은 함께 초대 교회의 틀구조를 대변한다.

십자가에서 죽고 부활을 통해 다시 살아남으로써, 예수는 처음 사람(아담)의 죄를 속죄하고, 사랑의 공동체를 따를 수 있도록 해주었다. 이 사랑의 공동체는 각 개인들이 죄의 무게와 짐을 극복하고 충실성을 향하여 나갈 수 있게 하는 도덕적 모체(the moral matrix)를 형성

한다. 그리스도의 몸인 이 공동체를 벗어나면 개인은 도덕적 죄의 짐을 극복할 수 없다.

예수의 삶과 죽음으로부터 출현하는 영(the Spirit)은 공동체를 실현하는 이 도덕적 행위들의 토대를 형성한다. 충실한 신자들의 사랑 공동체는 모든 인류 보편 공동체(the Universal Community)의 은총 충만한 중심이다. 하늘나라는 역사의 종말에 거주하는 것이 아니라 공동체의 충실한 구성원들 속에 존재한다. 따라서 로이스는 그 나라는 구성원들 사이에 살아 있으며 훨씬 위대한 역사적·물리적 표현을 추구한다고 주장한다. 현실의 교회들이 그 나라를 현현하지 못할 수도 있지만, 불가시적 교회(the invisible church)는 그 (영이 머무는) 집이다.

1908년 자신의 충실성의 철학 형성기로 돌아가서, 로이스는 가시적 교회와 불가시적 교회에 대한 개인의 관계를 구체적으로 표현한다. 보편적 표현을 추구하는 충실성은 주어진 지역 공동체 안에서 본래적인 명시적 표현을 전수 받아야만 한다. 이 특정 공동체는 한 사람으로 유비할 수 있는 많은 형질을 갖고 있는 것으로 간주되며, 그럼으로써 충실성과 사랑의 가치가 있는 공동체로 간주된다.

> 자신의 가족, 자신의 개인적 친구들의 무리, 자신의 집, 자신의 촌락 공동체, 자신의 친족, 혹은 자신의 나라 등은 하나의 통일체로서 공동체를 사랑하고 봉사하는 그리고 그 자체로 일종의 초인격적 존재로서 공동체를 대우하려는 적극적 기질의 대상이 될 수 있고, 가능하다면 그 대가로 일종의 더 높은 차원에서 한 사람의 가치를 소유할 수도 있다. … 나는 헌신적인 개인이 귀속된 공동체에 발휘하는 그러한 적극적 헌신의 영을 위한 이름으로, 낡았지만 여전히 아주 탁월한

단어 '충실성' 말고 더 나은 이름을 알지 못한다(82-83).

이 구체적이고 지역적인 공동체들은 본질적으로 종교적 감정 혹은 활동으로서 충실성이 기능하는 본래적 자리를 형성한다. 하지만 이 충실성은 주어진 지역 공동체에 국한되지 않는다. 충실성은 보편적인 자세이다. 그것은 보편 공동체를 최종 거처로 추구한다.

하지만 지역적 환경의 요구와 보편적인 것을 향한 충동 사이에는 긴장이 남아 있다. "지역주의"("Provincialism")라는 제목의 1908년 논문에서 로이스는 지역적 관습들과 습속들의 필연성을 강조한다. **지방**(province)에 대한 자신의 정의를 제공하면서, 그는 그 가치를 칭송하는 개념들을 밀어붙인다.

> 그렇다면 나에게 한 지방은 국가 영토의 어떤 한 부분, 즉 지리학적
> · 사회적으로 그 자체의 이상과 관습들에 대하여 진정한 의식을 가질
> 만큼 충분히 통합되고, 그 나라의 다른 지역들과 차별성을 온전히 소
> 유할 만큼 충분히 통합된 한 부분을 의미한다. 그리고 '지방주의'라는
> 말로서 필자는 먼저 스스로의 관습들과 이상들을 소유하려는 한 지
> 방의 경향성을, 둘째로 이 관습들과 이상들 자체의 전체성을 그리고
> 세 번째로 한 지방의 거주자들이 이 전통들과 믿음들과 열망들을 그
> 들 자신의 것으로 소중히 여기도록 이끌어 나가는 사랑과 자부심을
> 의미한다.56)

---

56) Josiah Royce, *Basic Writings*, ed. John J. McDermott, 2 vols. (Chicago: University of Chicago Press, 1969) 2: 1069.

따라서 지방은 모든 가치와 올바른 열망들의 자리이다. 그러한 지방 밖에서는 오로지 무의미성만이 발생할 수 있다고 우리는 결론지을 수 있다. 그 지방 안에서야 우리의 영적 지평이 확보된다.

지방과 지방주의에 동반되는 태도는 기본적으로 정치사회적 삶이라고 주장하면서 로이스는 한발 더 나아간다. 지방주의를 다시 소생시킴으로써 우리는 우리 시대의 불운들을 치유할 수 있다. 1908년의 동일한 논문에서 그는 다음과 같은 놀랄 만한 주장을 편다: "세계 문명의 현재 상태에서 그리고 우리 나라의 삶이 처한 현재 상태로 보아, 임박한 미래 세계가 점점 더 의지해야 할 구원적 힘으로서 건전한 지역주의의 긍정적 가치를 그리고 그것이 우리 자신의 안녕을 위해 지닌 절대적 필연성을 새로운 의미와 강도로 강조해야 할 때가 도래하였다는 것이 필자의 논지이다."57) 이 "건전한 지역주의"(wholesome provincialism)는 국적 여부에 관계없이 모든 사람에게 권장된다. 더 나아가 국가적 삶 자체가 건전한 지역적 삶에서 유래한다. 지방은 개별자에게 충실성의 본래적 대상을 제공한다. 그것은 해석적 범례를 제공하여, 그것을 통해 충실한 개별자가 실재를 이해하도록 해준다. 사고와 언어는 그 지방에 구속되거나 혹은 근거해야 한다. 해석 활동들은 그 초기 타당성을 지방에 근거한다. 따라서 해석학은 적어도 이 분석의 차원에서 보자면, 지방의 개념적 구조들에 의해 좌우된다.

언급된바, 로이스의 보편주의(universalism)는 이 지방주의와 긴장 관계 속에 머물러 있다. 충실성은 우리의 해석 활동들의 구체적인 근거를 필요로 한다. 하지만 이 근거는 교리적으로 사용되어서는 안 된

---

57) Ibid.

다. 로이스는 이 특수와 보편 사이의 긴장을 충실성과 해석의 더욱 심층적인 의미를 보여줌으로써 해소한다. 우리는 먼저 한 지방에 충실하여 그 해석적 지침들을 따라야 하지만, 그에 수반하여 둘째로 진정한 충실성은 다른 개인들과 지방들의 충실성을 보호하고 육성하기를 추구한다는 사실을 깨달아야 한다.

따라서 충실성은 특수하고 동시에 보편적이다. 그것은 보편 공동체를 향한 추구이다. 비록 충실성이 한 사람의 가족이나 친족에 대한 사랑으로부터 일어나는 것이라 할지라도 말이다. 보편 공동체는 이상적 미래에 충실하게 실현되어야 한다. 충실성의 내적 논리는 표현의 전일성(wholeness)을 성취하는 것이다. "그러므로 충실한 영의 논리적 발전은 보편 공동체의 이상에 대한 충실한 사람의 의식의 융기이다—모든 전쟁과 질투에도 불구하고, 신들과 법들의 모든 다양성에도 불구하고, 문명의 현재 삶으로부터 얼마나 동떨어져 있는지 간에 상관없이, 그 가치에 있어 최고인 공동체 말이다"(84). 여기서 로이스는 다른 "신들과 법들"의 현존을 인정하지만, 충실성의 영이 이 차이들을 초월할 공동체를 만들어낼 것이라고 주장한다. 그러나 그리스도의 보편적 몸으로서 이 공동체는 미래에 머물러 있다. 따라서 하늘나라는 단지 부분적으로만 달성 가능한 것이다. 그것은 역사의 종말이라기보다는 오히려 여전히 역사의 일부이지만, 그의 온전한 역사적 표현은 멀리 떨어져 있다.

로이스가 생각하는 바처럼, 충실성은 사랑과 함께 속한다. 기독교에서 충실한 사람들의 공동체라는 이상은 예수와 바울이 사랑에 관하여 말하는 것에서 유래한다. 이 사랑은 수동적이고 약한 것이 아니라 영웅적이고 강하다. 이 사랑은 하느님과 이웃을 향하여 있다. 예수는

그 자신의 삶과 죽음 속에서 우리를 향한 하느님의 사랑에 대한 구체적인 이해를 제시해 주고 있다. 하지만 그는 이웃들을 향한 사랑이 기능할 수 있는 사회적 틀구조를 명확하게 표현하는 데 실패했다. 로이스가 보기에 바울은 그리스도의 몸으로서 사랑 공동체를 구상함으로써 우리가 이웃 사랑의 사회적 이해를 향하여 나아가도록 한다. 이 통찰은 교회로 하여금 하느님의 사랑을 우리 이웃들의 사랑과 연합하도록 했고, 또한 예수의 설교들을 구체화했다. 로이스는 바울의 개념을 다음과 같이 진술한다: "이 새로운 존재는 집단적 실체이다—즉 그리스도의 몸, 혹은 그 몸의 머리는 이제 신적으로 고양된 그리스도시다. 이 몸으로부터 고양된 그리스도는 또한 바울에게 영이고, 또한 새로운 의미 맥락에서 연인(the lover)이다. 그 집단적 실체는 기독교 공동체 그 자체이다"(93). 예수에게서 볼 수 있듯이, 바울은 사랑을 바라보는 일반적인 관점들에 구체적인 방향성을 부여해 줄 수 있었다. 그리스도는 살아있는 교회의 몸이 되고, (그리스도의 몸으로서) 교회는 해석의 영에 의해 다스려진다. 하지만 그리스도의 몸이라는 표현에서 볼 수 있는 것처럼, 사랑의 윤리에 대한 바울의 정밀한 개념적 가공이 없었다면 예수의 메시지는 역사적으로 효과적이지 못했을 것이다.

사랑의 공동체 밖에서 우리는 법의 힘 아래 살아가야 할 운명에 처해 있다. 로이스가 보기에 바울의 (율)법과 은혜 사이의 구별은 공동체 안에서의 충실한 삶과 육을 따라 사는 삶 사이의 차이를 조명하는데, 이 차이는 후자가 해석적 영이나 은총의 빛을 접촉하지 못한 데기인한다. 바울의 '자연적 사람'(natural man)은 불충실한 사람이고, 그래서 자아는 개인의 오만한 경계 너머의 실재를 증거하는 사회적 대비들로부터 출현한다는 소위 자의식의 진리를 온전히 파악하지 못

한다.

원시 교회의 해석적 선택들은 창시자의 말씀 안에서 대답되지 않고 남겨진 구체적인 문제들을 제기한다. 따라서 예수는 문제의식을 위한 지평을 설정하고, 심지어 탐구의 올바른 방향성과 관련된 지표를 제시한다. 하지만 기독교 윤리와 신학에 역사적으로 효과적인 틀 구조를 형성한 것은 바로 바울 공동체였다. 로이스는 재차 우리가 전기적이고 역사적인 예수에 대한 순진한 믿음으로 다시 떨어질 수는 없다고 주장한다. 그러한 예수는 교의학이나 윤리학을 위한 충분한 토대를 제공할 수 없다. 오히려 우리는 전반적으로 말씀에 대한 올바른 해석을 제시하고자 투쟁 중에 있었던 초대 교회의 산물로서 예수를 찾아야 한다.

공동체는 외따로 떨어진 개인보다 더 구체적인 존재로 이해되어야 한다. 그것은 살아있는 온전한 몸으로서, 개인은 단지 그것의 일부일 뿐이다. 개인과 공동체 사이의 관계는 사랑의 관계이다. 로이스가 읽은 바울에 따르면, 사랑은 충실성이 가장 완전하게 실현된 형태이다. 로이스는 반복적으로 고린도전서의 바울을 가리키는데, 거기에는 이 사랑이 설득력 있게 진술되어 있다.

내가 사람의 방언과 천사의 방언으로 말을 할지라도, 내게 사랑이 없으면, 울리는 징이나 요란한 꽹과리가 될 뿐입니다. 내가 예언하는 능력을 가지고 있을지라도, 또 내가 모든 비밀과 모든 지식을 가지고 있을지라도, 또 산을 옮길 만한 모든 믿음을 가지고 있을지라도, 내게 사랑이 없으면, 아무것도 아닙니다. 내가 내 모든 재산을 나누어 줄지라도, 자랑스러운 일을 하려고 내 몸을 넘겨줄지라도, 내게 사랑

이 없으면, 내게는 아무런 이로움이 없습니다(고린도전서 13:1-3; 표준새번역).

로이스는 예언에 대한 바울의 비판을 무절제한 개인주의와 이기주의에 대한 비판으로 해석한다. 고린도 사람들은 특별히 인격적으로 현현하는 힘들을 지향하는 희랍 사람들의 편견 때문에 고통당했다. 그래서 이 거짓된 현현들을 충실성과 사랑으로 재지향하는 것이 사랑의 공동체의 역할이다.

공동체는 개인들 속에 확실하게 충실성이 출현하도록 다양한 방식들로 기능한다. 개인주의는 도덕의식을 생산하는 사회적 갈등에 의해 조절된다. 이 사회적 통제는 우리의 양심에 해석적 지침을 제공한다. 그러므로 이 공동체는 강렬한 갈등의 현장인 우리에게 도덕적 자기-평가를 내려 준다. 이는 우리가 행위를 선한 것으로 혹은 악한 것으로 해석해내야 하는 한계 범위들을 제공한다는 점에서 해석적 과제이다. 그러한 인식은 내적 성찰이나 사적인 반성으로부터 도래할 수 없다. 이 관점은 지식의 근원들로서 직관과 내적 성찰을 비판적으로 보았던 퍼어스의 관점들로 거슬러 올라간다. 로이스의 바울은 바로 어떻게 공동체가 자기-의식 속에서 기능하는가를 보여줌으로써 이 퍼어스적 통찰을 보강해 준다.

로이스는 개인적 평가와 사회적 평가 사이의 구체적인 연결고리들을 보여주기 위해 분투한다. 공동체의 심판 앞에 서기 전까지, 우리는 우리의 도덕 행위들의 의미를 이해하기를 소망할 수 없다. 그렇게 유래된 해석들은 우리의 미래 행실을 지배해 나갈 것이다. 로이스의 관점에서,

우리의 행실에 관하여 우리의 자의식을 가장 크게 일깨우기 위해 사회 환경은 우리를 반대하거나 혹은 우리를 비판하거나 혹은 우리와 대조를 이룬다. 우리 행실의 작가로서 혹은 안내자로서 우리 자신에 대한 우리의 지식은, 다시 말해 우리가 어떻게 그리고 왜 이 일을 하는지에 대한 우리의 지식은—그러한 모든 공들여 쌓아 온 자각(self-knowledge)은—직간접적으로 하나의 사회적 산물이고, 그렇기에 한 종류나 또 다른 종류의 사회적 대비들과 대립들의 산물이다. 우리의 동료들은 우리에게 특정한 유의 사회적 불화를 가져다줌으로써 더욱 높은 수준의 실천적 자각에 이르도록 우리를 훈련시킨다(107).

우리 자신의 양심은 사회적 상호작용의 부산물이라는 점에서, 사회 심리학은 윤리 이론의 근거가 된다. 공동체는 극단적 형태의 개인주의들을 잠식해 나가는 기능을 감당한다. 그것은 또한 우리의 윤리적 부담을 점차 깨닫게 해준다. 우리는 우리가 스스로 극복할 수 없는 도덕적 죄책을 느끼기 때문이다. 따라서 공동체는 우리에게 죄와 죄악의 감정을 부여한다.

우리의 죄에 대한 깨달음, 그리고 그에 동반되는 대속의 필요성 등은 공동체의 외적 법률에 의해 양육된다. 이 법은 우리에게 반항의 양태를 강요함으로써 우리의 개별성을 첨예화하는 기능을 담당한다. 이 긴장은 우리의 도덕적 죄책감을 만들어낸다. 로이스는 주장하기를, "우리의 수양(cultivation) 속에 외적인 법이 더 많은 부분을 차지하면 할수록, 우리의 수양이 창조해내는 바로 그 개인들 안에서 내적 반항이 점점 더 커져간다. 그리고 개인의 이 도덕적 부담은 또한 인류의 부담이 된다. 인간적 의미에서는 바로 인류가 사회적이기 때문이

다"(116). 로이스는 개인과 공동체 사이의 관계들로부터 출현하는 문제들에 순진하지 않았다. 개인의 에고(ego)와 그의 도덕적 깨달음을 만들어내는 진정한 힘들은 그 개인을 내부로부터 위협하는 그 힘들이기 때문이다. 이로부터 두 가지 극단적 가능성들이 제기되는데, 하나는 과도한 개인주의이고 다른 하나는 공동체를 향한 진정한 충실성의 활동이다. 우리의 죄의식은 애초 우리의 에고와 개별성을 존재케 한 공동체를 배반할 가능성으로부터 도래한다. 이 갈등에 대한 해법은 충실성 이론(the doctrine of loyalty) 안에 놓여 있는데, 이 이론은 개인을 공동체에 연합시키는 데 기여한다. 우리가 보듯이 대속론은 반역 행위가 사랑 공동체의 결속력들을 어긴 시점, 즉 충실성 국면 이후의 시기에 기능한다.

충실성은 자아와 그의 공동체에 대한 새로운 지식을 우리에게 가져다준다. 우리는 더 이상 "육을 따라서"(after the flesh)가 아니라, "영을 따라서"(after the Spirit) 세계를 알아 간다. 이 새로운 지식은 우리를 옥죄는 도덕적 부담 너머로 우리를 데려간다.

> 그러한 인간적 사랑은 그의 대상을 아는데, 바울이 이후로부터 그는
> 더 이상—소위, "육을 따라서는"—그리스도를 알지 못한다고 선포한
> 바로 그 맥락에서 그렇다. 충실성은 (바울의 말을 다시 적용하자면)
> "영을 따라서" 그 대상을 안다. 바울이 인간적 대상들을 언급하고 있
> 는 한에서, 바울의 표현은 여기서 기독교 공동체의 특색이라고 그가
> 인식했던 영의 통일성을 가리키기 때문인데, 그러므로 그리스도는
> 사도의 마음을 즉 그의 머리와 신성한 삶을 가리킨다(126).

충실성은 영 안에 자신의 해석적 토대를 구축하는 새로운 유형의 지식을 담지한다. 하지만 영 그 자체는 새로운 지식 뒤에 놓여 있는 은총의 선물이다. 로이스의 은총론은 그의 해석학에 핵심적이다. 은총은 개별자로 하여금 육체를 따르는 낡은 지식을 넘어갈 수 있도록 해주기 때문이다. 더 나아가 은총은 우리를 좀더 온전한 사랑 공동체의 구성원으로 예인해 간다.

따라서 사랑 공동체는 개별자가 주관적인 해석적 왜곡들로부터 정화되는 장소이다. 공동체는 우리의 구체적인 해석들을 올바르게 매개하는 삼차성들(thirds)을 제공하게 된다. 이 사랑 공동체는 단순히 임의적 개별자들로 구성된 자연 공동체가 아니다. 그 사랑 공동체는 본래적으로 사랑받을 자격이 있고 그리고 (그에) 충실해야 할 가치가 있다. 로이스가 언급하듯,

> 따라서 비판적이고 본래부터 반항적인 영혼에게 사랑받기 위하여, 사랑의 공동체는 법들과 분쟁들로, 집단 의지로 그리고 개인적 반항으로 구성된 삶을 살아가는 자연적 사회 집단과는 상당히 달라야 한다. 이 사랑 공동체는 먼저 그를 사랑하는 구성원들의 연합이어야 한다. 개별 구성원이 그 공동체를 사랑할 만하다고 생각하기에 앞서, 이 사랑의 통합성이 그 공동체에 편만해야 한다(129).

사랑과 충실성이 없이는 진정한 공동체에 관하여 말할 수 없다. 순전히 자연적인 공동체는 개별 자아들의 산술적 합으로 구성된다. 사랑은 그렇게 우연히 뭉친 무리를 하나의 살아있는 몸으로 연대하도록 작용한다. 충실성은 이 자연적 개별자들이 자신들의 행위의 귀결인 공

동체에 반하여 행동하지 못하도록 한다.

로이스는 기독교를 불교와 대비해 후자가 무언가 부족하다고 생각한다. 불교는 의지의 맹목적 노력들을 단지 부정하는 쪽으로만 기능한다. 불교는 이 부정적인 태도를 넘어서서 우리의 윤리적 행실들을 위한 타당성을 제공해 주지 못한다. 대조적으로 기독교는 시간의 흐름과 공동체 안에서 우리의 유한한 행실들에 의미를 부여하는 진정한 충실성을 보여준다. 로이스는 기독교가 공동체의 본성을 좀더 통찰력 있게 파악하고 있는 것으로 간주하여 다른 종교들보다 기독교가 더 필요하다고 여겼다. 기독교의 업적들 가운데 주요한 것이 바로 공동체의 해석 활동을 이끄는 내적 안내자로서 영의 발견이다. 영은 하느님과 창시자의 의미를 추구하는 가운데 원시 교회에 영감을 불어넣어 주었고, 원시 교회가 나아갈 방향을 인도하였다.

> 그러나 역사적으로 말해서 기독교를 (다른 종교와) 구별해 왔던 것은 성장의 초기 단계에서 기독교가 파악하고 사랑하고 섬겼던 가시적 공동체에 대한 그 자신의 이상이 담지한 구체성과 강도(intensity)였다. 그 이상은 교회라 불렀던 이상인데, 그것은 보편적이어야 했다. 더 나아가 기독교가 믿었던바, 이 교회를 인도하고 영감을 고취하고 통치했던 영과 교회가 부활한 주님으로 경배하게 된 이의 영을 동일시하기 위하여 신의 본성을 바라보는 관점들을 점진적으로 수정했던 방식에서 기독교는 다른 종교와 대비되었다(134-35).

(바울 공동체로 읽혀야 할) 초대 기독교회는 공동체와 그의 삶 가운데 영의 역할에 대하여 형이상학적으로 정교한 관점을 발전시켰다.

로이스는 기독교가 이를 모범적으로 이루어냈다고 강력히 주장한다. 아주 위대한 심리학적 통찰을 지니고 있음에도 불교는 보편 공동체에 대한 올바른 관점을 찾는 데 완전히 실패하고 말았다. 더 나아가 불교는 심지어 배반을 극복할 대속 개념이나 연합시켜 주는 충실성 개념을 갖고 있지 않았다. 이는 로이스의 함축적 종교 철학에 중대한 문제를 야기한다. 특별히 그 초기 형태에서 기독교회가 모든 참 종교의 범례(paradigm)가 된다면, 사랑하는 사람들의 보편 공동체를 향한 로이스의 추구는 약화될 것이다. 이 결론은 로이스 안에서 쉽사리 해소될 수 없는 긴장을 드러낸다. 한편으로 그는 범세계적인 기독교적 고백 공동체를 요청하지 않는 듯이 보이지만, 다른 한편으로 그는 더 확고한 기독교적 표준들에 근거해 모든 다른 종교를 불완전하거나 연약한 것으로 판단하는 듯하다. 로이스를 기독교적 광신주의자(chauvinist)로 분류하기는 쉽지 않겠지만, 그의 형이상학은 대략적으로 기독교적 틀구조라 부를 수 있는 것에 예속된 채로 머물러 있다. 우리는 이하에서 이 긴장을 목도하게 될 것이다.

영은 교회의 통치를 위한 구체적인 안내자로 간주된다. 또한 영은 부활한 주님과 연관된 것으로 간주되었다. 여기서 해석의 영으로 이해되고 있는 영의 지속적인 현존이 없었다면, 공동체는 예수의 삶과 죽음에 대한 그 단순한 이야기로부터 출현할 수 없었을 것이다. 영은 예수의 삶과 죽음의 의미에 대한 모든 공동체적 해석과 개념적 작업을 위한 궁극적인 안내자로 작용한다. (1912년 이후의) 성숙한 로이스에게, 부활한 주님의 감동적인 현존으로서 성령론이 없었다면 공동체는 온전히 이해될 수 없었을 것이다.

따라서 로이스의 역사적 분석은 해석학에 관한 두 개의 일반적 진

술을 만들었다. 먼저, 초대 교회는 공동체의 본성과 하느님과 창시자의 삶과 활동의 의미에 대한 관점을 풍성히 만들어 나가기 위해 구전 전통을 해석적으로 무수히 조작하였다. 이 주장은 원시 교회의 역할에 대한 최근의 분석들과 부합한다. 전기적 예수의 중요성에 대한 로이스의 부정은 또한 가장 최근의 성서 연구와 기조를 같이한다. 두 번째로, 영은 그의 해석적 조작들 속에서 초대 공동체를 안내하였다. 이 성령이 없었다면 예수의 활동에 대한 진정한 의미는 출현하지 못했을 것이다. 이 두 주장은 기독교의 발생에서 해석이 감당했던 핵심적 역할을 함께 보여준다.

충실성의 문제로 되돌아가면, 개인은 대개 은총과 영의 현존을 상실한 채로 머물러 있다고 확신하는 로이스를 보게 된다. 공식적으로 대속론을 도입하기에 앞서 로이스는 죄의 본성에 대한 자신의 이해를 불충실성(disloyalty)을 통해 심화한다. 왜냐하면 대속은 공동체의 충실한 영과의 화해를 요구하는 행실들 너머에서는 아무런 의미를 갖지 못하기 때문이다.

대속의 실상은 전통적인 '형벌 배상'의 관점에서는 온전히 파악되지 않는다. 왜냐하면 후자의 관점은 단번에 죄와 죄책을 상쇄하기 위해 희생을 드린 분으로 그리스도를 보기 때문이다. 그러한 관점은 인격적 화해를 추구하는 죄인에게 전혀 낯선 관점이라고 로이스는 주장한다. 형벌적 관점은 자신의 개인적 만족을 추구하여, 신/인 사이의 교류를 교정하고자 자신의 아들을 역사의 제단 위에서 희생시킨 분노의 하나님의 이야기로 대속을 축소한다.

형벌적 관점은 로이스가 도덕 이론(moral theory)이라 부르는 것과 대비되는데, 도덕 이론은 그리스도의 삶과 활동에 대한 우리의 교감

적이고 사랑스러운 반응을 강조한다. 형벌적 관점과 달리 도덕적 관점은 분노한 하나님이 특정한 악행들에 대한 대가를 지불받는다는 식의 사업 거래 형태로 환원되지 않는다. 죄인들이 그리스도의 사랑에 기초한 죽음에 자신들의 마음을 열 때, 그들은 하나님과 화해하게 된다고 도덕적 관점은 주장한다. 이 대속 개념은 어떤 지불금도 받지 않으며 그 어떤 보상도 요구하지 않는다. 오히려 그것은 우리를 향한 예수의 사랑을 감정적으로 모방함으로써 가슴의 뜨거움을 가져온다. 이 뜨거움은 인간 세계와 신적 세계의 형이상학적 재구성이 아니라, 현재 태도들의 심리적 변혁이다.

로이스가 읽어내듯이 신약성서의 비유들은 대속에 대한 어떤 관점이 그중 올바른 것인지와 관련하여 아무런 암시도 우리에게 주지 않는다. 하지만 바울 서신들은 형벌적 관점과 도덕적 관점 둘 모두가 부적당하다는 것을 우리에게 보여주며, 죄와 죄의식의 삶의 중심에 도달할 수 있는 제삼의 대안을 제시한다. 바울적 대속관이라 부를 수 있을 이 제삼의 관점은 공동체의 특정한, 그리고 평범한 구성원의 삶에서 가장 분명하게 증거된다.

로이스는 자신의 대속 개념을 이해시키기 위해 가장 극단적인 불충실성의 예를 선택한다. 한 배신자의 예인데, 이 예에서 공동체는 배신자로 인해 큰 상처를 입었고 이전의 힘이나 능력을 회복할 수 없을 것으로 가정된다. 그 행위는 시간의 흐름을 통해서조차 지워질 수 없는 어떤 것으로 존재한다. 배신자는 그 행위를 존재치 않는 것으로 만들기 위해 혹은 공동체의 기억으로부터 지워버리기 위해 무슨 일이라도 할 것이다. 하지만 그가 어떤 노력을 기울이든지 간에 그 행위는 공동체라는 몸 위에 상처로 남는다. 그 행위는 무효화될 수 없다. 그

행위는 영원히 존립한다는 사실을 깨달으면서 그 배신자는 "돌이킬 수 없는 것의 지옥"(hell of the irrevocable)에 자신을 내 맡긴다(162).

돌이킬 수 없는 것의 의미를 심화하면서 로이스는 대속론을 위한 길을 예비한다. 그 행위는 배신자에 의해 제거될 수 없지만 그 공동체의 충실한 종이 등장하여, 그 처음 (배신) 행위의 손상을 극복할 대항적 행실(counterdeed)을 만들어낼 수 있을지도 모른다. 이 새로운 충실한 행위는 악한 행실과 배신자 모두를 되찾는(redeem) 방식으로 이루어지면서, 사실상 공동체를 향상시킬 것이다. 심지어 로이스는 이로 인해 그 공동체가 악한 행위가 발생하지 않았을 경우보다 더 유복해질 것이라고까지 주장한다. 이러한 의미에서 배신자는 대속될 것이다.

> 그리고 상상컨대, 여기서 성취된 선이라는 관점에서 그 새로운 행위는 너무도 독창적으로 고안되고 너무도 구체적으로 실천적이었다. 그래서 그 새로운 행위가 세계 속에서 수행된 이후 인간 세계를 내려다보면서, 당신은 이렇게 말할 것이다. 먼저 "이 행위는 배반이 있었기에 가능했다. 그리고 둘째로, 이 창조적 행위에 의해 변혁된 세계는 배반 행위가 전혀 일어나지 않았을 경우 그래서 모든 것이 그대로 남아 있었을 경우의 세상보다 낫다." 다시 말해 이 새로운 창조적 행위는 배신의 충격이 가해지기 이전의 세상보다 더 나은 새로운 세상을 만들었다(180).

좀더 전통적인 용어로 표현하자면, 그리스도가 아담의 죄를 대속하여 세상과 그 안에 존재하는 모든 것을 다시 만들고 새롭게 한다는

개념을 우리는 여기서 보게 된다. 따라서 세상은 나아졌다. 왜냐하면 원죄나 혹은 원래 상태가 발생했기 때문이다. 불충실한 배신자는 충성스런 종의 구원 행위로 인해 충실성의 공동체로 다시 들어오게 되었다. 물론 최고의 충실한 종은 예수인데, 그가 형이상학적으로 근본적인 방식으로 우리의 불충실성을 대속하였다. 해석의 차원에서 그 배신자는 실재(reality)에 대하여 완전히 오도된 실천적 해석을 갖고 있는 사람이라고 말할 수 있을 것이다. 배신자는 공동체의 윤리적이고 개념적인 행위들을 안내하는 해석의 영 바깥에 존재한다. 그러므로 우리의 도덕적 고립과 지적 고립은 충실한 공동체에 의해 대속 받을 수 있다. 그 공동체가 우리를 다시 그리스도의 몸으로 데려가기 위해 활동하기 때문이다.

로이스가 보기에, 하나님은 하늘나라라는 최고의 상징이 표현하듯이 우리를 공동체로 다시 데려가는 데 직접적인 관심을 갖고 있다.

> 왜냐하면 기독교적 관점에서 개인을 향한 하나님의 사랑은 하늘나라의 구성원이 될 운명을 지닌 사람을 향한 사랑이기 때문이다. 하늘나라는 본질적으로 공동체이다. 그리고 이 공동체라는 관념은, 창시자가 비유들 속에서 예언적으로 가르쳤듯이, 기독교회의 사명을 형성하는 개념으로 발전되었다. 그리고 많은 변화를 거치면서, 또한 모든 인간적인 실패에도 불구하고 이 개념은 기독교 세계의 최고 보물로 남아 있다(193).

우리의 도덕적·지적 죄들은 우리를 충실한 공동체로 다시 데려가시려는 하나님의 사랑 안에서 대속 받는다. 하나님의 사랑은 우리를

다시 세계에 대한 해석들로 안내하는데, 그 해석들은 진리에 가장 가깝다. 대속론은 바로 하나님의 사랑이 우리를 위해 어떻게 작용하는지를 보여준다. 거저 얻어진 대속에 참여함으로써 배신자는(함축적으로 우리는) 문제 상황에 대한 올바른 실천적 해석으로 다시 되돌아온다. 여기서 대속(the Atonement)은 도덕적 자아를 위한 실천적 해석으로 기여한다.

언제나 그렇듯 로이스의 사유 안에서 대속은 개별자를 공동체의 실재로 다시 데려오는 기능을 감당한다. 여기서 해석적 중요성은 자명하다. 그 개별자가 개인적 · 범주적 · 실천적 투사들을 넘어 서서, 이제 더욱 "신실한"(truthful) 공동체적 실재로 진입할 수 있는 위치에 있기 때문이다. 공동체의 구원하는 힘이라는 개념을 흥미롭게 사용한 최근의 예로 리처드 니버(H. Richard Niebuhr)의 『그리스도와 문화』(*Christ and Culture*)를 들 수 있는데, 거기서 로이스와 그의 충실성 개념에 대한 구체적인 참조들을 볼 수 있다. 니버에 따르면,

신앙은 충실성과 신뢰의 이중 구속인데, 공동체의 구성원들을 한데 묶는다. 그것은 한 주체로부터 단순히 유래하지 않는다; 그것은 타자들이 취한 충실성의 행위들을 요청한다; 그것은 타자들이 야기한 원인에 대한 충실성으로 주입되는데, 그 타자들은 그 원인과 나에게 충실한 사람들이기 때문이다. 신앙은 초월적 원인을 마주한 자아들의 공동체에만 존재한다.58)

---

58) H. Richard Niebuhr, *Christ and Culture* (New York: Harper & Row, 1951), 253.

니버는 문화와 기독교에 대한 자신의 기술을 결론짓기 위해 로이스의 관점을 사용한다. 니버는 고독 속에 존재하는 개별자를 과도하게 강조하는 실존주의자를 공격하기 위해 로이스의 기독교 공동체 분석에 의존한다. 충실한 공동체 외부에서 개별자가 인간됨의 구체적인 도덕적 부담을 극복할 수 있는 대속을 찾기란 불가능하다.

사적인 경건과 신비주의만으로는 종교적 삶을 포괄하기에 불충분하다는 로이스의 주장은 니버의 전조가 된다. 마이스터 엑카르트(Meister Eckhart)에 대한 그의 전반적인 칭송도 기독교의 사회적 차원을 용납하는 방향으로 수정함으로써 이루어진다. "이에 대하여 나는 확신한다: 신비적 경건은 기독교적 생명론 전체를 결코 고갈시키지도 또한 온전히 표현하지도 못한다. 왜냐하면 기독교적 생명론은 그 다양성에서 그리고 그것이 호소하는 인간적 이권들의 강도와 다양성에서 본질적으로 사회적 교리이다. 사적인 개인적 헌신은 결코 이 기독교적 생명론을 타당하게 해석할 수 없다"(216). 그러므로 소위 사적이고 당파적인 종교는 거절되고, 그리스도의 몸 안에 실현된 삶의 공적이고 공동체적인 표현이 선호된다. 공동체적이고 윤리적인 교리들은 그 역사적·본질적 형태들에서 해석적 교리들을 위한 토대를 제공하는 데 이바지한다.

이 종교 공동체, 즉 사랑의 공동체는 어떻든 1912년 이전의 저술들에 등장하는 절대자(the Absolute)와 유사하다. 사실 로이스는 공동체가 그 자체로 신적(divine)이라고까지 암시한다. 그리스도와 성령과 교회에 관한 전통 교리들이 함축하고 있듯, "사람이여 공동체가 하나님인 것을 증명하기를 소망한다. 그러나 기독교적 생명론이 나아갈 그러한 모든 가능한 결과와 해석은 그 자체로 발견되어야 한다"(220).

기독교의 본성에 관한 광범위한 분석의 존재론적 결론, 곧 사람들은 오로지 공동체적 용어들 안에서만 온전하게 정의되고, 특별히 그리스도의 몸으로 간주되었을 때 공동체는 신적일 수 있다는 것이다. 이 견해는 인격들의 신격화를 함축하는 듯이 보이는데, 칸트 이후의 관념론과 다르지 않은 주장이다. 하나님은 인격적 삶을 통치하는 공동체적 구조들 안에 담지되어 있고, 그 구조들을 통해서 현현하게 된다. 로이스에게 이것이 성육신(the incarnation)의 진정한 의미이다.

해석 공동체의 것이든 사랑 공동체의 것이든 간에, 공동체의 신성(divinity)은 인간 삶이 번성해 갈 의미 지평을 제공한다. 이 책 3장에서 우리는 공동체적 질서들과 자연의 다른 질서들 간의 차이들을 고려해 보았다. 그럼으로써 인간 이전 질서의 혼합물들과 달리, 인간 공동체들은 시간성과 자기-반성과 상호주관성의 형질들에 의해 구성된다는 사실을 알게 되었다. 자의식의 발전은 공동체적 교류의 이 세 차원이 개인의 삶 속에 현현할 것을 요구한다. 한 공동체가 영-해석자(the Spirit-Interpreter)의 현존을 수락할 때마다 그것은 성육신을 위한 자리가 된다. 공동체적 질서들의 신성에 대한 문제는 이제 모든 자연 질서의 더욱 거대한 문제로 확대되어야 한다. 어떤 의미에서 우리는 성육신 개념을 인간의 해석 공동체들 너머로 확대해 나갈 수 있을까? 보다 세밀하게 말해서, 만일 존재한다면 성육신은 어디에 있고 무엇이 그의 한계인가? 이 물음들에 대한 답은 인간 이전 질서들과 그것들이 인간과 맺는 관계에 대한 보다 주의 깊은 분석으로부터만 도래할 수 있다.

이 영역에서 발전을 일구어내려면 우리는 자연의 신성화 문제를 지대하게 조명해 주었던 또 다른 미국 전통으로 되돌아가야 한다. 특

별히 우리는 에머슨(Emerson)의 사유를 검토해야 하는데, 자연 그 자체가 인간 삶의 일차적인 텍스트가 되는 방향으로 텍스트와 자연 사이의 상관관계에 대한 통상의 이해를 그가 전복하였기 때문이다. 에머슨이 유대 기독교 성서를 탈중심화(decentralizing)한 것과 인간 외적(extrahuman) 자연 질서들의 영적 현존을 추후에 고양한 것은 인간 사유 안에서 일어난 가장 근본적인 재배치들 중 하나를 대표한다. 5장에서 우리는 이 전환이 어떻게 로이스의 해석적 구상과 지평 해석학의 좀더 보편적인 구상 모두를 정초할 수 있는 더욱 포괄적인 조망을 우리에게 제공하는지를 보게 될 것이다. 해석 공동체를 활성화하고 다스리는 것은 자연 자체의 전적인 예비성(the sheer Providingness)인데, 이는 우리의 해석적 삶에 궁극적 가능 조건이다.

1장에서 보았듯이, 로이스는 자연 자체가 하나의 해석 과정이고 그래서 기호 기능의 기초적 의미는 세계의 무수한 질서 속에 번성해야 한다고 주장했다. 이 공동체 이전적 (혹은 공동체 등장 이전의[pre-communal]) 질서들은 모든 해석적 교류를 위한 수권 조건(the enabling condition)으로서 존립한다. 물론 이는 자연이 근본적으로 정신적이라는 것을 논증하는 것이 아니라, 어떤 종류의 해석 과정이 의식 이전적(preconscious)인 콤플렉스들 사이에서 작용해야 한다는 것을 주장하는 것이다. 자연이 시간성과 자기-반성, 상호주관성의 형질들을 예증화할 수 없다 할지라도, 그것은 인간 이전적 수준과 인간적 수준 모두에서 해석 과정을 촉진하는 어떤 형질들을 갖고 있어야 한다. 쓰여진 텍스트라는 [인간적] 패러다임에만 인위적으로 한정된 해석학만이 그 자신의 타당한 의미 구조들을 가지고 있다고 여겨지는 한, 자연으로부터 도래하는 추동들(impulses)을 무시하고 말 것이다.

따라서 우리는 자연이 하나의 기호 과정이고 인과적 교류와 그 외의 교류들은 철저히 기호적임을 주장하는가? 1장에서 보았듯이 퍼어스에 대한 일부 해석들은 이 방향으로 나아가, 자연을 모든 현실 기호와 가능 기호의 총합으로 간주하였다. 이러한 개념적 전향은 함축되었거나 혹은 진술된 범심론(panpsychism)에 의해 불가피하게 촉진되는데, 그 범심론은 물질을 단순히 정신의 한 유형으로 간주한다. 라이프니츠(Leibniz)와 화이트헤드(Whitehead), 하츠혼(Hartshorne) 같은 다양한 사상가들은 인간 이전적 콤플렉스들로 이 정신 개념을 확대 적용하는 데 동정적이었다. 하지만 아마도 정신의 형질들을 그렇게 형이상학적으로 확장하여 인정하지 않고도 자연의 해석 차원을 파악할 수 있는 또 다른 길이 있을 것 같다.

필자는 인간 공동체를 뒷받침하는 이러한 세계 질서들 안에서 성육신과 성령의 상태를 보여주는 데 5장을 할애한다. 에머슨이 자연 과정들의 내적 논리를 발견한 것은 하나의 전환(a turning)을 대표하는데, 이 전환은 해석학 역사의 더욱 심층적인 궤적을 결정하는 전환이다. 우리의 성서를 위한 척도는 원시 교회와 바울의 글들 속에 나타난 그의 명시적 표현들에서만 도래하는 것이 아니라, 영으로 충만한 자연의 무한정 분기하는 질서들에서도 유래한다. 살아있는 인간 공동체와 자연의 공동체적 질서는 함께 우리의 모든 해석적 교류의 윤곽을 결정한다. 그러나 이 교류들의 진정한 심연의 차원은 모든 생명에 의미를 부여하는 자연 안에서만 발견될 수 있다.

5장

공동체의 자연성에서
자연의 공동체로

인간 해석 공동체들은 여느 콤플렉스가 그의 서수적 배치로부터 초연할 수 있는 정도를 넘어서 자연과 불연속할 수 없다. 해석 공동체의 내적 힘은 영의 작용으로서, 이는 각 해석을 촉진시키고 또한 다른 해석자들과 세계에 그 해석을 자명하게 만드는데, 이는 해석이 유래한 곳도 세계이고 해석이 지향해 나가는 곳도 세계이기 때문이다. 그 어떤 기호 관계도 이 자연적 위치들과 해당 공동체들 안에서 그의 구체적인 역사로부터 독립되어 나갈 수 없다. 공동체의 내용(그의 무수한 기호와 기호 체계)과 공동체의 형식(그의 해석적 매트릭스)은 모두 공동체에 의해 만들어지거나 형성된 것도 아닌 어떤 자연(a nature)의 광대한 영역에서 그들의 가능성과 의미를 수신한다. 인간 해석의 조작적 차원에 대한 현대의 강조는 선행하는 인간의 정의나 분석이 주는 이득을 취함이 없이 자연을 지속시키고 대면하는 동화(assimilation)의 훨씬 근본적인 차원을 무시한다. 미발달한 경험(rudimentary experience)의 충격들은 우리 해석 활동들의 범위를 영원히 넘어선 자

연의 전적인 융기를 증언한다.

해석 공동체는 자연 질서들 위로 인간 질서의 열어 가는 힘을 재현하는 하나의 범주적이고 기호적인 일신(clearing)으로 이해될 수 있다. 자연은 해석 공동체 안에서 드러나는데, 그 해석 공동체가 자연에 '자리'를 주어 명확하게 될 수 있도록 하고, 그리고 만일 유비를 확장하여 표현한다면 자의식적이 될 수 있도록 하기 때문이다. 인간 공동체들 밖에서, 자연은 간헐적이고 비반성적인 동물 의식을 통해 단지 흐릿하게 조명될 뿐이다. 물론 동물 의식의 풍성한 영역들은 자연과 세계 위에 미발달한 초보적 일신들로 기능한다. 설사 그 일신들이 유적 확장과 해석적 복잡성을 결여하더라도 말이다. 인간 이전적 복잡성들의 해석적 힘의 본성에 대한 타당한 기술을 지향할 때, 우리는 인간중심적(antoropocentric) 편견을 회피해야만 한다. 공동체에 대한 기술에서 자연에 대한 기술로 나아갈 때, 인간의 우선성(priority)은 자연의 좀더 유적인 형질들에 대한 감수성으로 균형이 맞추어져야만 한다. 그 자연이 자기-극복과 자아-투명성을 향한 두드러진 추동을 현시하기 때문이다.

로이스와 해석 공동체에 대한 우리의 분석은 성육신을 해석 공동체의 영 속에서 활동하고 있음을 볼 수 있다는 통찰로 결론지었다. 이하에서는 성육신이 자연의 인간 이전적 질서들 내에서 어떻게 기능하는지를 보여주고자 한다. 이러한 전환을 가능케 하기 위해 몇 가지 일반적인 개념들을 도입할 것이다. 미국 전통 속에서 랄프 왈도 에머슨(Ralph Waldo Emerson)의 저작들은 특별한 우선성을 담보하고 있다. 성서와 텍스트성(textuality)을 탈중심화함으로써, 그는 인간 과정을 안정화하고 풍요롭게 하기 위하여 영이 어떻게 자연과 인간의 천재성

(human genius) 속에서 작용하는지를 획기적인 방식으로 보여줄 수 있었다. 성서에서 궁극적 텍스트로서 자연의 신성으로의 이 전환을 한층 분명하게 드러내기 위해 우리는 그의 1836년 작품『자연』(*Nature*)을 검토할 것이다. 이 개념적·경험적 재배치는 차례로 영으로 충만한 (Spirit-filled) 자연 질서들 내에서 해석 공동체의 처지에 대한 우리의 결론적 언급들에 역사적 정당성을 제공해 줄 것이다.

통합된 영(Spirit) 개념과 무수한 영들(spirits) 개념 사이에는 특정한 긴장이 존재하는데, 후자의 각각은 번성을 구가하는 질서에 대한 근본적인 어떤 것을 표상한다. 신학적으로 그 어떤 일신교도 건전한 다신교의 유혹에서 자유롭지 않다. 이 유혹을 언제나 거절해야만 하는가 아니면 다른 방식으로 이해할 수 있는 것인가? 시간과 공간을 통한 성육신의 작용과 힘으로서 영은 자기-분열(self-splintering)을 용납하여, 그의 효능을 줄이기보다는 강화할 수 있는가? 혹은 이 자기-분열(self-diremption)은 단지 실재의 수준에서가 아니라 현상적 수준에서만 그런 것인가? 다르게 표현해서 성육신은 어디에 있고 그 통일성의 내적 원리는 무엇인가?

통일성의 원리는 목표의 단일성을 수반하기는 하지만 표현의 단일성을 수반하지는 않는다는 사실을 인식하게 될 때, 우리는 이 물음들에 대답하기 시작한다. 영은 여러 불연속적인 질서들 속에 융성하고, 흔히 맹목적 구성으로 스스로를 표현할 수 있다. 이 표현들은 그의 발생 질서들을 향상시키고 풍성하게 하는 데 기여한다. 동시에 그것들이 단편적 질서들로부터 말하는 합치(convergence)를 지향하여 있는 한, 통일성이라는 더욱 거대한 이상에 기여한다. 이 통일성은 무시간적 완전의 통일성이 아니라 각 자연 질서가 성육신의 현존을 표현하

는 차이 속의 조화(a harmony within difference)의 통일성이다. 영의 목표는 통일성을 지향하는데, 그 안에서 영에 대한 모든 유한한 표현은 성육신이라는 심층적 척도를 통해 판정받는다. 모든 유한한 영은 진정한 영의 아가페적으로 진화하는 삶 속에서 차이의 순간들(moments of difference)임을 해석 공동체가 인지할 때, 그 공동체는 이 영을 섬긴다.

만일 하이데거를 따라 우리가 차이 속의 동일성을 말한다면, 유한한 영의 영역들이 단순 형질 연속성의 정적인 원리에 먹잇감으로 전락함 없이, 영의 활동범위를 넓히는 데 이바지한다는 사실을 용납해야 한다. 각 영은 자율성을 부여받아야만 한다. 그러한 자율이 궁극적인 신율(theonomy)에 의해 심화되는 한에서 말이다. 자신의 척도 혹은 법이 그 자신 밖의 차원에서 도래하고, 그리고 이 외부에서 도래하는 더 높은 질서의 척도는 자율을 취소하는 것이 아니라 철저화한다는 사실을 자율적 영이 '인지할'(recognizes) 때, 그 자율적 영은 신율적이 된다. 그 신율적 순간에 영은 자연의 모든 콤플렉스 속에 놓여 있는 영(the Spirit)과 자신의 내적 연속성을 알게 된다.

유한한 영들 사이의 연결은 한 영이 또 다른 영의 현존과 힘을 느끼는 느낌에 대한 느낌으로서 가장 잘 표현된다. 화이트헤드는 영들을 가로질러 통일성을 유지하는 이 느낌 혹은 동조 상태를 표상하기 위해 **파악**(prehension)이라는 기술적 용어를 만들어내었다. 인간 해석 공동체들에게 파악은 기호 연쇄들 안의 의식적 수준에서 작동한다. 하나의 주어진 기호 혹은 기호 연쇄는 또 다른 기호에 약하거나 강한 적합성을 갖게 되는 한, 그것을 파악한다. 유한한 해석자들이 그들의 해석 활동 범위를 확장하고자 할 때마다, 이 과정은 의식적이고 신중

하다. 공동체 이전 수준에서 그리고 인간 이전 수준에서 파악은, 설혹 일어난다 해도 거의 의식적이 아니다. 그것은 화이트헤드가 주장하듯이 실로 또 다른 느낌을 위한 느낌(a feeling for another feeling)이다. 자연 전체에 걸쳐 파악적 동조(prehensive attunement)는 콤플렉스들 사이에서 통일하는 힘으로 기능한다. 물론 불연속성과 부적합성도 연속성과 연결성만큼이나 자연의 일부이다. 각 콤플렉스가 (즉 그의 "현실적 사태"[actual occasion]가) 모든 다른 콤플렉스를 파악한다고 주장하는 대목에서 화이트헤드는 착오를 저질렀다. 파악이 그 어떤 콤플렉스를 어떤 다른 콤플렉스(들)에 연결하긴 하지만, 그것은 모든 콤플렉스를 하나의 무시간적 단위로 연결하지는 않는다.

영(the Spirit) 자체에 궁극적으로 뿌리를 두고 있는 유한한 영들은, 그들이 신율적이 될 때 서로를 파악한다. 물론 우리는 상당히 부적합한 곳에서 인간중심적 언어를 사용하고 있는 중이다. 영들에 관한 모든 담론은 은유적이어야만 한다. 첫 번째 책『자연』을 쓰기 십 수 년 전에 에머슨은 신들(유한한 영들)과 인간의 상상력 사이의 상관성을 언급하였다.

나무 숲들 속을 거닐던 그는 모든 작은 숲에서 그리고 각 수원지에서 신들을 발견하는 것이 이교도의 상상력에 얼마나 자연스러운 일인지를 깨닫게 된다. 자연은 그에게 침묵하는 것이 아니라 음악으로 표출하고자 열망하고 분투하는 듯이 보인다. 나무와 꽃과 돌마다 그는 생명과 성품을 입힌다; 그리고 잎들 사이로 저토록 살아 숨 쉬는 표현을 불어넣는 바람이 아무것도 아닌 것을 의미한다는 것은 정말 불가능하다.59)

자연은 표현과 의미를 향하여 질주한다. 인간의 상상력은 각 콤플렉스를 그의 본질적 형질을 체현하는 듯이 보이는 신이나 영으로 옷 입힘으로써 이 과정을 향상시킨다. 이 과정은 임의적이고, 절망적으로 인간중심적인가? 에머슨은 상상력을 통한 투사가 인간적인 것을 반영하는 자연 내 형질들을 명확히 표현하기 위하여 인간적 특성들을 사용한다고 주장할 것이다. 이 형질들은 그 시인에 의해 파악되어, 인간 과정의 상징적 영역들과 그들 간의 연속성을 보여준다. 영들을 불러일으킴은 그것이 인간 실재를 예시하는 형태를 취하여 인간의 윤곽을 부여하는 한에서만 인간중심적이다. 아주 근본적인 의미로 이 과정은 임의적이지 않다. 사실 이 과정은 의미와 표현으로 충만한 자연 안에서 인간 형질들이 어떻게 잠자고 있는지를 보여줌으로써 그 인간중심주의적 딜레마를 뒤집는다.

에머슨의『자연』으로 되돌아가면, 자연의 우선성을 부여하기 위해 그가 시도했던 성스러운 텍스트들의 탈중심화를 어느 정도 상세하게 추적해 볼 수 있는데, 그렇게 부여된 자연의 우선성은 광역적 왜곡들을 동반함이 없이 텍스트들의 모든 근본 진리를 체현한다. 그의 의인화(anthropomorphism) 상태는 자연과 인간을 연결할 때 영의 역할을 이해함으로써 가장 분명하게 조명된다.

비록 그가 타락에 대한 어느 정도의 암묵적인 이해를 담지하고 있을지라도, 에머슨은 어거스틴의 전통적 원죄 개념을 확고하게 거절한다. 타락은 어떤 복종의 상태로부터 혹은 신적으로 명령된 계약으

---

59) Ralph Waldo Emerson, *Emerson in His Journals*, ed. Joel Porte (Cambridge: Harvard University Press, 1982), 15.

로부터의 타락이 아니라, 스스로-타당성을 지닌(self-validating) 계시를 담고 있는 우주와 그 자신의 본래적 관계로부터의 타락이다. 이 본래적 관계는 영의 힘이 인간 과정을 침투하여 통치하도록 허용한다. 에머슨에게 예수는 자신의 삶과 가르침을 통해 이 관계를 표현하는 데 이바지했는데, 그에게 예수는 대표자보다 조금 더 나은 인간에 불과했다. 에머슨은 기독교 창시자의 창조적이고 시적인 힘들의 낭만적 환기를 선호하였기에 십자가 사건(the Crucifixion)을 무시한다. 우리가 그 창시자의 영적인 힘을 모방할 수 있다면 우리는 스스로 신격화(divinized)될 수 있다.

개인들이 지평의 힘을 물리치고 유한하고 특수한 전망들을 융성케 할 때마다 타락의 형질들이 현현한다. 물론 지평 개념은 문자적이면서 동시에 은유적이다. 에머슨은 그 양 차원을 마음에 두고 있었다. "밀러는 이 들판을 소유하고, 로크는 저 들판을 소유하고, 매닝은 저 너머 삼림지대를 소유한다. 그러나 그들 중 누구도 저 경치를 소유하지는 못한다. 지평 안에는 한 자산(property)이 있는데, 그 누구도 소유할 수 없지만 그 모든 부분을 통합할 수 있는 눈을 가진 사람은 가질 수 있고, 그가 바로 시인(the poet)이다. 이는 사람들이 소유한 농장들 중 가장 가치 있는 부분이지만, 그들의 담보 증서들은 누구도 이것의 소유권을 등기할 수 없다."[60] 지평의 해방하는 힘을 우리는 자연의 영역들을 임의대로 통합하여 명령할 수 있는 힘으로 남용해버렸고, 그럼으로써 우리는 추락(타락)해 왔다. 그 지평은 단순히 우리 눈의 정

---

60) Ralph Waldo Emerson, *Nature, Addresses, and Lectures* (Boston: Houghton, Mifflin, 1883), 14. 본서에 추후로 인용되는 이 책의 전거들은 이 편집본의 쪽수를 의미한다.

적인 한계가 아니라, 우리의 유한한 조망들 너머로 유혹의 힘을 발휘하여 유한한 조망들이 스스로의 자기-고립(self-encapsulation)을 극복할 수 있도록 해준다는 사실을 유념하는 것이 중요하다. 여기서 경제적 이익 관계들이 모든 하부 조망을 정초하고 평가할 포괄적 조망을 향한 인간 영의 추동력을 둔화시킨다는 사실을 에머슨은 암시해 주고 있다. 인간의 역사와 창조성 밖에 놓인 한 근원으로부터 도래하는 어떤 영적 현존에 의해 우리가 변혁될 때만이 이 이익 관계들이 초월될 수 있다. 원들의 심상과 인간의 눈은 상황들의 다양성 속에서 회귀한다. 눈의 모양은 지평의 포괄적인 전개에 대한 소우주적 유사물(analogue)이다. 행위와 반응의 순환 속에서 도덕적인 근본 패턴들의 회귀는 그 원형 동기에 또 다른 차원을 더해 준다. 많이 칭송받는 한 문장에서, 에머슨은 어떤 신비적 경험을 표현하기 위해 이 심상을 사용한다.

> 내 인생에 자연이 치료할 수 없는 그 어떤 일도 일어날 수 없다는 것을 거기서 나는 느낀다—그 어떤 불명예도, 그 어떤 재난도 없다(나에게 내 눈들만을 남겨 놓은 채로). 맨 땅 위에 서면—내 머리는 상쾌한 공기로 목욕하고, 무한한 공간으로 들어 올려져—모든 하찮은 자기중심주의(egotism)는 사라진다. 나는 투명한 동공이 된다; 나는 아무것도 아니다; 나는 모든 것을 본다; 보편 존재(the Universal Being)의 흐름들이 나를 통하여 순환한다; 나는 하느님의 본질적인 부분이다(15-16).

에고(the ego)는 하나의 작은 원으로 비유될 수 있는데, 자기 자신

의 지평이 되어 우주를 지배하는 영적 에너지들에 대항하여, 자신 위에 자아(the self)를 둘러싸고자 시도한다. 그래서 점점 작아지기만 하는 자기만의 제국의 지형학자로서 에고의 힘은 도덕적 우주에 생기를 불어넣는 '흐름들'(currents)에 의해서만 깨어진다. 에머슨은 물리 법칙이 단지 도덕적 보상의 법칙들, 즉 자체로 행위와 반응의 원리를 따르는 법칙들의 물질적 표현에 불과하다고 시종 주장했다. 인용문의 마지막 절은 에머슨의 조망이 담지한 온전한 급진성을 보여준다. 동료 유니테리언 교도들을 넘어서서 그는 시인과 하느님 간의 동일성(identity)을 확신하는데, 시인은 문화적·도덕적 중요성에서 이제 사제들을 능가하고, 하느님은 자신의 창조적 기획으로 그 시인을 지원하고 계시기 때문이다. 천재/시인은 창조주 하느님의 오직 유일한 유사물이다. 시인이 언어 속에 영(the Spirit)을 머물게 하는 영적인 작업들을 통하여 하느님의 창조를 완결하기 전까지 자연은 미완이다.

시인과 하느님 간의 동일성을 전제로 할 때, 에머슨이 성서(혹은 성스러운 텍스트)와 자연 사이의 상관관계에 대한 기독교적 이해를 뒤집는 까닭을 이내 이해하게 된다. 영의 외적 형태로서 자연은 모든 도덕적·종교적 진리를 담고 있고, 그 진리들을 성서 기자들의 문화적이고 부족적인 제약들로부터 자유로운 보편적인 형태로 제시한다. 성서 증언의 진정한 힘은 은유를 통하여 자연의 영적인 진리들을 모방할 수 있는 능력이다. 에머슨이 번역을 통해 주의 깊게 연구했던 다른 전통들의 성스러운 텍스트들은 모든 종교와 도덕적 조망을 잉태한 자연과 동일한 관계 속에 존재한다. 실로 유대-기독교의 성서는 자연의 질서들 전반에 걸쳐 찾아 볼 수 있는 진리들의 희미한 반영에 불과하다.

자연은 궁극적인 텍스트(the ultimate text)이고, 그 자체로 그 안에 숨겨진 복잡성들에 걸맞을 해석자를 필요로 한다. 자연적이든 긍정적이든 간에 종교들은 그들의 힘과 가치를 영에 근거하는데, 이 영은 언제나 유동적이면서 또한 자연의 생기를 부여하는 핵심이다. 에머슨에 따르면, "그러므로 자연은 줄곧 종교의 동맹자이다; 그녀(자연)의 모든 화려함과 풍요로움을 종교적 감성에게 빌려 주라. 예언자와 사제, 다윗, 이사야, 예수는 이 근원 깊은 곳에서 유래한다. 이 윤리적 특성은 자연의 뼈와 골수에 퍼져 있어, 마치 그것이 만들어진 목적을 보는 듯하다"(46).

예언자들은 하느님의 힘을 찬탈하는 듯이 보이는 왕권들을 초월하여 도덕적 자연 속에 영의 힘을 정초한다. 깨어진 계약에 대한 그들의 저항들은 자연에서 유래하는 은유들과 직유들(similes)을 통해 외적 표현을 수용하는 강력한 도덕적 직관들로부터 기인한다. 아모스나 호세아의 말씀들을 상기하면 에머슨의 관찰이 올바른지 확인할 수 있다.

오직 정의를 물 같이,
　　공의를 마르지 않는 강 같이 흐르게 할지어다(아모스 5:24
　　[개역개정]).

이러므로 그들은 아침 구름 같으며
　　쉬 사라지는 이슬 같으며,
타작마당에서 광풍에 날리는 쭉정이 같으며
　　굴뚝에서 나가는 연기 같으리라(호세아 13:3[개역개정]).

부정의한 자는 본래의 계약을 위반할 뿐만 아니라, 이스라엘과 그 왕들이 하느님과 맺은 특별한 관계의 토대를 형성하는 바로 그 자연법들 또한 위반한다. 유대교와 기독교의 내적 논리는 성서의 도덕적·종교적 핵심을 형성하는 자연의 심상 속에서 찾아 볼 수 있다.

성서를 자연 속에 드러나는 영의 무수한 표현 중 하나로 정초하는 것은 심미적 범주들로의 전환을 수반한다. 아름다움(the Beautiful)은 선(the Good)의 근거이고 그래서 예술 작품들을 통하여 가장 잘 표현될 수 있다. 예술 작품들이 통합적인 공식적 표현을 통하여 도덕적·종교적 진리들을 지지하기 때문이다. 예술 작품의 형식은 지역 현장들을 정리하고 다스리는 데 기여하는 자연 내 형상들(forms)과 유사하다. 에머슨은 진술하기를,

> 고대 그리스인들은 세계를 **코스모스**(cosmos), 즉 아름다움으로 불렀다. 그러한 것이 모든 사물의 구성이고 혹은 그러한 것이 인간 눈의 조형적 힘이다. 하늘과 산과 나무와 동물 등과 같은 일차적 형상들은 우리에게 기쁨을 주는데, 윤곽과 색과 운동과 배치로부터 일어나는 쾌감이다. 이는 부분적으로 눈 자체에 기인하는 듯하다. 눈은 최고의 예술가이다. 빛의 법칙들과 눈의 구조들의 상호 작용에 의하여, 어떤 특성을 가진 것이든지 간에 모든 대상을 좋은 색과 모양의 구체로 통합하는 조망이 발생하는데, 특정한 대상들이 밋밋하고 둔감한 곳에서 그들이 구성하는 전망은 둥글고 대칭적이다(21).

시원적 예술가인 눈에 의해 부과되고 자연 속에서 발견되는 형상(form)은 그 자체로 목적이며, 따라서 단순한 수단으로 환원될 수 없

다. 형상은 그 자체로 영적 조화와 평화를 추구하는 영혼에 안식을 허락한다. 에머슨은 자연적 생산물과 인간적 생산물이 대칭적이고 둥근 구조들을 형상한다고 주장함으로써 전통적인 (지적) 설계 논증을 심화하고 철저화했는데, 그 구조들이 말없는 자연의 분화된 질서들과 인간의 간계 속에서 성령의 현존을 증명하기 때문이다. 영적 평화는 시각 대상들을 둥그런 지평들 내에 정초하는 활동들로부터 도래하는데, 그 활동들은 아름다움의 안식을 수여하고 보장한다. 비록 제한된 중요성과 통합성을 담지한 국소적 형질들과 광역적 형질들을 담고있는 듯 보인다 해도, 모든 대상은 본래적으로 아름다움을 결여하지않는다. 빛으로 충만한 지평과의 조화로 인도될 때, 아름답지 못한 것은 변혁되어 시선을 고정시킨다. 올바른 지평적 배치를 에머슨은 "잘 채색되고 음영진 구체"(a well-colored and shaded globe)라 부르는데, 이는 유한한 개체들(particulars)을 구원하여 광채와 초월을 향한그들의 경향성을 드러낸다. 구원(redemption)은 더 이상 종교적 범주가 아니라 심미적 영역에 속하는 것이다.

통일성의 원리는 인간 창조성의 원리와 결합하여, 자연이 그의 풍성함과 전체 윤곽을 실현하고자 한다면, 예술가의 통합하는 활동들이 필요함을 보여준다. 자연의 모판으로부터 고립된다는 것은 곧 영(the Spirit)으로부터 도래하는 구원의 힘을 빼앗기는 것인데, 영은 인간의 영적인 활동들 안에서만 자신의 실현을 성취하기 때문이다. 에머슨은 이 주제들을 다음의 인상적인 문장으로 압축한다.

그 어떤 것도 홀로 아름다울 수 없다. 전체로서 아름다운 것을 제외하면 말이다. 하나의 대상은 이 보편 은총을 제시하는 한에서만 그토록

아름다울 수 있는 것이다. 시인과 화가, 조각가, 음악가, 건축가 등 각각은 세상의 이 광휘를 한곳에 집중하고자 시도하며, 그들 각자는 자신의 작품을 통해 창작욕을 자극하였던 이 아름다움에 대한 사랑을 충족하고자 노력한다. 따라서 예술은 인간이라는 정화기를 통해 여과된 자연이다. 그렇기에 예술 속에서 자연은 그 처음 작품들의 아름다움으로 충만한 인간의 의지를 통하여 활동한다(29).

예술가의 영적 에너지를 통하여 세상의 광휘가 온전한 영원의 순간으로 도래하는데, 이는 예술가가 자연의 인간 이전 질서들에 생기를 불어넣는 영적 에너지들을 집중하고 통일하는 데 기여하기 때문이다. 자연이 불완전하기에 두 번째 창조가 필요하다는 것은 초월주의자 강령의 근본 교의이다. 모든 예술가 중 시인은 탁월성을 드러낸다. 언어의 힘이 심미적 변혁의 모든 다른 매체가 지닌 힘을 포괄하기 때문이다. 영은 의사소통을 가능케 하는 시적 판단들 속에 가장 잘 거주한다. 우리 자신의 언설 속에 담겨진 영의 힘을 찾기 위해, 그리스건 히브리건 간에, 고대인들의 저작들로 돌아갈 필요는 없다. 계시와 구원은 일군의 성서에 한정되거나 일정한 역사적 시기에 제한되지 않는다. 복음서들의 지혜와 예언자들의 힘 모두가 자연과의 친밀한 한번의 대면으로 포괄될 수 있다. 에머슨에게 성서중심주의(bibliocentrism)는 우상숭배의 한 형태가 되는데, 영을 일군의 표현으로 압축해버리기 때문이다. 영의 작용과 현존을 그렇게 한정하는 것은 종교에 기초를 놓고 활력을 제공하는 심미적 충동들을 죽이는 일이다.

유니테리언 목회에 대한 에머슨의 사명이 위기를 맞았던 것은 단순히 신학적 전향들의 산물이 아니었다. 물론 그의 형제가 자신에게

전해 준 독일 고등 비평의 용기는 유니테리언 전통의 역사적 주장들을 지탱했던 기적에 대한 믿음을 잠식하는 데 일조했다. 그러나 신학적, 역사-비평적 혁명들보다 더 중요한 것은 바로 자연의 점증하는 힘과 시를 통한 그의 은유적 향상이었다. 에머슨은 사실상 성서적 증언을 재기술하여, 자연적이고 영적인 에너지들에 대한 그의 시적인 각성(evocation)을 강화하였다. 그의 탈신화화(demythologization)는 역사 편찬(historiography)에 의해서가 아니라, 한정된 범위와 감수성의 신화들이나 이야기들에 의해 침묵되거나 무디어지지 않을 계시로 되돌아가려 충동(the drive)에 의해 동기를 부여받는다.

하지만 기독교의 성서중심적 태도에서 진정으로 보편주의적이고 심미적인 태도로의 이 전회는 에머슨에게 단순히 성서의 계시적 힘을 포기하도록 유도하지는 않는다. 이 초월주의자(transcendentalist)의 반란은 성서의 메시지와 그 근본적 방향성에 대한 부적당하고 지엽적인 이해로부터 성서 증언을 해방하고자 노력했다고 말하는 것이 좀더 정확할 것이다. 유대-기독교의 성서가 인간 과정과 신성(the Divine)이 맺고 있는 불가피하고 강박적인 관계성을 조명하는 데 이바지한다는 사실을 에머슨은 계속해서 단언하였다. 그러나 다른 텍스트들과 인간의 다른 심미적 생산물들이 언어나 성육신의 다른 매체들 안에 영(the Spirit)을 기거하게 하는 문제에서 동등한 효과를 가져오지는 않는다는 사실이 이 견해로부터 추론되지는 않는다. 에머슨의 구상을 모든 텍스트가 지향하는 자연의 무한한 영역 안에, 영감을 받았든 받지 않았든 간에 인간의 텍스트들을 재정초하고 재정의하려는 시도로서 간주할 때, 우리는 그를 가장 잘 이해할 수 있을 것이다. 영이 작용하고 현존할 시기와 장소를 미리 율법화하는 성서중심주의는 영

의 좀더 심원한 가난(poverty)을 은폐한다. 모든 다른 텍스트를 판단하고 또한 그것들의 부족함을 밝혀 주는 궁극적 텍스트로서 자연은 그 어떤 경계나 혹은 광역적인 한정성들을 갖고 있지 않다. 오직 자연만이 자신의 불명확한 범위와 복잡성 안에 변화무쌍하고 언제나 애매모호한 영을 담지할 자격을 갖춘 거처가 될 수 있다.

만일 자연이 텍스트들 중의 텍스트라면, 우리가 자연 본연의 의미들에 가장 잘 기여할 수 방식으로 자연에 다가갈 수 있는 방법을 결정하는 것이 매우 중요하다. 인간의 언어는 자연의 숨겨진 언어를 어떻게 그려내고 모방할 수 있는가? 인간의 언설은 자연 속에 영을 일깨우고 거주시킬 수 있는가 아니면, 그것은 자신의 범위를 초월하는 것에 대한 희미한 모방으로서만 영원히 남아 있어야 하는가? 언어란 단지 인간의 관습과 조작 영역의 일부에 불과한 것이 아니라, 그 본연의 의미들과 표현들을 갖고 있는 한, 자연과 우리와의 대면으로부터 출현한다고 에머슨은 주장한다. 언어는 자연의 등 위에 올라타, 그 자연에 언설을 부여한다.

『자연』 제4장에서, 에머슨은 언어와 자연이 맺고 있는 관계에 대한 자신의 관점을 발전시킨다. 그의 분석은 중세의 유비론(*analogia entia*)에 대한 믿음을 반영하면서, 영적 진리들은 자연 질서들의 내적 망(internal web)의 일부라는 것을 보여주고자 시도한다. 그는 다음과 같이 논증한다.

1. 말들(Words)은 자연적 사실들의 기호이다.
2. 특정한(particular) 자연적 사실들은 특정한 영적 사실들의 상징들이다.

3. 자연은 영의 상징이다(31).

에머슨의 기호학은 자연의 질서들을 직접적으로 향하여 나아가, 투명하고 개방적인 자연/언어 교류 속에 모든 기호를 정초한다. 도덕적이고 영적인 언어가 그 본래적 의미를 자연적 사건 상태들에 대한 자신의 직접적 지시참조관계로부터 이끌어낸다는 사실을 우리는 일상의 언어 용법에서 흔히 망각한다. 에머슨은 다음과 같은 예들을 제시한다. **영**(spirit)이란 단어는 바람(the wind)에 대한 우리의 경험에서 유래한다. **올바른**(right)이란 단어는 한 지역을 가로지를 때 이탈하지 않는 직선 이동에서 유래한다. 그리고 **위반**(transgression)이란 단어는 자연적이든 인위적이든 간에 어떤 선을 넘는 경험에서 유래한다. 모든 도덕적·종교적 용어는 인접 환경과 상당히 솔직한 대면으로 소급될 수 있다.

좀더 심층적인 의미를 지닌 것은 그의 두 번째 주장인데, 즉 자연적 사실들은 영적 사실들의 상징들이라는 것이다. 쓰여진 본문들(texts)에 대한 우리 시대의 선입견 때문에 자연 그 자체가 상당히 정확하고 소통 가능한 의미들을 체현할 수도 있다는 보다 전통적인 개념은 거의 주목받지 못하고 있다. 아마도 에머슨이 자연 안에 체현된다고 보았던 근본적인 영적인 진리들은 보상(compensation)의 진리로서, 위에 언급된 바 있다. 모든 행위는 그 자명한 인과관계에 덧붙여 그와 동등한 반대의 반응을 불러일으키는데, 이 반응이 보다 거대한 환경에 미치는 그것의 영향력을 측량하고 배치하는 데 기여한다. 물리적 차원에서 이 법칙은 상호작용에 대한 물리적 기술들의 초석이 되었다. 하지만 에머슨은 이 법칙을 우주를 지배하는 더욱 심원한 도덕적

보상 법칙의 표피적 유사물로 간주하였다. 그 어떤 비도덕적 행위도 정당한 보응 없이 오랫동안 무사할 수는 없다. 인간의 형법 이론들과 관행들은 단순히 자연적 형벌들을 반향할 뿐으로, 자연적 형벌들은 그 어떤 일련의 비도덕적 행위들이 발생할 때를 기다리며 준비하고 있다.

죽음과 부패와 마찬가지로, 창조성과 성장도 물리적 영역과 영적 영역에서 모두 발생한다. 얼마나 세련되고 문화적으로 채색되었든지 관계없이, 모든 영적 행위는 자연 질서들 속에서 그의 딱 들어맞는 유사물들을 가질 것이다. 인간의 문화적 생산성에 생기를 불어넣는 진정한 힘은 다양성과 새로움을 향유하려는 자연의 생산력(fecund power)에서 유래한다. 인간의 언어는 자연의 내적인 도덕적·심미적 언어와 평행으로 달리며, 영이 지배하는 세계 도처에서 작용하는 어떤 것을 그저 의식하기 시작한다. 대륙의 언어 신비주의 유들은 말할 것도 없이, 현대 언어 이론의 왜곡들은 자연의 가슴 속에 온전히 언어를 담지하고 있는 원 계시로부터의 타락 이야기의 한 장을 장식할 뿐이다.

(자연은 영의 상징이라는) 자신의 세 번째 명제에서 에머슨은 형이상학의 근본 교의를 언급한다. 그의 저작 전반에 영향을 미쳤던 플로티누스처럼, 에머슨은 자연의 영역들을 그 기원과 목표였던 현존의 덮개 혹은 겉옷으로 보았다. 기원으로서 영적 현존은 중심이나 주변부 없이 세계의 생기 넘치며 무제한으로 분기하는 질서들을 산란한다. 목표로서 영은 우리의 파탄난 상태의 진정한 귀향(homecoming)을 표상하는 조화로 나아오도록 자연의 질서들을 유혹한다. 방기(emanation)와 복귀(return)라는 플로티누스적 주제들은 에머슨의 에세이들 전반에 걸쳐 나타나는데, 자연은 인간의 긍정적 종교들에 생기를

불어넣는 가치들과 의미들의 전체 장관을 그 핵심 속에 은밀하게 담고 있다는 그의 확신을 그 주제들은 표현해 주고 있다. 순수하게 대면해야 할 이 내적 원리와 힘을 텍스트적 압축들(textual condensations)은 그저 굴절시킬 뿐이다. 천재/시인은 그 텍스트적 우상숭배로부터 자유롭게 되어, 그 어떤 경계나 한계를 알지 못하는 자연의 화산적 분출을 위한 유한의 자리가 된다.

만일 자연이 영의 상징이라면, 자연에 대한 체계적이고 수학적인 분석으로서 과학은 자연 법칙을 통하여 작용하는 영을 돕는다고 추론할 수 있다. 에머슨의 언어로, "물리학의 공리들은 윤리학의 법칙들을 번역한다"(38). 과학과 인간 가치의 합치에 대한 이 확신은 퍼어스와 로이스에 의해 되풀이되는데, 그들은 탐구가 보편적이고 인간적인 공동체에 생기를 불어넣는 충실하고 아가페적인 가치들을 일깨운다고 주장하였다. 에머슨이 보기에, 인간적이고 문화적인 가치 도식들은 대개 그것들 본연의 가치들을 증거하는 자연의 질서 정연한 영역 위에 칸트적인 정언 명령과 같은 명령들을 축조하는 잘못을 저지른다. 우리가 자연을 거슬러 우리의 규범적 삶을 정초해야 할 필요는 없다. 그러한 부과(imposition)는 타락의 역사에서 벌어지는 또 하나의 단계를 표상할 뿐이다.

근대 과학은 세계의 영적 토대에 대한 통찰을 강화해 주어야 할 것이다. 세계 그 자체는 해석의 영을 통하여 우리에게 열리는 텍스트이다. 에머슨의 표현을 따르자면, "점차 우리는 자연의 영원적 대상들이 담지한 시원적 의미를 알게 될 것이고, 그래서 세계는 우리에게 열린 책(an open book)이 될 것이며, 또한 그(자연)의 숨겨진 생명과 목적인의 중요한 모든 형태를 알게 될 것이다"(40). 존재의 흐름들이 세계

를 우리의 의지대로 다루어 나가는 관계 속으로 돌파해 들어올 때마다, 그 형태와 내용은 모두 우리에게 말을 건네는 숨겨진 생명을 가리킨다. 언급한바, 자연은 그 자신의 언어를 갖고 있는데, 이는 모든 인간의 언설 배후에 놓여 있는 '원형적 언어'(Ursprache) 혹은 심연 언어(depth speech)를 표상한다. 문화적 텍스트들이 그들의 힘과 의미와 정당성을 자연의 열린 책에서 이끌어내고 있음을 인식할 때에만 해석학은 그의 본래적 힘을 회복할 수 있다. 현대의 해석학은 대체로 자연이라는 책에서 너무 멀리 떨어져 나온 듯하며, 그럼으로써 상대주의(relativism)와 맥락주의(contextualism)를 부추겨 그 사조들이 가치와 영을 향한 탐구를 손상시키게 하였다.

통일성(unity)은 인간 공동체들과 유한한 해석자들을 벗어나 있었다. 소위 제국주의적 해석학(imperial hermeneutics)이라는 것이 조망들의 순수한 다양성을 찬양해 왔고, 역설적으로 인간 과정을 점철하는 분열들의 극복에 기여할 모든 통합적 운동을 문제삼아 왔다. 그러한 해석학은 제국주의적이다. 타당성(validation)을 개별자 안에 정초하고, 공유되는 의미들의 그 어떤 사회적 혹은 공동체적 표현도 원리적으로 배제하기 때문이다. 니체와 그 추종자들 일부를 독특한 방식으로 읽어내면서 대체로 영감을 제공받은 이 극단적 형태의 상대주의는 통일성을 향한 충동은 사실상 단일의미성(univocity)[61]과 지배를 향한 충동이라고 주장하였다. 그럼으로써 사유의 역사는 특권화(pri-

---

61) 역자 ― univocity는 한 단어가 언제나 동일한 의미를 갖는다는 것을 의미한다. 따라서 'univocal'한 단어는 모호하지 않고 정확하다. 진정으로 univocal한 단어들은 일반적이거나 보편적이다. 즉 그들이 어떤 개체나 집단에 적용되든 동일한 의미를 갖는다는 것을 의미한다.

vileging)와 지배 형태들의 역사로 다시 읽힌다. 통일성의 필요를 주장하는 것은 곧 자신의 조망과 영역을 거스르는 관점들을 통제하고 지배하려는 숨겨진 욕망을 드러내는 것이다.

차이보다 통일성을 선호하는 것이 문제는 아니다. 비록 그러한 적나라한 선택이 인간 과정의 구조 속에서는 의미 있어 보이겠지만 말이다. 또한 마치 문화적이고 개인적인 해방을 보증하는 듯이 순전한 다수성(plurality)을 찬양하는 것도 문제가 아니다. 오히려 세계 안에서 그리고 세계를 통하여 작용하는 영(the Spirit)의 통합하는 힘에 영들(spirits)이 동조하도록 유지하는 것이 핵심이다. 제국주의적 해석학은 완전한 신율(theonomy)과 타율(heteronomy) 간의 차이를 이해하는 데 실패하고 있는데, 신율은 신성이 자율성을 심화하고 확보하는 것이며, 타율은 외부적 척도나 법의 침략을 통해 자율을 파괴하기에 언제나 위협적인 것이다. 만일 모든 신률적 성향이 타율적인 것으로 잘못 간주된다면, 통일성은 실로 불길하고 파괴적인 어떤 것의 단순한 가면에 불과할 것이다. 해석학이 영(the Spirit)에, 즉 타율의 반대편에서만 출현할 수 있는 현존에 민감하게 될 때에라야 해석학은 자신의 제국주의적 성향들을 극복하게 될 것이다.

에머슨의 관점에서 통일성을 향한 충동은 자연 질서들의 전개에 고유한 것이다. 이 통합이라는 궁극적 목적성(telos)은 창조적 자율성을 향한 추동을 방해하는 것이 아니라, 도리어 그 열망들에 올바른 방향성과 범위를 부여하고자 한다. 그는 진술하기를,

한 예술의 규칙 혹은 한 조직의 법은 자연을 통하여 유지된다. 이 통일성(Unity)은 너무 친밀하여, 흔히 보이기로는 자연의 가장 낮은 모

습 아래 놓여, 보편적 영(Universal Spirit)에 그 근원을 두고 있음을 드러내고 있다. 그것은 마치 구체 위의 거대한 원과 같아서, 모든 가능한 원들을 포괄한다; 비슷한 방식으로 그려져 그 안에 포함될 모든 가능한 원들 말이다. 모든 그러한 진리는 한편에서 보자면 절대적 존재(Ens[Being])이다. 그러나 그것은 무수한 면을 갖고 있다(49-50).

통일성과 그의 진실된 표현은 구체의 표면을 가로질러 나가는 원과 유비적이다. 물론 그러한 시각적인 직유들(similes)은 그들이 표현하고자 시도하는 더욱 심원한 범주적 통찰들을 대부분 왜곡한다. 통일성은 단순히 개체적이고 상황-의존적인 진리들(truths)의 공간적인 포괄이 아니다. 그것은 공간적 통찰이나 분석의 범위 너머에 놓여 있는 기원(origin)에서 유래하는 일련의 운동과 더 가깝다. 이 운동들은 분화하여, 공간을 떠돌아다니는 구체와 비견될 수 없는 세계의 무수한 하부 질서로 확장된다. 설혹 그러한 구체가 있다 해도 그 구체는 그것이 정초될 자리를 갖고 있어야 할 것이다. 앞으로 보게 될 터이지만 이 공간적 심상들은 세계 혹은 전체로서의 자연 개념을 다룰 때 곁으로 제쳐 두어야 할 것이다.

세계 내 통일성의 원리와 작용으로서 보편적 영(Universal Spirit)은 내적으로 그리고 외적으로 작용한다. 에머슨은 신(성)을 창조의 바깥에 위치시키는 유신론과 신과 세계를 등가시키는 범신론 사이 중간에서 입장을 취하고 있다. 그의 견해는 범재신론(panentheism)으로 가장 잘 기술될 것이다. 이 제삼의 조망은 자연의 질서들 너머에 그리고 동시에 그 질서들 내에 신성(the Divine)을 위치시킨다. 에머슨은 확신하기를,

자연의 배후에, 자연 전반에 걸쳐 영이 현재한다; 일자(一者)로서 합성물이 아닌 그 영은 외부로부터, 즉 시공간 안에서 우리 위에 작용하는 것이 아니라, 영적으로 혹은 우리 자신들을 통하여 작용한다: 그러므로 영, 즉 그 지고의 존재(the Supreme Being)는 우리 주위에 자연을 축조하는 것이 아니라, 우리를 통하여 자연을 전개한다. 마치 나무의 생명이 오래된 가지들과 잎들의 기공들을 통하여 새로운 가지들과 잎들을 전개해 나가듯이 말이다. 마치 한 식물이 땅에 근거하듯이, 사람도 하느님의 가슴에 근거한다; 그는 마르지 않는 샘들에 의해 양육되고, 필요한 경우엔 무진장한 힘을 끌어온다. 누가 인간의 가능성들을 제한하겠는가?(67-68)

지고의 존재는 극단적으로 단순한 방식으로 공간화될 수 없다. 일부 공간적 유비를 사용하는 것이 필수적일 수밖에 없다면, 신성은 세계의 '아래' 어딘가에 놓여 있는 근원의 샘에서 발견되며, 동시에 자연의 살아있는 콤플렉스들 속의 진정한 수액으로서 살아간다고 진술하는 것이 가장 적당할 것이다. 범재신론(panentheism)—엄밀히 말해 하느님은 세계 내에 그리고 세계 너머에 동시에 존재한다는 교리—은 유신론이나 범신론(pantheism)이 점유하는 것보다 훨씬 더 풍성하고 개방적인 범주적 견해를 취한다. 후자의 두 주장, 즉 유신론과 범신론은 신성의 복잡한 '공간적' 융성 행태들의 단지 한 차원만을 확증한다. 자신의 분석을 통해 영을 강조했던 에머슨은 신성의 자리에 대한 우리의 이해를 닫아걸기를(close off) 거절하고, 영으로서 하느님은 자연의 질서들에 생기를 불어넣는 힘이며 또한 그 질서들 자체 안에 담지된 내적 충동이라고 말한다. 지고의 존재가 "우리를 통하여 [자연

을] 전개"해 나가는 한, 그것은 우리의 영혼 안에 상관적으로 정초된다. 우리는 우리의 유한한 실존을 촉진하는 영적 현존(the Spiritual Presence)을 발견하고 포용하기 위하여 과거나 혹은 신/인적 인물들을 쳐다볼 필요가 없다. 에머슨은 신비 경험들에 구속된 채 머물러 있었는데, 그 경험들은 교회를 떠나는 그의 발걸음에 정당성을 부여해 주었고 그를 자연 속에 정착하게 만들었다.

따라서 계시(revelation)는 여느 유한한 정세나 텍스트에 제한되는 것이 아니라, 소위 자연 은총(natural grace)이라 불리는 것의 일반적 조건하에서 출현한다. 그러한 은총은 선행적(prevenient)이다. 인간 의지의 선택들에 의해 실현되거나 혹은 특정한 도덕적 행위들에 의해 획득되는 것이 아니기 때문이다. 그것은 영으로 충만한 자연의 조직 바로 그의 일부여서 여느 인간의 창조적 활동이나 산물 속에 현현한다. 일정한 의미에서 선재적인 자연 은총은 의지를 촉진하고, 그 의지를 신성으로 지향한다. 말할 필요도 없이 그러한 자연 은총은 여느 기존의 긍정적 종교나 성례전적 체계에 제한되지 않는다. 기독교회의 성례전들은 세계의 성례전적 차원에 대한 단순한 유사물이다.

불로소득인 자연 은총의 영향 아래서, 우리는 특정의 영역이나 특정의 성스러운 역사에 영을 정초하는 우상숭배로부터 돌아서게 된다. 기독론적인 용어로, 즉 에머슨이 일반적으로 사용하지 않았던 용어로 표현하자면 우리는 성육신이 도처에 편재하며(ubiquitous), 인간 공동체와 자연의 인간 이전적 질서들을 기초하고 있음을 보게 된다. 에머슨이 기독론을 갖고 있다면 그것은 영 기독론(Spirit Christology)이라 불릴 수 있을 것인데, 그에 따르면 삼위일체의 제삼위(the third person)는 제이위(the second person)의 존엄성과 역할을 취한다. 물

론 에머슨의 유니테리언 배경은 이러한 종류의 추측을 배제하며, 그는 별도로 작용하였을 구별들을 융합하도록 강요받았다. 우리가 창조의 다양한 질서들을 통합하고, 그 질서들을 예술의 삶 안에 일어날 궁극적 합치로 유혹해 가는 영-로고스(the Spirit-Logos)에 대하여 말할 때, 우리는 에머슨의 의도에 한층 가까이 다가서게 된다. 성육신(incarnation)은 예술 작품들에 명료하게 표현되는데, 그 작품들은 실상 모든 형상을 근거하면서 동시에 개조하는 영적 현존에 반투명하게 머물러 있다. 자연 내 각 콤플렉스는, 심미적 창조의 빛으로 충만한 지평 내부로부터 조명된다면, 자연 아래에서 동시에 자연을 통하여 작용하는 영의 자리가 된다.

그렇다면 성육신은 자연의 모든 콤플렉스와 질서 속에 정초된다고 추론할 수 있는가? 성육신은 다른 것이 아닌 바로 그 특정한 콤플렉스들에 참여할 수도 있다고 말할 수 있는가? 성육신의 작용자로서 영은 모든 실재 속에 공히 동등하게 현존하지는 않는다는 사실이 에머슨에게는 자명했다. 영적 현존의 정도(degrees)에 대해 이야기할 때, 생기 없는 물질 안에는 최소한으로 그리고 인간적 기질 속에는 최대한으로 현존한다고 말할 수도 있을 것이다. 같은 이치로 한 주어진 콤플렉스가 영적으로 가난의 상태에서 영적으로 충만의 상태로 진화할 수도 있다고 말할 수 있을 것이다. 성육신은 사물들의 주변을 맴돌면서, 여느 콤플렉스의 내적 삶에 참여하기 이전에 적절한 조건들을 기다린다고 말하는 것이 좀더 정확할 것이다. 자연은 모든 사물을 새롭게 만들고 풍성하게 하는 영의 빛에서 궁극적 변혁(eventual transformation)을 기대하며 만개했다 시들고, 팽창했다 축소된다.

각 콤플렉스를 위한 척도는 물질과 영을 결합시키는 성육신으로부

터 도래한다. 이 결합시키는 척도는 세계의 중심에서 꿈틀거리는 신율(theonomy)을 지향하여 각 실재를 고무해 나간다. 세계의 광휘가 비유기적 현실체들과 유기적 현실체들 속에서 활동하는 영의 움직임을 통해 출현한다. 자연을 신성 속의 투명성을 지향해 나가는 영들의 공동체로 간주하는 것은 부적절한 일이 아닐 것이다. 전적인 불투명성이나 저항을 통하여 어떤 사물들이 영으로부터 멀리 떨어져 나간다는 사실은 타락(the Fall)이 창조 질서들의 일부이지, 인간 공동체들에게만 국한된 것이 아니라는 사실을 증거한다. 인간 이전적 구성과 인간적 구성은 자연 은총을 필요로 하며 또한 성육신의 정화하는 힘을 필요로 한다.

그렇다면 자연 질서들 내에서 해석 공동체들의 처지는 무엇인가? 자연 그 자체가 해석 공동체와 유사하다는 의미가 가능한가? 이 물음들에 대한 답은 결정적으로 중요하다. 그러한 답은 기호들과 기호 체계들을 이해하려는 인간적 기획의 자리를 제공하려는 시도이기 때문이다. 기호들을 담지한 세계로부터 추상된 어떤 해석학도 해석 지체들의 자연적 삶의 역사들을 설명할 수 없고, 합치와 궁극적 타당성을 향한 그들의 목적론적 유혹을 파악하지 못한 채 머무를 수밖에 없다. 자연은 기호 연쇄들을 뒷받침하고 타당성을 제공하며, 자연 그 자체는 강건하게 자기-해석적(self-interpretive)이라는 사실들을 인식할 때, 인간 해석 공동체들이 어떻게 공통의 통찰과 의미들로 합치되는지 설명하기가 좀더 쉬워진다.

자연이 스스로를 해석한다고 말하는 것은 마음(mind)이 세계의 질서들 도처에서 발견되는 형질이라고 주장하는 것이 아니다. 이 책 4장 말미에 언급했듯이, 라이프니츠(Leibniz)에서 하츠혼(Hartshorne)

이르기까지 관념론자들은 일종의 범심론(panpsychism)을 부여함으로써 자연 해석학의 문제를 해결하고자 시도하였는데, 범심론이란 각 현실체 자체는 하나의 마음이거나 혹은 시원적 종류의 정신적 작용들을 담지하고 있다고 보는 견해이다. 우리의 관점에서 볼 때 이는 인간적인 것을 지향하는 형이상학적 자유를 너무 확대 적용하는 것으로, 해석 이론을 전염시키는 인간중심적 편견들을 강화할 뿐이다. 자연 해석의 문제에 대한 해법은 다른 곳에서 찾아야만 할 것이다.

자연은 자기-해석적(self-interpreting)이지만, 의식적이든 아니든 콤플렉스들 사이에 융기하는 파악들(느낌들)의 연쇄를 통하여 훨씬 덜 극적인 방식으로 자기-해석적이다. 한 콤플렉스가 약하게나마 또 다른 콤플렉스에 적합성을 갖는 한에서, 형질 배치 혹은 범위상의 약간의 변화가 드러난다. 이러한 변화들을 느낄 만한 의식의 중심이 없을지라도, 이 변화들은 그럼에도 어떤 방식으로든 그리고 어느 정도로든 파악되기 마련이다. 연못에 돌멩이 하나를 던짐으로써 사건들의 연쇄(작용)가 시작되는데, 물결의 패턴들이 변경되어 단명하나마 새로운 리듬의 패턴을 부여받는다. 이 물결의 패턴들은 오로지 그 돌멩이의 침입에 의한 새로운 현존을 파악적으로 동조하기 때문에 가능한 것이다. 수면이 변경된다는 점에서, 우리 언어에 너무 많은 폭력을 행사하지 않고도 일종의 **초보적 해석 과정이 진행되고 있다**고 말할 수 있다. 동물적 의식의 좀더 고차원적인 수준에서 해석 과정은 더욱더 복잡하다. 나방의 착색은 그 나방 종이 독을 지닌 종과 시각적으로 유사하다는 사실을 잠재적 포식자들에게 경고하는 일을 감당한다. 혹은 곤충의 침입을 받고 있는 나무가 대기 중으로 입자들을 방출하여 다른 나무들에게 경고 신호를 보낼 수도 있다는 것을 고려해 보자. 그

신호를 수용하는 나무들은 만일 공격에 최선으로 대비하려면, 자신들의 내적 기제들을 변경해야 한다는 매우 자명하고 강박적인 '해석'을 할 것이다. 자연이 거짓말을 할 수도 있다는 사실은 인간 이전의 질서들 내에 해석 구조들과 활동들이 편만하다는 사실에 대한 명확한 증거를 제시한다.

인간 해석 공동체들은 심지어 자신들의 풍성한 구체사항들과 의식적으로 파악된 기호 가능성들을 가지고, 이미 자연 속에 잠재하고 있는 해석 가능성들을 단순히 심화해 간다. 영이 인간과 인간 이전 간의 경계를 넘나든다는 사실은 자의식적인 인간 해석자의 출현이 우주적 신비가 아니라 진화론적 과정의 외적 운동 중 일부를 대표하는 가능성들의 촉진임을 보여준다. 자연 자체는 철두철미하게 하나의 해석 과정이다—자연이 원 의식(protoconsciousness)의 마음들이나 모나드들(monads)로 추정되는 일련의 연쇄이기 때문이 아니라, 그 자연이 상호작용과 진화론적 분화의 무수한 질서로서 편만하기 때문이다. 가장 최소 수준의 복잡성을 지닌 아원자 입자들(subatomic particles)로부터 기호들과 상징들의 중간계(the Midworld)에 귀속된 인간 공동체들에 이르기까지, 세계의 질서는 해석적 성공률을 높이기 위하여 노력한다. 소위 생존 경쟁은 확장이나 파괴를 지향하여 작용하는 해석적 활동들에 의해 원기를 보충 받는다. 진화론적 (경쟁) 역량은 해석적 감수성에 의하여 측정될 수 있다. 한 유기체가 개방적 상황 속에 잠복한 의미들을 파악하게 될 때, 그는 긴장과 위험으로 가득 찬 조건에 적합한 조절을 만들어 갈 수 있는 능력을 향상시키게 된다.

궁극적 해석 공동체로서 자연이라는 개념을 근거하는 유비 혹은 은유는 합치의 중심점이 없이 교차하고 있는 타원들의 무한한 시리즈

은유이다. 각 타원은 셀 수 없을 만큼 많은 다른 타원의 경로를 가로지르며, 그 자신의 것이 아닌 궤적들에 민감해진다. 주어진 타원은 자신의 경로와 무수한 다른 타원의 경로에 대해 어느 정도의 감을 갖게 될 것이다. 하지만 그 (해당) 타원은 전체 타원 우주의 전반적 추세를 결코 파악하지 못할 것이며 또한 그 (전체) 윤곽에 접근하지도 못할 것이다. 그 타원적 교차들이 중심이나 주변을 갖고 있지 않다는 것을 염두에 둔다면, 자연이 어떤 윤곽을 가질지는 불분명하다. 에머슨의 원들은 너무나 자기-충족적(self-contained)인데, 즉 그들 자신의 기원 점(point of origin)으로 되돌아갈 준비가 매우 잘 되어 있다. 다른 한편으로 타원들은 지평 바로 너머의 한 지점에서 출현하여, 마찬가지로 숨겨진 지역으로 되돌아가는 듯이 보인다. 퍼어스의 기호 연쇄처럼 이 타원들은 시작도 끝도 없으며, 결코 원의 자기-폐쇄성(self-closure) 같은 유를 획득하지도 않는다.

인간 이전적 질서들이 기호들이나 기호 연쇄들을 사용하는지는 분명치 않지만, 자연이 해석적 교류들을 통해 성숙해 간다는 것은 분명하다. 해석 공동체는 그의 힘과 '소재'(matter)를 해석적 통솔력과 그에 뒤따르는 타당성의 형태들을 제공하는 세계의 보고로부터 획득한다. 만일 자연이 아직 하나의 해석 공동체가 아니라면, 그것은 대체로 해석적 성과에 의해 구성원 자격이 결정되는 영들의 공동체이다. 기호들을 표현하고 분화시키려는 우리의 의식적 투쟁들 속에서, 우리는 그러한 의식을 지닌 기호 연쇄들이 누리는 혜택을 의식함 없이 자연의 질서들이 수행하고 있는 일을 단지 보다 고차적인 차원에서 작업할 뿐이다. 우리의 모든 노력의 배후에는 로이스가 불러 일깨운 영-해석자(the Spirit-Interpreter)가 있는데, 그(녀)는 모든 생명의 목

표인 해석적 투명성으로 우리를 유혹한다. 의미를 향한 우리의 추구에서 얻어지는 각각의 이득은 세계를 지탱하는 성육신의 범위 증가를 의미한다.

결론

해석학과
희망

에머슨의 초월주의적 반란에서부터 퍼어스와 후기 로이스의 실용주의적 전회를 거쳐 지평 해석학에 이르는 미국 해석학의 진화를 추적하면서, 우리는 건전한 공동체적 삶의 윤리적 중심을 구성하는 몇몇 핵심 차원을 언급했다. 이 구성인자들 중 주요한 것이 바로 로이스의 '충실성에는 충실성으로'(loyalty to loyalty) 원리인데, 각 유한 해석자가 개방적이고 민주적인 기호 표현 과정에 예속되어 있다는 사실을 확증하는 원리이다. 충실한 해석자는 어느 구체적 지평 바깥에 놓여 있을 기호들을 분화하고(ramify) 동화하기 위하여 그(녀)의 특정한 기호적 집착들을 넘어선다. 획득된 기호들의 총합을 넘어가는 이 동향 속에서, 종교적 상징들이 인간적 지평도 아니고 또 다른 기호도 아닌 것에 개방적이 될 때마다 어떤 포괄성(the Encompassing)**의 의미가** 출현한다. 우리 지평들의 가장자리에서는 우리의 윤리적 삶**의 진정**한 별빛(*lux nova*)인 어떤 것이 깜박거리며 빛을 흘린다. 우리는 충실성에 생기를 불어넣고, 그 자체로 구원(redemption)을 필요로 하는

자연에 우리를 보다 가깝게 데려가는 존재의 길(the way of being)에 관한 일단의 성찰들과 더불어 결론을 지을 것이다.

해석 공동체에 대한 근원적인 위협은 구체적인 두려움들 속에서 결정화되어(crystallized) 고정된 불안의 기본 정조인데, 이것이 허무주의의 문가를 서성인다. 흔히 인용되는 허무주의의 위기는 고전적인 미국 사상가들의 경험은 아닌데, 지평 대치(horizontal displacement)의 문제로 가장 잘 이해된다. 의미 구조들은 자연 질서들 내 그들의 기원에서 뿌리가 뽑혀, 타당성(validation)이나 의미 있는 기호 윤곽들을 빼앗긴 채 남겨져 있다. 우리는 더 이상 퍼어스나 로이스의 손쉬운 확신을 배겨낼 수 없으며, 훨씬 추운 지역에서 불어오는 바람들을 대면해야 한다. 하이데거와 같은 사상가들이 현대 허무주의의 딜레마를 과학적 '틀맞추기'(enframing)와 기술적 조작의 시대에 존재의 역사와 그의 운명적 철수(withdrawal)라는 내적 논리로 소급해 들어가기는 하지만, 아마도 현재의 지평 대치를 진정한 종말론적 비전이 붕괴한 결과로 보는 것이 더 분별력 있어 보인다. 불안은 해방하는 희망의 힘이 지평 수축에 의해 빛을 잃고 어두워질 때면 언제나 출현하는 동조 상태(the state of attunement)로 정의될 수 있다.

타당성을 향한 몸짓 속에서 해석 공동체는 무제한적인 복잡성을 지닌 기호 체계들을 다스려 나간다. 이 책 3장에서 보았듯이, 기호들은 국소 형질들에 대한 단순 지시참조관계에서 포괄성 자체의 상징적 불러 일깨움에 이르기까지 여섯 단계에서 기능한다. 해석 과정에서, 자연 은총으로부터의 타락에 의해 악화된 우리의 관성과 부패는 흔히 해석자들의 진취적 기상을 약화한다. 지평 팽창의 두려움은 포괄을 향한 굶주림만큼이나 인간 본성의 일부이다. 해석 공동체가 단순히

관습적이거나 이데올로기적인 구조들 속에 그의 기호 연쇄를 정초하고자 시도할 때마다, 그 공동체는 자연의 의미 충만한 질서들에서 더욱더 멀리 떠밀려 간다. 에머슨과 퍼어스와 로이스의 낙관주의적이고 관념론적인 조망들은 해석적 삶의 표류(drift)와 완전한 뿌리상실(uprootedness)을 표현해내는 데 실패하였다. 세 사상가 모두 비극에 대한 어느 정도의 감(感)을 갖고 있기는 했지만, 그들의 전반적인 개념적 태도는 19세기를 통해 융성한 진보주의자 개념들에 얽매여 있었다. 그러나 동시에, 그들의 개념적 혁신들은 해석 이론의 역사에서 새로운 시대의 서장을 열었고, 이제 더욱 호소력을 지닌 이해의 출현에 초석을 제공하였다. 미국의 고전 사상가들은 이후 대륙 사상가들의 시대가 창조했던 것보다 더 강력하고 유적인 철학적 해석학을 창조했음을 필자는 이 책에서 줄곧 주장했다.

인간 과정은 유한과 한계의 의미들과 초월을 향한 충동 사이의 양극적 긴장 속에서 작용하고 있는 것으로 특징지을 수 있다. 유한성과 한계성의 의미는 우리에게 언제나 우리가 광대한 힘과 범위의 구조들 속에 파묻혀 있음을 보여주며, 초월성을 향한 충동은 우리가 우리 지평들의 외피들을 관통하는 것을 대면할 때면 언제나 현현한다. 지혜는 이 양극 사이의 적절한 균형에 존재한다. 유한성을 과도하게 강조하는 것은 한계성에 대한 우리의 감수성으로 우리의 창조적이고 미래-지향적인 충동들을 둔하게 하는 일이다. 초월을 과도하게 강조하는 것은 진화론적 과정에서 출현하는 수권 조건들(the enabling conditions)을 무시하는 것이다. 보다 더 중요하게는, 그것은 타율적 공동체들 안에서 살아가는 이들의 삶을 지배하는 파괴적 힘들에 우리가 무감각하도록 만든다. 이 두 통찰의 균형을 잡는 것은 곧 부정의를 부

추기는 유한한 역사적 조건들을 개조하기 위하여 초월의 힘을 경험하는 세계에서 살아가는 것이다.

불안과 그로 인한 초월의 상실을 극복하는 근본적 정서는 희망이다. 최고의 종말론적 정서로서 희망의 열어가는 힘(opening power) 안에서, 공동체는 정의와 끊임없는 자기-극복을 향한 길로 자신을 올곧게 지켜 줄 해방적 힘을 이끌어올 수 있다. 무신론과 유신론 사이, 동양과 서양 사이의 경계에 살았던 에른스트 블르흐(Ernst Bloch)는 자연과 역사에 대한 자신의 이해에 이 (희망의) 정서를 핵심으로 삼았다. "희망, 즉 불안과 두려움에 반하여 기대하는 이 정서는 그러므로 모든 정신적 감정 중 가장 인간적인 것이고 오직 사람만이 다가갈 수 있는 것으로서, 그것은 또한 가장 멀면서도 가장 빛나는 지평을 가리킨다. 그것은 마음속에 존재하는 식욕(appetite)에 부합하는 것인데, 주체는 그 식욕을 갖고 있을 뿐만 아니라, 그 스스로 성취되지 못한 주체로서 여전히 본질적으로 그 식욕으로 구성된다."62) 희망은 우리의 역사적 의식 앞에서 지평적 명확성이 열려 있도록 해주며, 또한 우리로 하여금 어느 특정 지평의 우상숭배를 극복할 수 있도록 해준다. 불안은 희망이 탈각된 것이며, 타율적 공동체를 지배하는 기호적 폐쇄성(the semiotic closure)을 강화한다. 얼마나 강건하든지 혹은 얼마나 자의식적이든지 간에, 해석 과정은 희망의 원리에 의해 활력을

---

62) Ernst Bloch, *The Principle of Hope*, trans. Neville Plaice, Stephen Plaice, and Paul Knight (Cambridge: MIT Press, 1986), 75. 본래 1938년과 1947년 사이 미국에서 저술된 이 기념비적인 3권 전집의 저서에서 블로흐는 인간 역사의 종말론적 원리를 발가벗기고, 그 원리는 신화학과 종교에 활력을 불어넣는 핵심을 대표한다고 주장한다. 이 작품은 기독교-막시스트 대화에 근본적인 연구로 간주되고 있다.

받지 못하는 한 악마적 형질들로부터 스스로 자유로울 수 없다. '충실성에는 충실성으로' 원리는 종말(eschaton)의 유혹 아래에서만 가능한 것이다.

미국의 고전적 사상가들은 해석 과정이 특정한 세계 정위의 인도하에서만 가장 잘 융성할 수 있다는 것을 인식하고 있었다. 우리는 로이스가 어떻게 기호 표현의 열쇠로 충실성의 원리에 의존하였는지를 어느 정도 상세하게 살펴보았다. 퍼어스에게 자기-제어(self-control)와 해석적 명상 속으로의 빈번한 비행(飛行, 즉 우리를 불가피하게 신적 본성들에 대한 성찰로 데려가는 과정)은 기호 체계들의 분별력 있고 광범위한 분석을 위한 동력으로 이바지한다. 에머슨은 시적 탈자성(詩的 脫自性 poetic ecstasy)을 주장했는데, 이는 사물들 내외의 주변을 맴도는 영의 삶으로 나아가는 힘을 말한다. 이 세 사상가의 경우 해방하는 미래의 우선성(primacy)에 대한 감수성이 자명하게 드러난다. 하지만 종말론적 조망의 완전한 급진성은 아직 이 미국의 고전 사상가들에게는 자명하지 않았다.

희망에 대한 감수성은 우리가 지평들과 포괄성(the Encompassing) 사이의 구별을 완전히 파악할 때에야 출현할 수 있다. 이 책 3장에서 논증했듯이, 포괄성은 하나의 조망이나 인간적으로 점유된 질서가 아니라서 하나의 의미 지평으로 기여할 수 없다. 정의상 지평들은 기호 연쇄들에 의해 유지되고 구체화되는 유한한 의미의 영역들이다. 각 개별 해석자는 여러 지평들을 점유하며, 한 지평의 기호 소재를 또 다른 지평의 기호 소재로 번역하기를 배운다. 지평 융합과 지평 교차는 인간 과정에 고루 퍼져 있어서, 적어도 공동체적 교류의 기본들을 보장한다. 구체적인 지평들과 포괄성 사이에는 중간계(the Mid-

world)가 서 있는데, 그것은 모든 지평의 단순한 '합' 이상이다. 중간계는 지평들이 융기하고 붕괴하는 영역으로 융성한다. 그것은 지평들의 전적인 복수성(plurality)과 스스로의 범위를 한정하는 포괄성의 모호한 척도 모두를 지향한다. 그 중간계는 지평 융합을 가능케 한다.

주어진 지평이 전적으로 완전히 투명해질 때는 없다. 비록 그의 진화하는 윤곽이 흔적들(traces)을 남길 수 있지만 말이다. 이 흔적들은 자의식적 해석 과정의 초기 자료이다. 그 어떤 지평도 그것을 점유하고 있는 사람에게 완전히 열리지 않는다 해도, 그 지평은 여전히 주어진 기호들과 의미들에 의해 구성되는 실재이다. 다른 한편으로, 포괄성은 그 어떤 기호적 풍성함(semiotic wealth)을 누리지 않는다—개인이나 공동체가 어떤 식으로든 이용할 수 있을 그 어떤 기호들의 지체도 갖고 있지 않다. 그것은 모든 지평의 '총합' 배후에 서 있으며, 각 지평을 위해 언제나 후퇴하는 예비성(Providingness[Buchler])으로서 기여한다. 포괄성의 가장 중요한 기능은 지평들이 자기-폐쇄적으로 되지 않도록 하는 것, 그래서 지평들이 단순히 유한한 지평들이라는 사실과 그 지평들이 다른 지평들과 또한 결코 하나의 단순한 지평이 될 수 없는 어떤 것과 더불어 함께 하는 세계 안에 편만하고 있다는 사실을 망각하지 않도록 하는 것이다. 포괄성은 각 지평이 각자의 밀집도를 넘어 결코 포괄되거나 굴절될 수 없는 빛을 향하여 나아오도록 유인한다.

희망은 포괄성이 우리에게 주는 선물이다. 우리가 우리의 지평들에 집착하여, 모든 지평을 초월하는 어떤 것을 망각하며 살아가는 한, 우리는 우리를 세계 변혁에로 열어주는 해방적 희망을 탈각당하는 셈이다. 희망의 근본인 기대의 감정은 사건들의 어떤 미래적 상태들에

관한 구체적인 믿음을 확증하지 않는다. 오히려 그것은 각 지평을 그의 유한한 한계들 너머로 설득하는 유혹에 지평적 기대들이 동조되도록 한다. 바울 서신들과 원시 교회에 대한 로이스의 분석에서 종말론적 원리의 완전한 철저성이 무시되었다. 그의 강조점은 대속된 자들의 살아있는 공동체로서 그리스도의 몸의 형질들을 전시하는 쪽으로 이동해 갔다. 이러한 초점이 부적절한 것은 아닐지라도, 그것은 좀더 심층적인 기대 원리들 속으로 집중될 필요가 있다. 퍼어스는 희망의 원리를 무한히 장구한 시간에 걸쳐 일어나는 진보적 믿음으로 붕괴시켰는데, 그 무한히 장구한 시간을 통해 과학적 탐구자들의 공동체는 기호 체계들과 관련된 진리에 도달할 것이다. 에른스트 블르흐의 재정의를 통해 이해하자면, 희망의 원리는 19세기 말에 꽃피웠던 진보주의자의 신화들을 강화해 주지 않는다. 일종의 보증된 사회적 진보에서 희망의 힘으로 나아가는 것은 경험적 심연을 가로지르는 도약을 요구한다. 신앙의 도약처럼, 희망의 도약은 이데올로기와 지평적 폐쇄성으로부터 벗어난다. 희망은 해석자들이 이용할 수 있는 가장 고차원적인 출입 구조(access structure)로 존립한다.

필자는 이 책을 통하여 어떻게 해석 공동체가 미국적 해석 이론의 핵심 발견들 중 하나로서 등장하는지를 보여주는 데 관심을 기울여 왔다. 필자는 그러한 공동체가 기호 번역이 일어나는 지평이라는 사실을 논증하고자 했다. 공동체의 풍요로움은 그의 무수한 기호 속에서 찾을 수 있는데, 그 기호들이 무제한적 범위의 삼원 관계들(triads)로 형성된다. 어떠한 연쇄의 시작이나 끝도 기호 해석자에 의해 발견될 수 없다. 각 말미에는 결코 한 기호 연쇄의 일부가 될 수 없는 어떤 것의 영원한 신비가 놓여 있다. 이 신비는 저 아래 자연의 핵심에 도달

한다. 모든 기호와 의미의 예비성(the Providingness)으로서 자연의 회복은 지평 해석학의 근본 과제들 중 하나이다. 성육신은, 바로 인간 영의 영역들 내에서 융성하듯이 자연의 말없는 질서들에도 잠복해 있다. 자연의 구원(redemption)은 해석 공동체 내에서의 전회(turning), 즉 지평들이 겸손해지고 변혁될 수 있도록 할 포괄성의 파괴적 힘을 감수하는 모험을 동반한 전회를 요구한다. 우리의 지평들이 포괄성에 의해 측량될 때, 그 지평들은 그 다음으로 인간적 조망들을 포괄하고 그 조망들에 방향성과 타당성을 부여하는 자연 내 해석 과정들에 동조된다.

유한한 지체로서 해석 공동체는 스스로의 힘을 발휘하여 합치선을 확보하는 기호 연쇄들 속에 포함된 채 남아 있다. 관성과 역사의 우선성은 기호들이 혼돈과 이해 불능의 심연으로 탈선하지 않도록 해준다. 반대편 극단에서, 초월을 향한 충동은 공동체가 지평 확장과 포괄성의 유혹에 개방적이 되도록 한다. 희망의 선물은 공동체의 삶을 촉진하고, 공동체에 유한성의 구속조건들을 배겨낼 용기를 준다. 신율(神律 theonomy)이 언제나 현존하는 가능성으로 머무른다는 희망에 근거하지 않는 한, 그 어떤 공동체도 그 자신의 타율적 성향을 맞대면할 능력을 갖지 못할 것이라는 사실은 거의 인식되지 않는다. 희망이 없다면 어떠한 공동체도 자신의 해석적 분열들(interpretive diremp-tions)에서 벗어날 힘을 갖지 못할 것이다. 종말론적 원리의 바깥에서 해석 과정은 선행하는 지배 형태들의 맹목적 강화에 불과할 따름이다. 타율(heteronomy)과 해석의 삶은 오랫동안 함께 존립할 수는 없다.

3장에서 비타율적 공동체의 특성들 중 일부를 설명하였다. 몇 가지 말을 덧붙여야 할 것 같다. 해석 과정은 결코 특정한 정치 사회적

구조들 바깥에 존재하지 않는다. 고독한 해석자에 대한 대륙 (해석학)의 강조는 특정 공동체들의 중심 속에 살아있는 파괴적 힘들에 대한 좀더 깊이 있는 이해가 전개되지 못하도록 둔화시킨다. 실존주의적 해석학은 신율적 핵심의 혜택을 누림이 없는 철저한 자율성을 발전시켰다. 개별 자아의 척도가 사회 구조들의 척도로 기여할 수 없는 채로 남겨진다. 독아적인(solipsistic) 실존적 해석자는 개인적이고 아주 임의적인 언어적·텍스트적 인공물들에 얽매인 채로 존재한다. 그래서 대륙 전통은 공동체를 파괴하는 사회적 왜곡들을 조명할 수 없었다.

해석 공동체의 올바른 정치적 자리는 신율적 민주주의(theono-mous democracy)인데, 그 안에서 각 개별 해석자는 신성(the Divine)의 힘에 의해 유지되고, 그 신성은 진정한 자율성에 타당성을 부여하면서 해석자를 그의 온전한 깊이로 열어간다. 이 책에서 변증되는 조망은 타율의 힘들이 그 자체로 보일 때에만—즉 해석 과정의 악마적 왜곡들이 드러날 때에만—설득력을 얻을 수 있다. 에른스트 블르흐처럼, 문화들과 이데올로기들 사이의 경계에서 살아갔던 사상가 폴 틸리히(Paul Tillich)는 희망을 살아있게 하는 정치적 비전을 정의하면서, 눈에 보이는 대로 타율성을 공격하였다.『사회주의자의 결단』(*The Socialist Decision*)에서 틸리히는 종말론을 신율적 공동체의 중심으로 삼는다.

인간의 기대는 항상 초월적이고 동시에 내재적이다. 좀더 정확히 말해서 이 (초월과 내재의) 대립은 기대를 위해 존재하는 것이 아니다. 예언자적·종말론적 기대에 대한 어떤 연구도 이 점을 분명히 보여주

고 있다. 사물들의 도래하는 질서는 현재와 역사적 연속성 안에서 보여진다; 그것은 내재적이다. 그렇지만 도래하는 질서를 기술하기 위해 사용된 개념들은 현재의 완전한 변혁, 즉 자연 법칙들의 일시 정지를 전제한다. 내재는 사실 초월이다.[63]

자연 법칙들은 일시 정지되는 것이 아니라, 그들의 보다 깊은 의미를 보여주도록 허락받는다. 정의의 개념은 자연 개념 안에서 발견되어야 하며, 정의로운 사회 질서의 전개는 해석 공동체의 근본 책무들 중 하나라는 사실들이 이 책을 통하여 제시되었다. 희망과 정의의 상관성에 대한 틸리히의 감수성은 해석학과 신율의 불가분리성에 대한 암시로 이바지한다.

지평들이 그 포괄성에 스며들 수 있게 되면서 그리고 해석자들이 타자 안에서 신율적 흔적들에 개방되어 가면서, 해석학의 삶은 진정한 공동체의 필요성들에 기여하기 시작한다. 쓰여진 텍스트들에 대한 전념은 해석 이론의 유적 충동에 상처를 주었을 뿐만 아니라, 공동체적 변혁을 향한 운동을 저해해 왔다. 인간의 텍스트들을 과도하게 강조하면서, 대륙 해석학은 해석 대상들에 대한 우리의 이해를 제한해 왔다. 범텍스트주의(pantextualism)는 빈곤한 형이상학일 뿐만 아니라, 정치적 책임으로부터의 도피를 대표한다. 존재하는 모든 것을 하나의 텍스트라고 주장하는 것은 인간의 문화적 인공물들과 그러한

---

63) Paul Tillich, *The Socialist Decision*, trans. Franklin Sherman (New York: Harper & Row, 1977), 110. 독일어 원서, *Die sozialistische Entscheidung*은 1933년에 출판되었다. 나치 정부는 출판 직후 알려진 모든 출판 본을 불태웠다. 지금까지 이 책은 신율적 민주주의의 구조를 이해하는 데 가장 중요한 이론적 공헌으로 간주된다.

산물들을 유지하거나 삭제하는 정치적이고 자연적인 질서들 사이의 연관성을 끊는다. 모든 텍스트는 타율적 왜곡들의 지배력을 물리치는 해석 공동체 속에 먼저 정초되어야만 한다. 더 나아가 이 동일한 텍스트들은 자연 그 자체의 더욱 심층적인 영적 박동들(impulses)에 귀속되어야 한다. 모든 텍스트의 전체 합보다 포괄적인 것은 곧 영원한 해석 공동체인데, 그 공동체는 모든 텍스트에 궁극적 의미를 제공한다.

지평 해석학의 발전은 내외에서 타율에 맞서 해석 공동체를 확보할 개념적이고 경험적인 재편성에 관심을 둔다. 해석의 삶은 긴장과 발생 가능한 내적 붕괴로 가득 차 있다. 그러나 그것이 포괄성의 자유로운 선물인 해방하는 희망을 탈각해서는 안 될 것이다. 이 선물을 받아들이면서 우리는 해석적 갱신의 초점들이 되고, 그럼으로써 성육신이 사랑 공동체를 파괴하는 힘들에 의해 가려지지 않을 것이라는 사실을 확증한다.

논 평

미국적 해석학의 주제로서 "자연과 성서"
― R. 코링턴의『해석자들의 공동체』를 중심으로*

이정배(전 감리교신학대학교 교수)

들어가는 글

위 제목은 미국 드류 대학교 신학부 교수인 R. 코링턴 교수의 주저 중의 하나인『해석자들의 공동체』(*The Community of Interpreters*)[1]의 부제를 나름대로 변형한 것이다. 이 책은 미국 성서 해석학 시리즈의 일환으로 1987년 첫 출판되었고 1995년 수정본으로 재출판된 것으로, 미국 내에서 큰 반향을 불러일으켰다. 필자가 이 책의 내용을 토

---

* 이 논문은「미국적 해석학의 한 주제로서 "자연과 성서"」,『신학과 세계』, no. 64 (2009), 306-345에 수록된 글이다.
1) Robert S. Corrington, *The Community of Interpreters: on the Hermeneutics of Nature and the Bible in the American Philosophical Tradition* (Mercer Univ. Press, 1987, 1995).

대로 본 논문을 쓸 수 있었던 것은 감신 출신의 박일준 선생이 코링턴 교수의 지도하에 박사학위를 받고 이 책 번역 원고를 보내 준 것이 계기가 되었다. 자신의 미국 스승의 책을 유럽에서 공부한 필자의 시각에서 비판적 독해를 부탁했던 것이다. 이런 청탁을 받은 것이 지난해(2008년) 11월이었는데 해를 지난 정초가 되어서야 주마간산 격 독해를 끝냈다. 시간강사로 여러 곳을 다니며 주말 교회에서 맡은 업무도 적지 않을 터인데 쉽지 않은 책을 가독 가능한 글로 옮겨 놓았는지 그의 학문적 통찰과 근면함과 열정을 가늠할 수 있었다.

그동안 깊게는 알지 못했으나 대략 코링턴 교수는 미국을 대표하는 과정신학과는 다른 차원에서 자연을 바라보고 종교와 과학 간의 대화에 관심을 갖는 독특한 입장의 소유자임을 소문으로 들어 왔다. 또한 책 제목에서도 드러나듯 독일 해석학 전통과도 의도적 변별력을 유지해 왔으며 미국적 사유를 근거로 성서를 해석하려는 토착적 의식의 소유자라고도 생각된다.

박일준 박사가 유럽적 신학 풍토에 익숙한 필자에게 비판적 평가를 요청한 것은 다음 두 가지 이유 때문일 것이다. 첫째는 소위 미국적 성서 해석학에 대한 유럽적 평가가 궁금했을 터이고, 둘째는 코링턴 교수의 해석학이 한국 신학계에서 소통 가능한 신학적 제안이기를 바라서였을 것이다. 이 책을 일견한 필자의 소감은 우선 배움과 공감은 충분히 있었으나 설득될 수는 없었다는 말로 요약하고 싶다. 물론 해석의 장소(Topos)로서 개인이 아닌 공동체를 강조했고, 해석 지평들 간의 갈등 초극을 위해 영(靈)의 현존을 전제했으며, 진화를 방법론적으로 수용하는 저자의 기본 논리는 흥미롭고 참신했으며 깊은 맛이 있었다.[2] 실용과 해체의 이름하에 자행되는 탈(脫)현대적인 '형이상

학 무용론'에 대한 저자의 반론에 동의하고 싶은 부분이 적지 않았다. 성서 해석학에 있어 형이상학의 필요성을 적극 주장한 것이다. 하지만 본 책의 또 다른 논점인바, 기독교 계시 사건을 하나의 지평으로 제한해 이해한 것은 오늘날 통용되는 다원주의 시각과 맥락을 같이 하는 부분이라 생각한다.

필자가 동의하기 어려웠던 점은 본 논리를 위해 기독교의 무게중심을 역사적 예수가 아닌 바울 공동체에 두고 형이상학적 요청을 전제로 갈등의 지양 및 극복(해방)을 모색했다는 사실이다. 이에 대한 본 책의 논증이 설득력 있게 전개되긴 하지만 형이상학적 원리로서 현실 갈등을 잠재울 수 있다는 생각에는 선뜻 마음 주기 어려웠다. 책 말미에 인간 공동체를 자연 공동체로 확장해 그 속에서 성육신의 신비를 통찰한 것은 본 책의 위대한 공헌인바, 본 책에서는 다루지 못했으나 향후 종교와 과학의 대화를 위해 중요한 논거라고 믿는다. 본 논문에서 필자는 박일준 박사의 번역 원고와 원서를 대조해 읽어가며 책의 전개 순서에 따라 이해한 바를 약술하고 비판적 견해를 적시하면서 상술한 총평의 이유를 밝힐 것이다. 국내에 그 소개가 일천한 상황에서 위 책 내용을 비교적 상세히 전달할 생각이다.

---

2) 위의 책, 1995년 재판에 붙인 저자의 서문(xv-xix)에 이런 문제의식이 잘 드러나 있다.

1. 미국적 성서 해석학의 뿌리와 근간, 기호학

필자가 이 책을 읽으며 흥미를 갖게 된 것은 저자 코링턴 교수에 의해 반복 사용된 '미국적'이란 말 때문이었다. 한국 토착화 신학에 몸 담고 있는 필자로서 저자가 강조한 '미국적'이란 한정사가 매력적으로 다가왔던 것이다. 미국 신학자로서 유럽에 종속된 신학으로부터 자유롭고 싶었을 듯하다. 하지만 필자에게 본 책이 어렵게 다가왔던 것은 저자 코링턴 교수가 미국 해석학의 뿌리와 근간이라 여긴 퍼어스(C. S. Peirce, 1839-1914)와 로이스(Josiah Royce, 1855-1916)의 '기호학'에 관한 부분이다.[3] 여기서 필자는 퍼어스와 로이스가 누구인지 그리고 그의 기호학 전체를 다룰 여지도 능력도 없다. 기호학에 대한 이해도 일천한 것이 필자의 현실이다. 지금껏 필자는 틸리히의 상징 혹은 야스퍼스의 암호 개념의 종교적 중요성에 견주어 '기호'에 주목한 적이 없었기에 기호학은 전혀 생소했고 종교와 무관하다는 선입견을 갖고 있었다. 하지만 이들 두 철학자는 기호로 표시되지 않고는 어떤 실재(Reality)도 인식될 수 없음을 강조했다.[4] 기호가 실재, 곧 형이상학을 인식하는 토대라는 것이다. 성서 역시도 神/人, 神/自然 간의 관계를 지시하는 기호들의 집적물로 이해될 수 있다고 여겼다. 이것은 플라톤 이래 서구 철학의 유산인 토대(기초)주의에 대한 미국식의 부정이라고 생각한다.[5] 소여된 실체적 자아는 물론 직관에 의

---

3) 이하 내용 위의 책, 1-3을 보라. 퍼어스는 하버드 대학 졸업 후 제도권 밖에서 활동했으며 로이스는 존스홉킨스 대학과 독일 등지에서 수학한 후 대학 내 미국 철학을 발전시키는 일에 주력했다.
4) 위의 책, 2.

한 어떤 비(非)해석적 개념도 이들에게 유의미하지 않다. 그리스도란 말 역시도 특정 시기에 경험적으로 선택되어 확장된 개념일 뿐이라 했다. 한마디로 존재하는 일체를 한곳으로 환원시키는 궁극적 원리는 세계 내 존재할 수 없다는 것이다. 여기서 저자 코링턴 교수는 퍼어스 기호학의 세 범주를 실재를 인식하는 해석학적 원리로 제시한다. 실재의 즉자적 이해로서 도상(Icon)과 실존적 관계를 요구하는 지표(Index), 이미지로서 역할하는 상징(Symbol) 등이 그것이다.6) 이런 세 차원의 기호는 그것 없이는 실재와의 조우가 불가능한 인식론적 범주들로서 실체적 자의식과는 무관하다. 외화된 기호로서의 언어는 내적 자아가 아니라 공공 언어로서의 기호란 말이다. 이런 기호들은 공동체 내의 의사소통을 위해서 특별히 요청된다.7) 살아있는 공동체는 언제든 기호 매트릭스 내에서만 존재할 수 있는 것이다. 이 점에서 공통의 기호를 갖고 있는 종교 공동체 안에서 해석이 발생함은 두말할 여지가 없고, 신학적 해석학의 자리도 개체 인간이 아니라 바로 여기에 있는 것이다. 본 책이 해석자들의 공동체(*The Community of Inter-preters*)란 제목을 얻은 것은 이런 이유이다. 하지만 해석은 그 자체로 무엇이든지 특정 지평(기호)에 갇혀 있기에 보편적인 것을 지향하기 위해 궁극적으로 형이상학적 틀을 필요로 한다. 여기서 형이상학은 일종의 내적 연관성을 일컫는다. 이런 형이상학이 없다면 해석, 곧 기호로 소통하는 공동체의 해석은 유럽의 경우처럼 언제든 나르시시즘의 위기에 노출될 수 있기 때문이다. 자아 이해의 과정, 곧 앎의 끝없

---

5) 위의 책, 3-4.
6) 위의 책, 5-6.
7) 위의 책, 6, 9.

음이 이런 우려를 자아내는 근거이다. 신학적으로 이것은 문자적이며 정경적인 성서 해석학과의 절연을 뜻할 수 있다. 하여 코링턴 교수는 퍼어스가 기호학을 형이상학의 논리로 본 것에 주목하며 그의 우주론을 의미 있게 소개한다.[8] 우연성(tychism) 혹은 변이를 본질로 하는 우주는 나눌 수 없는 연속체(synechism)로 존재하나 조화를 향한 사랑의 원리(agapism), 곧 진화론의 지배를 받는다는 것이다.[9] 여기서 우연성은 선험성 내지 규범(정경)성에 반(反)한 개념이며 연속성은 앎의 끝없음과 상응한다. 하지만 진화론적 사랑의 원리는 특정 지평을 지닌 해석 공동체의 내적 목표이자 외적 유혹으로 기능한다. '아가피즘'의 빛에서 지평 제한적 공동체를 비판하고 극복할 수 있는 종말론적 희망으로서의 '절대자'(Absolute) 개념이 재해석된 것이다. 이 점에서 로이스는 초대 기독교 공동체 안에서 발생한 보편적 사랑 개념을 강조했고 지난한 귀추 과정 속에서 오류가능성에도 불구하고 해석 조건(지평) 자체를 달리하는 실재(형이상학)가 출현할 수 있음을 확증했다. 1913년에 출간된 『기독교의 문제』(*The Problem of Christianity*)[10]가 바로 이를 논한 작품이다. 여기서 코링턴 교수는 형이상학과 연계된 미래지향적인 실용주의를 보았고 이를 미국적 해석학의 특징으로 제시하고 있는 것이다. 『기독교의 문제』의 핵심 내용을 약술하면 다음과 같다.

---

8) 위의 책, 6-7.
9) 위의 책, 7.
10) J. Royce, *The Problem of Christianity*, ed. John E. Smith (Chicago: Univ. of Chicago Press, 1968).

저자는 이 책에서 보편(사랑) 공동체의 형이상학적 근거가 되는 것을 '로고스-영'이란 기호로 보았다.11) 공동체의 형이상학적 토대를 제시하는 것이 신학의 할 일이라 여긴 것이다. 여기서 절대자는 보편적 공동체의 역사적 출현과 치환 가능한 개념이 된다.12) 심지어 보편 공동체를 절대자의 성육신이라 부를 정도이다.13) "실재(Reality)란 우리의 '문제 상황'에 대한 이상적인 미래적(참다운) 해석이다."14) 기독교의 역사적 전개 및 발전을 공통기호를 사용하는 공동체가 자신의 지평을 초극하는 과정으로 이해한 로이스는 하느님 영만이 그 방향성과 통일성을 제시한다고 믿었다. 앞서 언급한 아가피즘이 바로 그것이다. 기억이 있기에 소통 가능한 기호가 있고 기대가 있기에 종말론적 희망이 생겨나는 것인바, 이 중간에 위치한 공동체는 시간과정의 산물로서 진화의 절정을 향해 나갈 수 있다고 믿은 것이다.15) 그렇기에 절대자는 공동체 안에 육화될 수 있었다. 해석 공동체 안에 작용하는 영의 활동에 대한 믿음이 진화론적 낙관론을 수용토록 한 것이다. 물론 이 과정에서 수많은 기억들이 교정되고 비판되는 과정이 없을 수 없다. 하지만 자기 초극적 '해석의 영'은 미래 목표로서 보편 공동체로의 열망(충성심)을 인간 자아에게 불러일으킨다. 여기서 하느님 영을 '해석의 영'이라 칭한 것이 대단히 흥미롭다.16) 이들에게 해석이란 '즉각적' 앎(도상)이 아니며 무엇에 '대한' 앎(표지)과도 구별되고 동

---

11) 위의 책, 232-33. R. 코링턴, 앞의 책, 17.
12) 위의 책, 381.
13) R. 코링턴, 위의 책, 23.
14) J. Royce, 앞의 책, 337. R. 코링턴, 위의 책, 24.
15) J. Royce, 위의 책, 248. R. 코링턴, 위의 책, 16.
16) R. 코링턴, 위의 책, 19.

일성과 차이를 통해 자신의 입지를 명백히 드러내는 앎, 곧 궁극적 이해로 정의된다. 로이스는 이런 해석을 존재론적인 행위로 보았고 해석 공동체 배후에서 공동체를 이끄는 절대자(영)와 닮았다고 하였다. 로이스가 초대 기독교 공동체 안에서 본 것은 사랑의 공동체로 나아가려는 해석의 몸부림이었다. 부활, 속죄, 대속 등 중요 기독교 교리들이 생겨난 것이 구체적 증거이다. 이웃 사조들에서 수많은 지평을 배웠으나 영의 이끄심에 충성을 다함으로 보편 공동체를 향한 열망을 견고히 지켜낸 것이다. 여기서 중요한 것은 종교적 실재(Reality)는 존재하지만 그것은 참다운 공동체를 통해서만 알려질 수 있을 것인바, 이 일을 위해서 끊임없는 해석의 행위가 가시적 공동체 안에서 거듭 일어나야 한다는 사실이다. 공동체는 언제든 해석이 타당성을 얻어가는 과정으로서 하느님 영의 활동 지평이란 것이다. 하느님이 해석 공동체 안에 존재한다는 것이 로이스와 코링턴 교수의 기본 생각인 듯싶다. 이런 확신이 힘을 얻으려면 거듭되는 말이지만 해석자들, 해석 행위 나아가 보편 공동체에 대한 헌신과 충성이 요구된다.17) 여기서 로이스는 초대 교회를 창시한 바울을 언급한다. 자아의 근원에 대한 바울의 적극적 헌신—'이제는 내가 사는 것이 아니라 내안의 그리스도가 산다'—이야말로 '기대'로 나아가게 하는 동력이란 것이다. "충성이 없다면 공동체는 불가능하며 반면에 공동체가 없다면 해석들을 소유할 수 없다."18) 이 점에서 로이스를 비롯한 저자 코링턴은 실재를 인식할 수 있는 가장 적합한 길을 제시한 종교로 기독교를 거론했

---

17) R. 코링턴, 위의 책, XViii.
18) J. Royce, 앞의 책, 356. R. 코링턴, 위의 책, 26.

다. 기독교 메시지의 핵심을 실재가 온갖 우여곡절을 겪는 와중에서도 보편 공동체 안에서 자신을 드러낼 것이란 미래적 확신이라 본 것이다. "삶의 의미, 즉 시간 과정에서 자신을 현시하는 참 존재는, 시간 속에서 연출되는 뭇 욕망, 비극, 실패에도 불구하고, 종국에는 승리의 형태로 전개된 보편 공동체 안에서 자신을 드러낸다는 것이 기독교의 핵심 메시지이다."[19] 물론 세상에는 보편 공동체를 소망토록 하는 여러 기호, 해석이 존재할 수 있다. 이웃 종교 및 과학 공동체의 경우가 이에 해당할 것이다. 하지만 로이스는 그리스도 영의 활동을 존재 필연적으로 전제한다. 공동체를 생명력 있게 만드는 가장 힘 있는 역할이 그곳에 있다고 믿기 때문이다. 그럼에도 이것이 교리로서가 아니라 보편적 사랑 공동체를 위한 실천적 부름이기에 거부감 없이 수용할 여지가 충분히 있다. "당신의 기독론이 보편적 사랑 공동체의 영을 실천적으로 인지토록 하라."[20] 하지만 교리로서의 기독론 대신 사회적 역할로서 그리스도를 재구축하려는 로이스의 입장이 초대 교회 창시자 바울을 온전히 이해할 수 있는 근거가 될지는 비판의 여지를 남긴다. 바울의 뭇 신학적 언명들이 단지 해석 공동체의 표현으로만 여겨질 수 있기 때문이다. 그럼에도 불구하고 '해석의 영'으로서 그리스도가 지평의 합치를 통해 보편적 공동체를 위한 사회적 실천의 작인(Agent)으로 설정된 것은 오늘의 시각에서도 흥미롭다.

---

19) J. Royce, 위의 책, 387. R 코링턴, 위의 책, 26-27
20) J. Royce, 위의 책, 403-404. R. 코링턴, 위의 책, 27.

2. 유럽 해석학에 대한 공동체주의적 비판
— 지평 해석학의 관점에서

코링턴 교수는 기호에 근거한 해석 공동체의 이런 성서 해석학을 지평 해석학[21]이라 부르며 다원주의와 민주주의 상황에 적합하되 그를 완성할 최상의 인식론이라 여겼다. 이런 코링턴은 지평 해석학이 공동체 내 기호 기능을 중시하는 것으로서 유럽적 해석 풍토와 견줄 때 그 의미가 분명히 각인된다고 생각했다. 여기서 코링턴은 퍼어스와 로이스의 기호학의 빛에서 하이데거와 그를 발전시킨 유럽 해석학의 거장 G. 가다머 비판에 초점을 두었다. 물론 가다머가 빚진 M. 하이데거의 언어 신비주의 역시 공격의 대상이었다. 한마디로 이들 유럽 해석학은 공동체가 아닌 개인(자아)에 근거한 것으로서 공적(公的) · 정치적 영역을 확보하기 어렵다는 것이 코링턴의 견해였다.[22] 개인주의 성향을 띤 하이데거의 언어 신비주의와 가다머의 지평 융합 개념에 대해 발흥하는 민주적 시각에서 정면 승부수를 던진 것이다. 물론 후술될 지평 해석학은 가다머식의 지평 융합 개념과 공유점이 적지 않다. 세계 내의 제 조망(Perspective)은 정당한 편견(선입견)으로서 부정될 이유가 전혀 없기 때문이다.[23] 특별히 자신의 책『해석자들의 공동체』를 헌사했던 J. 버츨러(Buchler)[24]의 견해를 빌려 코

---

21) 지평 해석학이란 개념은 본 장 후반부에서 중점적으로 다룰 사안이다. R. 코링턴, 위의 책, 47 이하 내용 참조.
22) R. 코링턴, 위의 책, 31-32.
23) H. G. Gadamer, *Truth and Method* (NewYork: Seabury Press, 1975), 217.
24) 버츨러는 퍼어스와 로이스의 영향하에 있던 학자로 가다머가 말한 조망(Perspective)이란 개념을 적극 활용하여 공동체 개념과 연관시켰는데 공동체를 조망들의 소

링턴 교수는 공동체를 조망(지평)들이 공유되고 소통되는 자리로 이해한 것이다. 가다머의 정당한 '편견'이 버틀러에게 지배적 '선행 지각'(Proception)이라 명명되었다.25) 하지만 이들 해석학적 사조 간의 차이가 강조되어야만 했다.26) 주지하듯 가다머 해석학은 세계 내 존재로서 인간은 세계를 창조할 수 없고 세계에 의해 형성된 존재일 수밖에 없다. 따라서 인간은 누구나 그것에 의해 세계를 이해하는 정당한 편견으로서 일정한 지평을 갖게 된다. 이 경우 해석이란 지평과 지평들 간의 만남을 일컫는다. 지평 융합으로 인해 시공간적 영역이 저마다 확장될 수 있다. 과거와 미래, 동양과 서양의 상호적 현존이 가능할 수 있는 것도 이 때문이다. 자신의 고유성을 간직한 채 상대방의 언어로 번역될 수 있기 때문이다. 그러나 이런 만남의 가능 근거는 언제든 하이데거에게 배운 언어의 존재 신비성에 있다. 근원적으로 소여된 언어의 존재론적 특성으로 인해 지평 간의 만남 곧 해석이 발생하는 것이다. 그러나 바로 이 지점에서 미국 해석학은 가다머와 달라진다. 언어를 의미의 본질적 표현(신비주의)으로 보는 가다머와 달리 기호학은 언어 해석에 더욱 관심을 두기 때문이다. 의미의 본질 역시 기호로 나타낼 수 있다는 것이 미국적 견해였다. 기호로, 그것이 도상이든 지표든 상징이든 간에, 존재할 수 없는 것은 알려질 수 없다는 것이다. 여기서 관건은 두 지평 간의 연속성을 강조하는 가다머에 비

통과 공유의 자리로 이해했다. 코링턴은 본 책에서 버틀러의 다음 책을 많이 인용하고 있다. J. Buchler, *Toward a General Theory of Human Judgement*, 2rd. ed. (NewYork: Dover Publication, 1979).

25) R. 코링턴, 앞의 책, 32-33.

26) 위의 책, 33-34.

해 자기 해석 공동체의 고유성에 무게 중심을 둔 버츨러의 비연속성에 대한 이해이다.27) 다시 말해 코링턴 교수는 해석 공동체의 지배지평, 그것의 조망 압박에서 자유롭지 못한 소위 해석학적 결정성에 비중을 실은 것이다. 달리 표현하면 가다머가 전통의 영향(기억)史에 갇혀 있어 이념 경직성을 벗기 어려운 반면 기호학은 지배지평하에서 해석의 변형을 지속적으로 요구받는다는 사실이다.28) 인간 공동체는 기억만이 아니라 기대 지향적이기도 하기 때문이다. 이는 앞서 언급한 '해석의 영'의 역할로 인한 것이다. 그렇기에 비언어적 기호 의미, 곧 언어 신비주의는 힘을 상실할 수밖에 없다. 지시 기능으로 전락된 언어 대신 존재를 현존으로 이끄는 언어 사건(힘)을 강조한 공헌에도 불구하고 하이데거는 가다머와 더불어 공동체의 해석 활동을 약화 내지 간과하게 만든 장본인으로 여겨졌다. 존재를 향한 전회의 책임을 오로지 시인(詩人)에게 전가하고 인간을 시원적 언어에 귀속시키는 부자유함을 초래했다는 이유로. 그래서 코링턴 교수는 하이데거적 언어를 인간을 볼모로 잡는 사당(祠堂)과 같은 것으로 여겼다. 세계를 여는 힘으로서의 언어, 이런 언어철학하에서 인간은 수동적 존재로 전락할 수밖에 없다는 것이다.

보았듯이 어떤 유(類)의 앎도 공동체를 떠날 수 없다는 것이 시종 일관된 미국적 해석학의 핵심이었다. 특정 기호(지평)를 공유한 공동체는 기호와 해석자 그리고 해석 수용자 간의 의사소통 구조가 전제되며 이 과정에서 기호 즉 지평은 번역되고 변경될 수밖에 없다. 기호

---

27) 위의 책, 34.
28) 위의 책, 35-36.

를 공유한다는 점에서 과거와 현재는 대칭적이나, 변경(기대)의 차원에서 이들 관계는 더 이상 대칭일 수 없다는 것이다. 일종의 불가역적 측면의 발생이라 말해도 좋을 듯하다. 코링턴 교수는 가다머의 지평 융합에서 '변증법적' 토대의 상실을 보았고 이를 비대칭성의 개념으로 수용했다.[29] '변증법'이란 지평들을 내적으로 압박하는 일종의 기술이란 것이다. 이것은 결국 '해석의 영'의 작용과 다르지 않다. 해석 과정을 종결짓고자 하는 어떤 유혹도 거부한 채 '해석의 영'에게 충성을 다하는 열린 길을 가는 것을 공동체의 과제로 여긴 것이다. 해석이란 본질적으로 건전한 사회적 삶을 향한 충동으로 생각하기 때문이다. 나아가 절대자의 '육화'(보편적 공동체) 순간까지 거듭 달리 해석되는 것 자체를 '대속'이란 개념으로 이해했다.[30] 현실의 공동체가 악마적이고 무의미할수록 해석의 대속적 역할은 그만큼 확대될 수 있었던 것이다. 이것은 기호학에 토대를 둔 신학적 해석학의 묘미라고 생각해 본다. '해석의 영'의 인도를 받는 해석자들 공동체의 기독론의 역할로서 해석에게 부과된 막중한 실천적 의미가 강조될 필요가 있다고 생각한다. 바로 이 점이 가다머 해석학과 결정적으로 변별력을 보이는 대목이다. 해석에 있어 치명적인 왜곡과 풍요로움이 구별되어야만 하기 때문이다. 코링턴 교수는 공동체에 의해 전승된 해석을 참되게 수용하는 일을 현재적 과제로 인식한 것이다. 수용하는 것 역시 해석 행위인 것은 두말할 여지가 없다. 이상에서 코링턴 교수는 로이스의 견해를 근간으로 해석학에 있어 주관주의적 경향성을 완전 배격하

---

29) 위의 책, 35.
30) 위의 책, 81.

고 공동체성에 해석을 기초하려는 미국적 방식을 잘 소개했다. 단지 아쉬운 바는 가다머 이후 발전된 이데올로기 비판에 관심을 가진 하버마스와 타자성을 강조한 레비나스, 내러티브의 해석학을 전개한 리꾀르 등 유럽 해석학의 동향을 충분히 거론치 않고 유럽과의 변별성을 강조한 점이다. 이들을 언급함 없이 미국적 해석학의 독창성을 언급한 것이 흡족치 않다. 그럼에도 기호학에 근거한 성서 해석학은 실천성과 희망이 요청되는 다원주의 현실에서 충분한 매력을 담지하고 있다. 이에 저자 코링턴 교수는 '지평 해석학'이란 이름으로 자신의 생각을 좀더 명료하게 밝히려 한다.

유럽이든 영미 지역이든 간에 해석학은 의당 지평적일 수밖에 없다. 비록 가다머의 해석학이 존재 신비적인 사적 차원으로 전락되긴 했으나 그것 역시 세계 내 존재로서 지평을 상정했다. 이에 코링턴 교수는 퍼어스와 로이스의 견해를 좇아 미국적 해석학을 보편성의 견지에서 '지평 해석학'이란 이름으로 명시하였다. 하지만 공동체성에 무게중심을 둔 미국의 경우 해석학이 종종 현실을 왜곡하는 이데올로기로 역할을 하여 자신의 지평을 옥죌 수 있다고 보았다. 따라서 공동체 안에서 탈(脫)이데올로기화 여건을 구축하는 것이 지평 해석학의 과제라 여긴 것이다. 하지만 프랑크푸르트학파에 속한 하버마스적 시도와 달리 지평 해석학은 공동체 내의 영의 현존을 전제했다. 이를 위해 내적 자아가 아닌 공동체가 해석을 위한 해방적 지평임을 시종일관 강조해 왔다. 그렇기에 미국적 해석학이 시간성보다 기호를 생산하는 특정 장소(Topos)에 더 많은 관심을 기울인 것이다.31) 공동체 내 기호들이 연관성을 갖고 거대 질서 자체를 체현하고 있다는 확신

때문이다. 코링턴 교수는 이를 해석 활동의 질서적 본능이라 여기고 본 책 마지막 장에서는 이를 자연 공동체로까지 확장하였다.[32] 그럼에도 공동체 내에 규범성을 전제하지 않는 것이 특징이다. 다수에 의해 공유된 특정 기호는 해석되어야 하며 해석은 민주적 의사 교류 과정을 통해 일치된 질서를 일깨울 수 있다는 것이 이들 해석학의 본질이자 여정이었던 것이다. 이런 과정을 위해 다음 세 조건이 요청된다. 자기반성과 시간성, 상호 주관성이 그것이다.[33] 먼저 자기반성이란 자아 역시도 공동체 내에서 일종의 기호로 존재한다는 자각을 뜻한다. 일종의 선험적, 본유적 인간 이해의 거부인 셈이다. 이런 기호들은 전체를 드러내는 한 윤곽(contour)으로서 항시 자기 제한적 특성을 갖는다. 그러나 누구라도 개인은 공동체 안에서 기호이자 동시에 해석자일 수밖에 없다. 해석은 구체적 정황(시간성)하에서 해체적 독법을 통해 기호의 의미를 변경시킬 수 있는 것이다. 가부장적 신적 본질을 인정치 않는 여성 신학적 추세가 이에 해당되는 구체적 예라 생각한다. 하지만 차이에도 불구하고 연속성은 인정되고 유지된다. 기호 자체가 변한 것이 아니라 새로운 가치가 기호를 통해 발견되었다고 보기 때문이다. 기호가 질서 의존적이란 점이 여기서 힘껏 강조된다. 기호 자체의 변화를 허용치 않는 것은 다원주의적 상황의 소극적 반영이라 여겨진다. 하여튼 시간성이 해석과 불가분리의 관계 속에 있다는 것은 지극히 당연하다. 끝으로 상호주관성은 자기반성과 시간성을 요소로 하여 구성되는 개념이다. 실체적 자아가 부정되었듯

---

31) 위의 책, 48.
32) 이것은 본 책 6장(85-99)의 중심 내용이 될 것이다.
33) 이하 내용은 위의 책 51-53을 요약 정리한 것이다.

상호주관적 의식 역시 인간의 본질일 수는 없을 것이다. 오히려 온갖 차이를 드러내는 것이 공동체의 실상이란 것이 정직할 수 있다. 그럼에도 상호주관적 교류를 통해 해석들 간의 합치가 이뤄질 수 있다는 것이 미국적 해석학의 핵심이다. 여기서 공동체는 '영원한 형상'(eternal form)으로서 그 역할이 전제되어 있다.34) 그러나 이 역시 해석적 영의 활동으로서 진화에 대한 믿음이 전제되었기에 가능한 일이라 생각한다.

이상 내용의 구체화로서 코링턴은 '지평 해석학'의 이름하에 인간 삶에 영향을 미치는 기호들의 제 양상을 차례로 소개하고 있다. 여기서 우리는 해석 공동체의 가능 근거로서 '지시' 또는 '관계' 개념들인 기호학의 실상을 접할 수 있게 된다.35) 우선적으로 하부의 국소(local) 형질을 '지시'하는 기호를 생각할 수 있다. 예컨대 붉은 색은 특정 그림을 구성하는 덜 보편적인 국소적 색소이다. 하지만 그것이 국지 형태의 기호와 분리되는 경우 의미의 깊이는 상실될 수밖에 없다. 다음으로 국소 형질들의 합인 국지 형질은 지시 대상과 관련하여 집적도의 범위가 비교적 크다. 그만큼 인간 과정에 해석적 부담을 가중하는 큰 의미를 내포하게 된다. 포괄성과 통합성(복합성)을 자체 속에 확보하고 있는 것이다. 이런 지시적 기호들은 이제 본질상 구체적 해석을 필요로 한다. 의당 여기서 해석은 기호와 해석자 간의 대칭적

---

34) 위의 책, 53.
35) 이하 내용은 저자 코링턴 교수가 기호학을 성서 해석학의 전거로 삼은 퍼어스의 견해를 근거로 기호학의 본질과 삶과 관계하는 6가지 측면을 말한 부분이다. 위의 책, 53-59의 내용을 정리했다.

관계에서 발생할 것이다.36) 기호 의미를 명시적으로 표현하고 심화하려는 해석자의 자기 동화 과정이 있기 때문이다. 이 단계에서 기호는 인간 과정에 지대한 영향을 미칠 수 있다. 그러나 기호와 해석자의 관계는 이후 해석 수용자를 통해서 완성된다. 해석자에 의해 동화, 체현된 기호, 곧 해석은 3자인 다른 이에게 수용될 때 더욱 명확해지기 때문이다. 기호 해석이 이렇듯 공동체적 특성을 갖게 되면 지배적 기호가 생겨나게 되고 그것이 역으로 공동체 특성을 가시화할 수 있다.37) 여기서 중요한 것은 해석 주체가 확장되는 중에 기호의 자기비판이 가능하다는 사실이다.38) 즉 기호 자체에 내포된 습관과 타성으로부터의 해방이 가능하다는 것이다. 그러나 기호적 합치가 개인을 해방하고 공동체 정의를 촉진한다는 저자의 확신은 이 책을 통해서는 충분히 설득되지 않는다. 유럽의 주관주의 해석학과의 변별력을 강조하려면 이에 대한 철저한 논리적 절차가 필요할 것이다. 여기서 코링턴 교수가 강조하는 바는 로이스에게서 배운 '충성심'(Loyalty)이란 개념이다.39) 해석의 영에 대한 충성을 의미한다. 공동체를 이끄는 보편적 영의 일부가 되고자 하는 인간의 신실한 의지를 요청하는 것이다. 이 경우 충성심, 혹은 충성의 영은 '은총'의 결과로서 곧 '해석적 은혜'라는 말로 언표된다.40) 하지만 이 말이 필자에게는 학문적 개념으로만 이해될 뿐이다.41) 목전의 현실에선 전혀 체감할 수 없는 사태

---

36) 저자는 이것을 획일성과 구별되는 기호 전달의 민주화라고 부른다. 위의 책, 57.
37) 위의 책, 58.
38) 위의 책, 57-58.
39) 위의 책, 58.
40) 위의 책, 59.
41) 저자도 이를 칸티안(Kantian)적 목적의 왕국이라 부르고 있다. 위의 책, 58-59.

이기 때문이다. 그럼에도 코링턴은 일층 더 기호와 해석자, 해석 수용자의 관계를 시공간 속에 표현된 일련의 기호 연쇄의 빛에서 바라본다. 공동체적 특성을 명시적으로 강조할 목적에서이다. 이 단계는 토마스 쿤이 말한 일종의 사유 '패러다임' 간의 조화와 갈등으로 대치해도 좋을 수 있다.[42] 서로 다른 관계 소(relata)끼리 상대방에게 의미 변경을 요청하여 공동체성을 드러내는 과정이란 말이다. 하지만 공동체 안에서 힘을 행사하는 기호 연쇄(혹은 모델)가 되는 프로세스는 복잡하다. 여기서 핵심은 '해석의 영'에 인도된 공동체 스스로가 필연적인 선택을 한다는 점이다.[43] 하지만 선택된 기호일지라도 궁극적 통합성에 이르기까지 해석의 행위가 끊임없이 요청되는 것도 사실이다. 어느 기호도 전체성에 이를 수 없으나 모든 것을 포괄하려는 갈망 자체는 치열하기 때문이다. 이렇듯 지속적 분화 속에서 포괄성을 얻는 마지막 과정은 누차 언급되었듯 기호 관계를 종교 영역에서 풀어내는 일이다. 여기서 등장하는 개념이 야스퍼스의 '포괄자' 개념이다.[44] 언표 불가능하나 인간 실존에게 신비성을 일깨우는 상징으로서 포괄자는 헤아릴 수 없는 의미를 집적하고 있다. 포괄자는 인간 실존과 관계하는 종교적 상징으로서만 그 실재를 드러낸다. 예컨대 십자가가 기호가 아니라 상징, 곧 포괄자인 것은 그에 해당된 기호 적재량 일체를 부정할 수 있는 '자기부정'의 힘을 지니고 있기 때문인 것이다.[45] 空(emptiness)과 無(nothingness) 바로 이것들이 포괄자의 신

---

42) 토마스 쿤, 『과학혁명의 구조』.

43) R. 코링턴, 앞의 책, 59-60.

44) 위의 책, 61. 칼 야스퍼스(Karl Jaspers), 신옥희·변선환 역, 『계시에 직면한 철학적 신앙』(왜관: 분도출판사, 1993).

비에 적합할 수 있다. 공동체는 언표 불가능하나 자신들과 불연선속적인 이런 포괄자를 은혜로 체험할 수 있을 뿐이다. 종교적 상징으로서 말 건네는 포괄자는 일체의 지평이나 조망을 벗어나 있다.[46] 일체의 지평은 유(類)적 확장을 목표로 삼기에 곧잘 지평과 그가 지시하는 세계(자연 콤플렉스) 간의 거리 내지 차이를 종종 망각하곤 한다. 이런 건망증은 지평 안에서가 아니라 그가 아닌 것을 통해서 치유될 수 있다. '지평적' 승리주의는 문제의 해결이 아니란 것이다. 오히려 지평을 부정하는 종교적 상징, 지평 자체를 끌고 들어오는 포괄자, 곧 기독교의 경우 십자가 안에서 지평 자체가 깨져서 새로운 전망이 열릴 수 있는 것이다. 그래서 코링턴 교수는 야스퍼스 말을 빌려 지평 해석학을 결말짓고 있다. "포괄성에 다가설 수 있는 유일한 출구는 범주적 투사 일체를 부서트리는 일종의 부정의 길(via negativa)을 통해서이다."[47] '존재 유비'라는 가톨릭 원리로도 포괄자를 적시할 수 없다는 것이 그의 생각인 듯하다. 유한한 조망(지평)이 지평 너머에 있는 신비를 담고 있다고 믿어지는 경우 유비는 좌초될 수 있다. 그것 역시도 자기부정적이지 않기 때문이다. 하지만 포괄자는 숨겨져 있으나 시간성 안에 언제든 자신의 형질을 드러내고 있다. 드러내는 방식이 단지 속성의 차원이 아닐 뿐이다. 종교적 기호인 상징, 곧 포괄자는 자기 부정의 형태로 유혹하여 공허(無)에 집적된 의미를 내주고, '빔' 안

---

45) 위의 책, 62.

46) 야스퍼스에게 있어 포괄자란 스스로는 주객도식을 벗어나 있으면서도 삶의 제 양태를 드러내는 삶의 바탕이라 할 수 있다. 그렇기에 특정 지평에 한정되는 것과는 거리가 있다.

47) 위의 책, 65.

에서만 포괄자의 궁극적 의미를 드러내기 때문이다. 여기서 유혹은 포괄자의 관계적 차원을 지시하는 말로 이해된다. 인간을 철저하게 난파시켜(십자가 달림) 해(개)방(부활)시키는 상징력이 포괄자가 지시하는 차원인 것이다.[48] 이처럼 세계 내 악마적 폐쇄성과 투쟁하도록 이끄는 개방적 힘을 포괄자의 사랑이라 불러도 좋을 법하다.[49] 이 점에서 코링턴 교수는 '사랑'으로 언표되는 종말론적인 해방의 힘이 없다면 공동체의 희망은 존재할 수 없다고 하였다. '해석'의 희망이 지평들을 난파시키고 그들 간의 경계를 극복하는 '영', 아가페의 현존에 있다는 것이 지평 해석학의 결론인 것이다.

3. 지평 해석학에서 본 기독교 원시 공동체
— 예수가 아니라 바울?

주지하듯 본 책의 핵심은 바울이 수립한 초대 기독교 공동체를 지평 해석학에 근거하여 설명하는 4장 부분에 있다. 이 책 4장에서 코링턴은 긴 페이지를 할애하지는 않았으나 바울의 원시 기독교 공동체를 지평 해석학의 시각에서 적절히 조명하고 있는 것이다. 우선 기독교가 케리그마로 고백하는 '그리스도'를 바울 공동체 안에서 해석의 '영'의 구체화로 보는 것은 대단히 흥미롭고 독창적인 발상이라 여겨졌다.[50] 코링턴은 앞서 다뤘던 J. 로이스의 『기독교의 문제』, 곧 해석학

---

48) 위의 책, 65-66.
49) 위의 책, 66-67.
50) 위의 책, 69-70.

적 영에 근거하여 바울 서신 안에서 예수 사건이 어떤 식으로 진화되었는가를 흥미롭게 설명한 것이다. 결론에서 분명히 언급하겠지만 예수의 역사성에 무관심했던 바울 신학을 종래의 규범(역사)적 형태와의 결별로 여기고 그를 정당화한 것은 시대적 한계이기도 하겠으나 본질적으로 오류를 잉태할 수밖에 없다. 역사적 무관심과 종말론적(진화론적) 비전을 동일선상에 놓고 비교한 것은 수용하기 어려운 부분이다. 비판에 앞서 그 내용을 약술하자면 코링턴은 무엇보다 원시교회가 발전시킨 세 가지 근본 교리에 주목했다. 개인은 공동체(하느님 나라) 안에서만 구원된다는 것, 신적인 작용 없이 율법의 멍에로부터 자유로울 수 없다는 것 그리고 구원은 속죄를 통해서만 가능하다는 것 등이다.[51] 무엇보다 코링턴은 로이스를 좇아 바울의 속죄를 예수가 선포한 하느님 나라 사상의 내적 의미이자 시간성 속에서 그를 발전시킨 정당한 해석으로 여겼다.[52] 그리곤 이런 해석이 가능한 이유를 인간의 충성을 촉발하는 교회 공동체(해석)의 '영'에서 찾았다. 기독교의 본질을 '충성'이란 개념에서 찾고자 할 정도였다. 기독교란 주님의 몸인 교회 안에서 '충성의 영'으로 활동하는 '포괄자'를 표현함에 있어 어느 종교보다 탁월하다고 생각한 것이다.[53] 달리 말하면 '충성'은 공동체 안에서 '사랑'을 살아있게 함으로 공동체를 구원의 '터'(topos)가 되도록 했다는 사실이다. "…결국 나를 구원하는 것은 나의 공동체이어야만 한다. 이를 주장하고 실현하는 것이 기독교 경험의 참 핵심을 구성하며, '충성의 종교'의 핵심을 구성한다."[54] 이런

---

51) 위의 책, 69.
52) 위의 책, 70.
53) 위의 책, 같은 면.

점에서 기독교는 예수에 의해 시작된 종교가 아니었다. 앞에 언급된 인간 구원론은 헬라화된 신비(밀의) 종교들 틈새에서 예수의 가르침을 스승 이상으로 해석해낸 바울의 결과물인 것이다. 예수가 기호였다면 바울은 해석자였고 원시 기독교 공동체는 해석의 수용자였다고 말해도 좋을 듯하다. 미국 성서 해석학은 결국 역사적 예수의 삶이 아니라 원시 교회의 해석에 초점을 두고 성서를 이해한 것이다. 심지어 기독교의 참된 의미 역시 예수의 삶에 있지 않고 예수 전승을 이해하고 해석하는 초대 교회에 있음을 강변할 정도였다.55) 원시 교회의 활발한 해석 활동이 소개된 바울 서신이 기독교의 근원이라는 것이다. 즉 이런 해석 작업을 창시자의 영(성령론)의 인도로 이해했던 초대 교회의 시각을 공동체를 근거짓는 동력이라 한 것이다.56) 창시자 대신 임재하는 영이 공동체 이해의 길잡이가 되었고 공동체 안에서 발전된 해석도 오로지 그로부터 비롯되었다는 확신이다. "…스승들이 말씀에 근거한 원시 기독교는 기독교 공동체가 스승의 인격과 활동과 그가 종교 전체에 부여한 해석을 통해 풍성해지고 심화되었음을 인식해야 한다."57) 죽음 이후 예수로부터 출원한 영이 보편적 (사랑) 공동체 실현을 위한 행위의 토대가 되었고 이런 행위는 신적인 작용, 곧 은총을 통해서만 가능한바, 이 은총에 부합된 충성스런 삶이 바로 역사의 종말이자 지금 여기서의 하느님 나라를 사는 일로 이해된 것이다. 그러나 가시적/불가시적 교회란 말이 있듯 현실 교회가 아직 이런 보편

---

54) J. 로이스, 앞의 책, 41. R. 코링턴, 위의 책, 70-71
55) J. 로이스, 위의 책, 66. R. 코링턴, 위의 책, 71.
56) R. 코링턴 위의 책, 72.
57) J. 로이스, 앞의 책, 69. R. 코링턴, 위의 책, 같은 면.

성을 담지할 수 없음을 저자 코링턴은 인지한다. 구체적인 습관과 관습을 지닌 지역성에 거처를 두어야 하기에 가시적 교회는 보편적 사랑 공동체와 언제든 갈등할 수밖에 없는 것이다. 하지만 동시에 건전한 지역주의 역시 영적 지평일 수 있음을 부정하지 않았다. 해석 활동이 일차적으로 지역성과 지방의 개념적 구조에서 생겨날 수밖에 없는 이유인 것이다. 그러나 궁극적으로 인간의 충성은 보편 공동체를 향해야 한다. 충성의 영이 보편과 특수 간의 차이, 그로 인한 긴장을 초월한 공동체를 정초할 것을 확신하기 때문이다.[58] 앞서 보았던 일련의 기호체계를 품으면서도 그것을 초월한 '영'으로서의 '포괄자' 개념이 이런 확신의 전거라 하겠다. "그러므로 충성스런 영의 논리적 발전은 보편 공동체에 대해 충성을 바치려는 인간 의식의 융기이다…."[59] 이처럼 충성의 영이 신들과 법들이 병존하는 현실에서 그 차이를 초월한 공동체를 만들 것인바, 그 실현은 미래가 될 것이다. 『기독교의 문제』를 쓴 로이스는 이로써 기독교가 가장 강력한 방식으로 보편 공동체를 역사 속에서 부분적으로 이뤘고 온전히 이룰 것이란 확신을 표현했다. 그에게 '포괄자'란 기독교 공동체에서 기원된 기호로서 '사랑' 내지 '충성'의 영인 것이다.[60] 교회 공동체 밖의 인간(natural man)은 죽음으로 이끄는 법의 세력하에 놓여 있을 뿐이다. 그러나 이런 해석을 통해서 예수의 사회 윤리가 비로소 향방을 얻었다는 지적은 우리를 불편하게 만든다. 역사적 예수 연구자들은 이런 식의 성서 해석학이 오히려 기독교의 역동성을 훼손하고 신앙의 지평을 축소했다고

---

58) R. 코링턴, 위의 책, 74-75.
59) J. 로이스, 앞의 책, 84. R. 코링턴, 75.
60) R. 코링턴, 위의 책, 76.

지적할 것이다. 하지만 코링턴은 여전히 초기 교회가 만든 죄론, 속죄론 등의 해석을 공동체 활성화 차원에서 적극적으로 이해한다.[61) 이들 교리가 개인(조망)주의의 폐해를 수정하기 위한 역할을 했다는 것이다. 죄가 공동체로부터의 일탈 가능성에 대한 경고라고 한다면, 속죄는 공동체의 결속을 깬 사람들을 공동체로 부르는 사랑의 행위라는 것은 논리적으로 적합하다. 이런 방식으로 육을 거부하고 영을 좇는 초대 교회 내 인간 구원론의 실상이 충분히 설명될 수 있을 법도 하다.[62) 하지만 자기를 넘는 은총 없이는 영적 인간이 불가능하다는 것 또한 기독교의 확고한 기본 틀이었다.[63) 개별 자아들의 집합체인 자연 공동체는 주관적인 해석학적 왜곡으로부터 자유로울 수 없지만 자기 초월적 영을 따르는 인간의 충성(구원받은 인간)이 보편 공동체를 성립시킬 수 있다는 것이다. 하지만 이것이 경건주의와 신비주의 일체를 사적인 것으로 폄하하고 자연 공동체를 부정하는 논리로 기능했음을 부정할 수 없다.[64) 신비적 경건성이 그의 사적 경향으로 인해 기독교 생명성을 고갈시킨다는 것이다. 같은 이유에서 미국적 해석학은 불교에 대해서도 일천한 지식을 노출했다. 불교를 사회성이 결핍된 무의지의 종교로 이해한 것이다.[65) 불교의 無(없음)를 서구적有(있음)의 반대말로 인식한 듯싶다. 부활한 주님을 영으로 인식하고 영을 신적 본성으로 이해하는 초대 교회의 해석학적—형이상학적—

---

61) 위의 책, 77.
62) 위의 책, 77-78.
63) 코링턴은 『기독교의 문제』(*The Problem of Christianity*)를 썼던 로이스에게 있어 은총론이 기독교 이해의 핵심이었음을 천명해 주었다. 위의 책, 78 참조.
64) 위의 책, 78.
65) 위의 책, 같은 면.

과정이 보편적 종교 공동체의 열망을 강화했다는 미국적 해석학은 일리 있으나 뒤집어 보면 반대의 결론도 충분히 가능하다.[66] 초기 기독교 이후의 지난한 기독교 역사를 일견할 때 과연 교리화, 교권화 과정을 '영'이 이끄는 해석 공동체의 프로세스였다고 말할 수 있을지 큰의문이다. 코링턴도 이 점을 인식하고 로이스와 일정 부분 거리를 두려고 하였다. 이런 식의 '틀구조'로 이웃 종교를 판단하는 것이 로이스와 달리 21세기를 사는 신학자로서 부담스러웠던 것이다. 가능하면자기 의견 없이 미국적 성서 해석학의 원조인 로이스의 주장을 충분히 전달하고 그 문제점을 담담하게 노출했으나 책 말미에까지 이에대한 코링턴 자신의 대답이 충분치 않았다. 필자가 읽지 못한 다른 책에서 충분한 답이 제시되었기를 기대할 뿐이다. 이 점에서 코링턴에게서 사사한 박일준 박사의 견해 역시 듣고 싶다. 그럼에도 본 장을통해 미국적 성서학에서 필자가 가장 크게 배운 바가 있다면 성육신개념이다. 앞서도 보았듯이 미국적 해석학은 절대자를 사랑의 공동체와 등가적으로 이해했다. 공동체가 하느님인 것을 증거하려고 했던 것이다. 공동체가 그리스도의 몸이라면 의당 그것은 성육신이어야만 했다. 하느님이 인격적 삶을 통치하는 공동체 안에 담지되어 있고 그 구조들을 통해서 현현한다면 성육신의 참된 의미가 공동체에있다는 것이다.[67] 이것이 성령이 인도하는 해석 공동체로서 교회론

---

66) J. 로이스, 앞의 책, 134-135. 여기서 로이스는 기독교 공동체의 보편화 과정이야말로 이웃 종교와 구별되는 기독교의 특이한 점이었다고 말했다. 아마도 서세동점의 시기였던 19세기 말에서 20세기 초의 사고방식이 아닐까 여겨진다. "…가시적 공동체의 이상, 보편적이어야 할 그의 이상, 즉 교회라 불렸던 이상을 파악하고 사랑하고 섬기던 성장의 초기 단계들에서 가졌던 구체성과 강도가 기독교를(다른 종교들과) 구별시켜 왔다…."

의 핵심인 셈이다. 교회가 삶의 의미지평을 제시하는 신적인 것이 되어야 한다는 당위로 이해되어야 할 것이다. 하지만 코링턴은 성육신의 지평을 재차 확장시켰다. 전승된 해석에 만족하지 않고 해석 수용자로서 재차 새로운 해석을 시도한 것이다. 그것은 인간 공동체를 넘어 자연 공동체에 대한 이해였다. 공동체의 신성만이 아니라 자연의 신성화 문제를 R. 에머슨(Emerson)의 사유를 통해 조명하려고 했다. 기독교 성서를 탈(脫)중심화시켰으며 인간 외적인 자연에게 영적 의미를 부여한 에머슨의 견해를 좇아 성령론과 성육신을 새롭게 해석한 코링턴의 성서 해석학이 이 책의 핵심이라 생각해도 좋을 것이다. 지평 해석학의 이런 전개는 시인이자 자연주의자인 에머슨과의 만남에서 비롯했으나 로이스의 해석 공동체와의 연장선상에 있다는 것이 본 책의 결론이라 생각된다.

4. 지평 해석학의 절정
─ 성육신으로서의 자연 공동체 이해

코링턴의 책 『해석자들의 공동체』 마지막 장의 제목은 '공동체의 자연성에서 자연의 공동체로'이다.[68] 앞서 길게 언급했던 해석 공동체로서의 인간 세계와 자연의 연속성을 언급할 목적에서이다. 자연역시도 해석 공동체 안에서 자신의 실상을 드러낼 수 있다는 것이 본

---

67) R. 코링턴, 위의 책, 82-83.
68) 위의 책, 85-100 내용 참조.

책의 부제가 의도했던 바였다. 이런 발상은 기독교적 서구 사유의 본질로 여겨졌던 인간중심주의와 일정 부분 다른 일면을 보여준다. 미국적 해석학이 인간의 우선성을 전제하긴 하나 그것이 자연의 유적 형질에 대한 감수성과 균형을 이룰 수 있도록 했기 때문이다.[69] 다시 말해 성육신을 해석 공동체에서 활동하는 영으로 이해했듯이 인간 이전적 자연에서도 성육신의 실상을 보고자 한 것이다. 이를 위해 성서의 텍스트성을 탈중심화한 에머슨의 주저『자연』(Nature)이 분석 검토된다.[70] 하느님 영이 성서만이 아니라 자연과 인간의 본래성(human genius) 속에서도 충만함을 말하려는 것이다. 그러나 지평 해석학이 보여주었듯 여기서도 무수한 영들(spirits)과 통합된 영(Spirit) 간의 긴장이 없을 수 없다. 하지만 코링턴은 통일성의 원리(Spirit)가 표현의 획일성이 아니라 목표의 단일성임을 강조 한다.[71] 영은 자기 분열을 통해 작용함으로 자연을 풍성하게 하나 결국 통일성이란 거대한 이상으로 수렴된다는 것이다. 그렇기에 통일성은 무시간적 개념이 아니라 차이 속에서의 조화로 이해된다.[72] 즉 뭇 영들은 사랑(통일성)을 향한 진화 과정에 나타나는 영의 단편들, 차이의 순간들인 셈이다. 여기서 코링턴 교수는 틸리히의 신율(神律 theonomy) 개념을 빌려 차

---

69) 위의 책, 85.

70) Ralph Waldo Emerson, *Nature, Addresses and Lecture* (Boston: Houghton 1883). 이 책에 대한 내용은 위의 책, 88에서 재인용한 것임. 에머슨의 자연 신비주의에 관해서는 다음 책을 참고하라. Arther Versluis, *American Transcendentalism and Asian Religion* (NewYork: Oxford Univ. press, 1993), 51 이하 내용.

71) R. 코링턴, 앞의 책, 86-87.

72) 위의 책, 86. 여기서 차이 속의 조화란 말은 영어로는 'an harmony(identity) within difference'로 표현된다.

이와 조화의 관계를 설명하고자 한다.73) 유한한 뭇 영들이 저마다 자율성을 갖지만 결국 그것은 신율에 의해 심화될 수 있다고 했다. 자율적 영이 자신의 차원 밖에서 유래한 질서를 인지할 때 그것은 신율적이 된다는 것이다. 바로 이 순간에 영들(차이)과 영과의 내적 연속성이 생겨날 수 있다고 보았다. 이렇듯 영들의 상호 관계성, 곧 차이 속의 조화는 화이트헤드적 언어로 파지(把知 prehension)로 불린다. 파지란 의식(인간) 이전적 의식, 곧 느낌의 차원일 것이다. 과정철학은 이런 파지적 동조(prehensive attunement)로 인해 현실태 간에 통일적 힘이 생겨난다고 여겼다. 그러나 코링턴 교수는 화이트헤드에게 신율 개념이 없음을 결정적 문제로 지적했다.74) 그렇기에 과정철학이 현실태 제 단위 간의 시간적 차이 대신 무시간적 통일성을 전제했다는 것이다. 하지만 코링턴 교수는 영(Spirit)에 뿌리를 두고 있으나 그것을 파지하기까지의 차이 곧 불연속성의 불가피한 측면을 강력히 시사했다. 일정 부분 과정철학과 거리두기인 셈이다.

한편 자연과 인간 본성 내의 영적 충만을 말한 에머슨은 당연히 어거스틴적 원죄 개념을 좋아하지 않았다.75) 타락을 신적 명령위반이 아니라 우주와의 본래적 관계로부터의 일탈로 이해한 것도 탈(脫)텍스트화된 일면이다. 본래적 관계란 그에게 자연과 인간 간의 영적 교류였던 것이다. 이 점에서 에머슨은 예수에 대한 이해도 달리했다. 예수를 인간 이상(理想)의 대표적 범례이기보다 우주의 영적 힘과 교제

---

73) 위의 책, 87 이하 내용.
74) 위의 책, 87.
75) 위의 책, 88.

한 존재로 여긴 것이다.76) 현대 신학적 언어로 말하자면 일종의 영-기독론의 선포였다. 그렇기에 인간 누구라도 예수의 영적 힘을 공유할 수 있고 그로써 자신의 신성을 표현할 수 있음을 자연스럽게 강조했다. 그러나 현실 속에서 인간은 유한한 조망에 갇혀버림으로써 본원적 관계에서 빗겨 있게 된다. 하여 통합할 수 있는 눈을 상실해버린다. 우주의 해방하는 힘 대신 자연을 임의로 조망해버린 결과일 것이다.77) 이런 자기 고립을 극복하는 것이 구원일 수 있다. 이런 구원이 인간 역사 밖의 한 근원, 곧 영적 현존[神律]에 의해 가능하다는 것이 코링턴의 시종일관된 주장이었다. 유한한 지평의 한계로부터 자유로울 수 있는 유일한 길이 여기서 비롯한다는 것이다. "자아(ego)의 힘은 도덕적 우주에 생명을 불어넣는 흐름들(currents)에 의해서만 깨어진다."78) 그렇기에 에머슨은 성서를 탈중심화했음에도 성서 말씀이 은유를 통해 자연의 영적 진리를 모방케 하는 힘으로 역할하기를 바랐다.79) 자연과 종교(성서)의 상관성을 볼 줄 아는 해석자를 에머슨은 기대한 것이다. 이를 위해 아모스와 호세아의 증언들이 소개되었다. "오직 정의를 물 같이, 공의를 마르지 않는 강 같이 흐르게 할지어다"(아모스 5:24), "그들은 아침구름 같으며 쉬 사라지는 이슬 같고 타작마당에서 광풍에 날리는 쭉정이 같으며 굴뚝에서 나는 연기 같으리라"(호세아 13:3). 이처럼 에머슨은 성서가 자신의 도덕적 에토스(ethos)를 자연의 심상에 근거하고 있음을 애써 강조했다. 자연의 심

---

76) 위의 책, 같은 면.

77) 위의 책, 89.

78) 위의 책, 같은 면.

79) 위의 책, 90.

상과 형상은 그대로 영적 조화와 평화를 추구하는 인간 영혼에 안식이 된다고 믿었던 것이다. 더욱 에머슨은 이를 자연 내 성령의 현존 때문에 가능한 일로 보았다. 그가 예술을 강조한 것도 같은 맥락에서 이해된다. 아름다운 인간 의지(영적 에너지)를 통해 표현된 자연이 그에게 바로 예술이었던 것이다. 이 점에서 성서중심주의는 우상숭배의 한 형태로 혹독히 비판되었다.[80] 영의 활동을 문자에 제한하는 것은 그의 구속적 힘을 탈각하는 반종교적이란 것이다.

이상과 같은 보편적·심미주의적 견해를 지녔음에도 에머슨은 성서의 계시적 힘 자체를 포기하지는 않았다.[81] 성서 증언을 문자주의에서 해방시키는 것과 계시적 힘은 다른 사안으로 여겨졌다. 성서주의가 오히려 영(계시)의 빈곤을 초래했거나 방관할 수 있는 위험을 지녔다고 여겼던 것이다. 따라서 에머슨은 성서가 인간과 신의 관계 조명에 이바지했음을 인정했지만 그 관계를 자연으로 확장하고자 했던 것이다. 하지만 유니테리언에 속했던 에머슨은 자연을 텍스트 중의 텍스트로 보고 변화무쌍한 영의 거처로 인정하는 일에 망설임이 없었다. 그렇다면 그에게 중요한 과제는 인간 언어와 자연과의 관계를 묻는 일이었다.[82] 우선 에머슨은 아모스서와 호세아서에서 보았듯 영적·도덕적 언어가 자연으로부터 그 본래적 의미를 도출한 것이라고 주장한다. 일체의 종교들은 자연 환경과의 대면에서 의미와 가치를 발생시켰다는 것이다. 다음으로 에머슨은 자연적 사실 그 자체가 영적 사실의 상징임을 역설했다.[83] 예컨대 자연의 생산력이 인간 문화

---

80) 위의 책, 91.
81) 위의 책, 92.
82) Ralph Waldo Emerson, 앞의 책, 31. 위의 책, 92-93.

생산성을 위한 상징이란 것이다. 즉 인간 언어는 영이 지배하는 자연 세계를 있는 그대로 인식한 결과물이란 것이다. 나아가 에머슨은 일차적 텍스트로서 자연 자체를 영의 상징이라 보았다.[84] 이는 플로티누스의 유출설과 무관치 않다. 중심부나 주변부를 막론하고 존재하는 것 일체가 영적인 것을 말하기 때문이다. 따라서 자연은 자체 내에 종교를 활성화하는 가치를 담고 있는 것이다. 자연이 이처럼 영의 상징인 한에서 과학과 과학 공동체 역시 그 의미가 작지 않다. 과학 또한 인간 공동체를 활성화하고 아가페적 가치를 일깨우는 동반자가 될 수 있는 것이다. 과학 역시도 영적 토대를 제시할 수 있다는 말이다.[85] 코링턴 교수의 종교/과학 간 대화도 본 책에서는 언급되지 않았으나 이 점에서 출발할 것이다.

이런 배경에서 코링턴 교수는 통일성을 추구하는 이런 시도가 포스트모던주의자들에 의해 제국주의적 해석학으로 매도되는 것에 대해서 한편 변론한다.[86] 우선 통일성과 단일의미성(univocity)의 차이를 면밀히 설명했다. 후자는 공동체성을 원리적으로 거부하는 것으로 극단적 상대주의를 전제하는 개념이라 하였다. 또한 종래의 제국주의적 해석학이 신율과 위협적 타율(heteronomy) 간의 혼동에서 기인하는 것으로 이해했다. 해석의 영은 타율의 반대편에 있는 것으로 자율을 보장하되 심화하는 역할을 감당할 뿐이기 때문이다.[87] 이에

---

83) 위의 책, 93.
84) 위의 책, 93-94.
85) 위의 책, 94.
86) 위의 책, 같은 면.
87) 위의 책, 95.

대한 논의는 앞서 충분히 거론한 바 있다. 에머슨에 의하면 통일성으로의 충동은 자연 고유한 질서이다. 그렇기에 통일성을 향한 목적은 자율성을 폐기하지 않고 그에게 옳은 방향성을 부여할 수 있는 것이다.[88] 다시금 플로티누스의 유출(방기)과 상대 개념인 복귀(return)를 상기시키는 부분이다. 통일성으로 이끄는 보편적 영은 하지만 유신론은 물론 범신론과도 구별된다. 오히려 신성이 만물 안에 존재하면서도 만물 너머에 위치한다는 범재신론(panentheism)이 '보편적 영' 개념과 상응할 수 있다. 그가 아시아적 사유와 대화할 수 있는 근거도 여기서 찾을 수 있을 듯하다. 다음 인용문이 이를 명백하게 한다. "자연의 배후 그리고 자연 전반에 걸쳐 영이 존재한다. 일자(一者)로서 합성물이 아닌 이 영은 밖으로부터 즉 시공간 안에서, 우리 위에서 작용하지 않고 영적으로 우리 자신을 통하여 작용한다. 지고의 존재로서 이 영은 우리 주위에 자연을 축조하지 않고 우리를 통해 자연을 전개한다."[89] 유신론과 범신론이 신적 거주 공간을 '너머'와 '여기'로 제한했던 반면 범재신론은 신적 공간성의 어느 한 차원에 갇혀 있지 않음을 보여주고 있다. 자연을 활성화하는 근원적 힘이자 자연 질서 속에 담지된 내적 충동이 범재신론의 본질이기 때문이다. 범재신론은 자주 '영들의 공동체'란 이름으로 불리기도 했다. 종래의 신학 전통이 강조했던 은총과 자연의 이분법이 여기선 자리할 여지가 없게 된다. 오히려 자연 질서 속에 내재된 선행적 은총이 종래의 계시 개념을 대신할 수 있을 뿐이다.[90] 이 점에서 코링턴은 오히려 교회의 성례전

---

88) 위의 책, 같은 면.
89) Ralph Waldo Emerson, 67-68. 위의 책, 95-96.
90) R. 코링턴, 96.

이 이런 선행적 자연 은총의 한 유사물이라고 언급했다.[91] 자연 은총의 빛에서 볼 때 시공간적인 영의 독점은 일종의 우상숭배와 다르지 않다고 본 것이다. 그는 에머슨의 이런 주장을 앞서 언급한 바와 같은 영기독론(Spirit Christology)으로 언표했다. "도처에 편재한 영, 곧 성육신이 인간 및 인간 이전적 자연 공동체의 질서에 기초되어 있다." 물질과 영의 결합을 성육신으로 본 것이다. 하지만 에머슨 역시 성육신을 근거 짓는 지고의 영이 모든 실재 속에 동등하게 현존한다고는 생각하지 않았다. 영적 현존의 정도(定度)를 말함으로 빈곤에서 충만 상태로의 영의 진화를 희망한 것이다. 이 점에서 성육신은 범신론과 분명히 달라진다.[92] 코링턴 교수는 에머슨의 성육신을 다음처럼 이해했다. "자연은 만물을 새롭게 만들고 풍성케 하는 영의 빛에서 궁극적 변화를 기대한다…."[93] 다시 말해 자연 역시도 신율을 지향한다는 것이다. 인간 공동체가 그렇듯 자연 또한 영으로부터의 일탈(타락)을 경험하기에 정화를 위해 은총이 필요하다는 말이다. 신율의 빛에서 성육신이 자연을 구원하는 신학적 원리로 이해된 것이다.

　　동일선상에서 코링턴은 자연 공동체가 인간의 경우처럼 해석 공동체인 것을 설명하고자 했다. 자연 자체도 인간의 경우처럼 자기 해석적(self-interpretive)이라는 것이다.[94] 하지만 자연에도 마음이 있다는 범심론(panpsychism)을 인정하지는 않았다. 자연적 현실태가 인간처럼 정신적 작용을 담보하고 있다는 일각의 주장(라이프니츠, 하츠

---

91) 위의 책, 같은 면.
92) 위의 책, 97.
93) 위의 책, 같은 면.
94) 위의 책, 98.

혼 등)을 오히려 인간중심적 편견을 전염시키는 일로 본 것이다. 자기
해석적 자연이란 앞서 언급한 파지(느낌)의 차원에서 이해될 수 있다
고 했다. 비록 자연에 (인간적) 의식이 없다 하더라도 자신들 간의 적
합성을 위한 작용이 가능하다는 것이다. 예컨대 외부 공격으로부터
자신을 지키기 위해 착색한 나방, 대기 중에 입자를 방출해 곤충의 침
입 소식을 알리는 나무들 속에서 일종의 '파지적 동조'를 본 것이다.[95]
코링턴은 이런 '파지적 동조'를 자연 안에서 일어나는 일종의 '해석'이
라 여겼다. 자연 역시도 무수한 질서(기호) 간의 상호작용, 즉 해석적
교류를 통해 진화해 간다는 것이다. 달리 말하면 자연 또한 파지적 동
조를 통해 해석의 성공률을 높여 간다는 것이다. 하지만 이처럼 진화
론적 역량을 키우는 해석 활동의 편재성은 '영'의 현존을 전제할 때만
이해될 수 있다. 인간 및 자연 공동체 배후에는 소위 '영-해석자'(the
Spirit-Interpreter)가 존재한다는 확신이다.[96] 바로 이것이 인간/비
인간을 막론하고 일체를 유혹하여 온 우주를 성육신의 지평으로 만들
어 나간다는 것이 미국적 해석학의 낙관론적 확신이자 마지막 결론이
라 생각한다.

나가는 글 – 요약과 비판적 제안

이상과 같은 기호학적 통찰에 근거한 코링턴의 미국 해석학의 본

---

95) 위의 책, 98-99.
96) 위의 책, 99.

질을 다음처럼 짧게 정리할 수 있을 것이다. 퍼어스와 로이스의 기호학에 근거한 실용주의를 전제로 지평 해석학을 정초했고 그것을 에머슨의 초월주의와 연계해 포괄자의 의미론적 현존을 각인시킨 것이란 한마디 말로서. 이 과정에서 사적·실체적 자아 개념에 역점을 둔 독일 해석학과 달리 특정 기호와 실존적 관계를 맺는 소위 충성(loyalty) '공동체'에 역점을 두었으나 포괄자의 빛에서 지평 자체를 초극하는 개방성을 강조할 수 있었다. 인간 공동체뿐 아니라 자연 역시도 해석 공동체로 여김으로 인간중심적이라는 이념조차도 넘어설 수 있는 특징을 드러낸 것도 사실이다. '영'의 현존을 근거로 진화를 신뢰했고 진보주의적 입장을 시종일관 견지한 것 또한 두드러진 양상이었다. 이런 미국적 해석학은 인간의 유한성과 신적 초월성(전능성)을 강조한 전통 신학적 입장과 그 맥을 달리했다. 죄성을 뜻하는 유한성은 미래지향적 충동을 둔화할 수 있고 신적 초월(전능)은 진화론적 조건과 상치된다고 판단했기 때문이다. 이 점에서 미국 해석학은 실존적 불안과 초월적 상실을 대신하는 종교적 표상으로 '희망'(E. 블로흐)을 부각시켰다.97) 아울러 희망을 공동체의 구조와 불가분의 관계로 설정했다. 주지하듯 공동체는 언제든 특정 기호와 더불어 실용(천)적 의미를 발생시킨다. 그러나 특정 지평의 우상화를 막기 위해 종말론적 희망의 원리 앞에서 기호적 폐쇄성은 포기될 수밖에 없다. 희망의 원리, 곧 해석하는 '영'만이 자유와 해방을 선사할 수 있을 뿐이다. 미래의 우선성(primacy)에 대한 감수성이 충성의 원리를 생기 있게 만들기

---

97) Ernst Bloch, *The Principle of Hope*, trans. Neville Plaice, Stephan Plaice & Paul Knight (Cambridge: MIT press, 1986), 75. 위의 책, 103을 보라.

때문이다. 코링턴은 이를 종말론적 유혹이란 말로 언표했고 이런 희망의 감수성은 포괄자의 존재 확인으로부터 가능하다고 말했다.[98] 앞서 보았듯이 공동체 간의 지평 융합 내지 지평 교차가 발생하더라도 그것 역시도 주어진 기호들과 의미들로 구성될 뿐이다. 그러나 포괄자는 어떤 기호도 소유하지 않는다. 지평들 배후에 있으면서 지평들을 출현시키되 그것을 근원[一者]으로 이끄는 힘인 것이다. 하여 희망은 포괄자만이 줄 수 있는 선물이 된다. 지평을 초월해 있는 포괄자를 망각한다는 것은 삶을 해방하는 희망의 탈각을 의미할 수밖에 없다. 이 점에서 코링턴은 미국적 해석학의 틀에서 이해된 바울 신학 속에 일정 부분 희망 원리가 약화되었음을 지적한다.[99] 교회 공동체 자체가 그리스도 몸으로 현시(성육화)된 측면만이 부각되었다는 것이다. 포괄자 개념에 근거한 희망의 원리는 그렇기에 19세기적 진보주의 신화와는 동일시될 수 없다고 생각했다. 이런 포괄자는 다시금 틸리히의 '신율'(神律) 개념과 연계된다. 기호 번역의 지평으로서 공동체는 타율적이 될 가능성이 현실적으로 농후하다. 하지만 공동체 속에 내재된 '신율'로 인해 해석적 분열로부터 자유로울 수 있는 희망이 생겨난다. 해석의 '영'이 지배하는 공동체 안에서 타율은 그와 공존할 수 없는 개념이었다. 물론 '신율'은 유럽 해석학의 근간을 이룬 자율 개념과도 구별된다. 자율은 공동체를 파괴시켜 사회를 왜곡하는 누를 발생시켜 왔다. 해석 과정을 정치 사회 구조 밖에 놓기 때문이다. 하지만 '신율'하에서 해석자는 신성(영)의 힘에 의지하여 자율성을 공

---

98) 위의 책, 104.
99) 위의 책, 같은 면.

동체의 중심 개념으로 만든다. 이를 코링턴 교수는 '신율적 민주주의'(theonomous democracy) 혹은 '신율적 공동체'라 불렀고 이를 종말론과 연계했다.[100] 이 경우 종말론은 초월과 내재의 만남, 곧 도래할 질서와 현재 간의 역사적 연속성을 뜻한다. 따라서 현재를 변혁시키는 초월적 '신' 공동체만이 인간 및 자연을 비롯한 일체 텍스트들에게 궁극적 의미를 부여할 수 있고 이것들 모두를 성육신의 지평으로 만들 수 있다는 것이 미국적 해석학의 결론이었다.

이 책에 대한 필자의 비판적 평가가 필요한 시점이 되었다. 책 내용을 정리하는 중 간혹 비판적 언급을 하곤 했으나 여기서는 좀더 밀도 있게 이 책에 대한 생각을 표현할 생각이다. 하지만 코링턴 교수의 다른 저작물을 충분히 읽지 못한 상황에서 미국적 해석학에 대한 비판적 논의를 한다는 것이 무리라는 생각도 든다. 더욱이 이 책은 저자자신의 견해가 집대성된 것이기보다는 이전 사상가들의 의견을 정리, 소개하고 그 위에 자기 의견을 개진하는 방식으로 구성되었기에 저자의 신학적 견해를 충분히 알기에는 역부족이다. 하지만 미국적 성서 해석학이란 주제를 전개하는 과정에서 독특한 관점이 제시되었기에 그를 근거로 비판적 대화를 시도해 볼 것이다.

우선 이 책은 하이데거에서 가다머로 이어지는 주류 독일 해석학의 개인주의적, 신비주의적 경향성을 비판적으로 보았다. 실체론에 입각한 전통 형이상학적(문자적) 시도는 물론이고 개인에 근거한 탈형이상학적(임의적) 해체주의 역시 미국적 해석학의 비판 대상이었

---

100) 위의 책, 105.

다. 성서라는 텍스트(Text)는 물론 언어의 신비성을 해독하는 '시인'(詩人)이나 '지평'을 지닐 수밖에 없는 '세계 내 존재'로서의 인간 역시도 해석의 주체가 될 수 없다는 것이다. 여기서 미국적 해석학은 자신의 자리를 오로지 공동체에 둔다. 오직 공동체만이 실재를 확증한다고 믿기 때문이다. 성서의 권위적 정경성이나 개인적 주체도 공동체실재주의 앞에서 무력해질 수밖에 없다. 공동체가 오히려 성서의 정경성을 구축해 나갈 수 있다고 여겼다. 이를 위해 상정되는 필수불가결한 개념이 '영'이었다. 언어신비주의가 개인과 짝하는 개념이라면 공동체는 '영'과 쌍을 이룬다. 수많은 기호를 갖고 있기에 '지평'으로부터 자유롭지 못하나 소위 '해석의 영'이 '지평'을 넘어 '실재'를 향하게 한다는 것이다. 여기서 '영'의 역할은 서로 다른 지역, 상호 변별된 기호를 지닌 공동체 안에서 개체들로 하여금 보편을 지향하도록 하는 일이다. 이것은 지역주의를 극복하게 하는 힘으로서 인간에게 '충성'할 만한 것에 충성하는 일로 나타난다. 이 책은 이를 '영'의 유혹, 내지 호소란 이름으로 부르고 있다.

이 지점에서 필자에게 떠오르는 의구심은 다음과 같은 것이다. 일단 공동체성에 해석학의 중심점을 둔 것은 인정할 만했다. 이것은 거짓된 보편주의와의 단절을 의도한 발상이었기 때문이다. 공동체란 주지하듯 본래 지역주의와 연관된 개념일 수밖에 없다. 그러나 미국 해석학은 지역들을 관통하는 보편적 실재를 전제했고 그것을 '영' 유혹이라 했으며, 그것이 인간에게 '충성'으로 나타난다고 믿었다. 그렇기에 미국적 해석학은 지역 공동체성의 전제하에 '보편'보다 '개체'를 우선하는 입장을 지녔으나 '신율'을 상정함으로써 기존 보편주의와 결별할 수 없었다. 보편주의를 미래로 미뤄 놓은 것이 차이라면 차이

일 것이다.101) 도상에 있는 기독교 공동체를 여타 종교 공동체보다 우월하게 생각한 점도 이와 무관치 않을 것이다. 틸리히가 사용했던 '신율'이란 개념이 본래 '개신교 원리'였던 점을 고려하면 비판의 초점을 쉽게 가늠할 수 있겠다.

다음으로 필자는 공동체 개념 자체에 대한 물음을 갖고 있다. 공동체 실재주의에 대한 미국 해석학의 견해는 진보적 낙관주의 사조에 근거한 듯 여겨진다. 단순한 진보주의를 거부했지만 공동체는 제한된 기호를 초극할 수 있는 내적 힘을 언제든 과신했다. 때론 야스퍼스의 '포괄자' 개념으로, 혹은 블로흐의 '희망'이란 이름으로 그리고 틸리히의 '신율'이란 명칭으로 하느님의 '영'이 설명되곤 했으나 그 골격은 모두 갈등을 극복하는 힘이 인간이 아닌 인간 저편에서 온다는 신학적 확신의 피력 그 이상이 아니라고 생각한다. 이것은 저자가 강조했듯 단순한 진보주의 내지 다원적 진화론과는 다를 수 있다. 제한된 기호 속에 살아가는 인간에게 순간순간 필요한 '충성'이 인간 이상의 차원과 연루되기 때문이다. 하지만 이런 논리는 다음 두 차원에서 설득력을 갖기 어렵다. 우선은 지난 역사와 우리의 현실이 '희망'을 구체화해 왔는가 하는 것이다. 미국 해석학의 논리라면 초기 기독교 공동체로부터 상당한 시간이 흐른 오늘의 상황은 '희망'을 말할 수 있어야만 했다. 하지만 그런 징조조차 현실에서 찾아볼 수 없다. 이 점에서 미국적 해석학은 19, 20세기 초반의 진보주의 사조를 신학적으로 변

---

101) 이 점에서 판넨베르크의 주장도 이와 유사하다. 바르트의 계시 실증주의를 부활(미래) 신앙의 빛에서 후일로 미뤄 놓았던 판넨베르크 신학을 생각하면 좋을 법하다. 이에 대한 필자의 글 참조. "보편사 얼개에서 본 기독교 자연신학", 『기독교 자연신학』(서울: 대한기독교서회, 2004) 참조.

용한 것에 불과할 수 있다. 이와 연결된 다음 질문은 해석 공동체 내에서의 갈등이 영의 유혹인 '충성'을 통해 극복되었는가 하는 점이다. 2000년 역사 속에 수없는 교회 내외적 갈등이 존재해 왔으나 그 해결은 언제든 힘 있는 자들의 손에 있었다. 교리적 다툼이 있을 때마다 요한복음 16장의 말씀—"진리의 영이 오시면 그가 너희를 하나로 인도하시리라"—을 읽었으나 권력이 진리를 만든 것이 지난 기독교 역사였다.102) 이 점에서 공동체 실재주의는 이데올로기 비판에서 자유로울 수 없는 한계를 노출한다. 해방하는 영 자체가 오히려 공동체 안에서 억압적 기능을 해왔고, 할 수 있다는 것이다. 이 점에서 하이데거–가다머로 이어지는 유럽 해석학의 이데올로기적 오용에 관심을 기울였던 프랑크푸르트학파의 주장이 함께 논의되면 좋을 법하다.

이와 관련된 주제로서 세 번째 논점은 기독교에 대한 이해 자체의 문제이다. 이 책이 밝힌 기독교는 우선성(진정성)에 있어 역사적 예수가 아닌 바울적 초기 공동체에 있었다. 역사적 예수의 경우 기독교를 대표할 만한 윤리(윤리학) 및 논리(교의학)가 제시되지 못했으나 초기 공동체 안에서 신조가 고백되고 일련의 기호 연쇄가 사용됨으로써 기독교의 형태가 갖춰졌다는 것이다. 바울이 공동체를 강조하고 공동체와의 일치(충성)를 강조한 것을 소위 '해석 공동체'의 전형으로 인식한 것은 흥미로웠다. 바울 공동체 안에서 생겨난 수많은 교리를 일종의 실용적 기호로 보고 기호학과 성서 해석학의 상관성을 밝힌 것은 신선한 배움이기도 했다. 이로써 교회 공동체에 적합한 신학을 발견

---

102) 물론 이 본문은 지난 JPIC 발의 時에도 읽혀졌다. 역사 속에서 그래 왔듯 하나로 인도하는 '영'은 지금도 좋거나 나쁘게 쓰일 수 있는 법이다. C. F. 폰 바이젝커, 이정배 역, 『시간이 촉박하다』(서울: 대한기독교서회, 1987).

하려는 것이 미국식 성서 해석학의 목적이자 과제였다. 그러나 미국적 해석학은 예수의 역사성을 탈각시킨 바울의 시각을 견강부회(牽强附會)적으로 해석한 경향이 있다. 주변의 경쟁적인 제의들에 맞서 충성을 요구하는 공동체가 되기 위해 역사적 예수가 아닌 하느님 영(성령)을 강조했다는 것이다. 이것은 기존의 성서 해석학과 다른 발상으로 오직 미국식 기호학적 이해의 산물이다. 더욱 이 충성 공동체는 교회를 결집하는 역할에 충실함으로써 교회 내외적인 분리를 전제로 할 수밖에 없었다. 이런 맥락에서 초기 공동체를 기독교의 전거라 이해한다면 예수의 삶이 보여준 보편성은 실종되고 말 것이다. 더욱이 오늘날은 역사적 예수 연구의 르네상스 시기인바, 뭇 연구가들에 의해 밝혀진 역사적 예수상 그 자체가 기독교의 근원이 되어야 한다는 제안을 거절하기 어려운 상황이다.103) 또한 소위 Q문서로 알려진 텍스트가 발견되었고 예수의 역사성을 의도적으로 강조했던 복음서들이 기록된 상황에서 바울에게 진정성을 두는 것은 많은 위험성을 내포할 수 있는 것이다. 우리가 알고 있는 예수를 초기 공동체에 의해 해석된 형이상학적 산물이라 보고 그것을 수용하고 따르는 것을 '해석 공동체' 내에서의 충성이라 가르치는 것은 이후 지속된 정경화 내지 교리화 과정 자체를 비판할 수 있는 여지를 허용치 않기 때문이다. 물론 미국 해석학이 어느 조망(지평)도 절대적이 아님을 강조했으나 그것

---

103) 역사적 예수에 관한 좋은 책들이 많이 번역되었다. 그 책들의 진정성을 깊게 파악하는 것이 오늘의 상황에서 기독교의 희망을 말하는 방법이 될 수 있지 않을까 생각해 본다. 로버트 펑크, 『예수에게 솔직히』(한국기독교연구소, 1999), 존 도미니크 크로산, 『예수는 누구인가』(한국기독교연구소, 1998), 마커스 보그·톰 라이트, 『예수의 의미』(한국기독교연구소, 2001) 등을 참고하라.

은 이론이지 결코 현실은 될 수 없었고 지금도 마찬가지이다. 불교를 비롯한 이웃 종교들을 향해―공동체를 이끄는 '영'의 관점(은총론)이 없다고 여기기에―사랑과 충성이 결핍된 종교로 보는 것도 지나친 기독교적 시각일 뿐이다. 미국적 해석학이 말하는 '포괄자'는 궁극적으로 '신율'을 지향하는 기독교적 시각조차 하나의 지평(조망)으로 보는 데까지 나가야 정당성을 입증할 수 있다. "…신앙은 어떤 초월적 동기의 현존에 직면한 자아들의 공동체 속에만 존재한다"는 말은 불교를 비롯한 동서양의 어느 종교에도 해당되는 것임을 알아야 한다. 그래야만 자연의 신성성을 말한 미국적 해석학의 성육신주의가 온전히 빛을 발할 수 있을 것이다.

『해석자들의 공동체』에 대한
이정배 교수의 논평에 답하여

박일준

이 논문은 『해석자들의 공동체』를 번역하면서 단순한 번역 작업에 그치지 않고 토착화 신학의 후계들답게 '주체적 수용'을 수행하자는 제안을 실천으로 시도해 보는 작업이다. 민족의 토착 사상들의 주체적 입장에서 서구 문화와 사상을 수용한다는 취지로 토착화 신학은 시작되었다. 하지만 모든 것이 혼재하고 혼용되어 가는 지구촌 시장 경제의 사회에서 우리 것과 남의 것 사이의 구분은 날로 모호해졌고, 토착화 신학의 필요성에 대한 의문조차 제기되는 것이 작금의 현실이다. 이런 지구촌 사회에서 '지역주의'를 부르짖는 미국의 토착화 신학과의 만남을 시도하는 것은 의미가 자못 깊다고 생각한다.

1. 토착화 신학의 3세대 방법론의 모색으로서 공동체적 해석 작업

코링턴의 저작 중 필자가 첫 번째로 번역했던 『신학과 기호학』(*A Semiotic Theory of Philosophy and Theology*)은 마지막 번역 원고를 끝내고 출판하기까지 근 3년이 걸렸다. 그동안 번역 원고를 다시 읽어내면서, 공역을 기꺼이 감당해 주신 장왕식 교수님 나눈 내용들에 대한 소화를 시도하였고, 그리고 말미에 데리다의 기호학과 코링턴의 기호학이 갖는 차이에 대하여 해설을 다는 작업을 첨가하였다. 처음 우연찮게 시도했던 이 공동 번역 작업은 필자에게 토착화 신학의 3세대 방법론에 대한 '순간적인 번뜩임'을 가져다주었다. 우리의 '학'의 방법론이 이론적 공동 작업에 그치지 않고 구체적이고 실질적으로 공동의 작업 공동체가 되어야 한다는 생각 말이다.

본 역서가 필자에게는 주체의 분열을 가져다주는 경험일 것으로 기대했다. 왜냐하면 참여해 주신 이정배 교수님은 필자가 감리교신학대학과 신학대학원에 다닐 당시의 은사이고, 코링턴은 필자의 박사과정 주심교수이자 필자의 학문적 동지이기 때문이다. 이 세 사람 간의 대화는 곧 토착화 신학의 지평을 민족적 혈연관계나 지역적 한정성에 근거하여 정초하는 것을 넘어서서, 지구적 지평을 얻어 나가는 중간 단계라고 생각했던 것이다. 필자는 토착화의 시도가 지구 지역성(glocality)의 학의 방법론과 소통하고 교류해야 할 때라 여기기 때문이다. 코링턴의 미국적 신학 방법론은 미국의 기호학자/철학자인 퍼어스에 뿌리를 두고 발전해 나간다. 이와 비근하게 다석 유영모의 신학에서 한국적 신학의 뿌리를 재정초해 나가면서 한국 사상가들

의 발굴과 보급에 정진하고 있는 토착화 신학자 이정배 교수의 반론은 지구적 토착화 신학의 가능성을 모색하는 의미 있는 반응이다.

거의 모든 학문과 문화가 '제국'과의 연관성을 중심으로 펼쳐지는 것은 토착화 신학자들에게 위기이며 기회이다. 지구화 과정(globalization)이 진행되면 진행될수록, 각 지역 문화 간의 정체성과 경계가 모호해지며 모든 것이 제국 문화로 단일화되는 경향을 띠게 된다. 그 단일화의 근간에는 모든 것을 통합하는 힘 즉 자본주의의 힘이 놓여 있고, 토착화 신학은 그러한 거대한 통합의 힘에 대한 지역성의 저항이기에 세계화 시대에 의미를 갖는다. 동시에 한반도 지역성에 뿌리를 두고 전개되는 토착화 신학이 이제 세계화의 흐름 속에서 지구적 수준의 대항 담론으로 발전해 나가려면, 역설적으로 토착화 신학의 담론 자체가 국제적 담론을 지향해야 할 접점을 모색할 필요가 있다. 바로 그런 점에서 지구화란 토착화 신학이 국제적 접점을 모색할 수 있는 기회가 되기도 하는 것이다. 그와 같은 접점의 모색은 어떤 기원점(point of origin)이나 시작점에서 출발하는 것이 아니라, 처음부터 '둘'(the Two)로 시작한다. 접점은 곧 '사이'(the between)로부터 융기하기 때문이다. 바로 이러한 생각이 이 책을 공동 작업으로 추구해야 할 필요성을 느끼게 하였다. 그래서 번역 작업을 페이지 별로 나누어 진행하는 단순한 번역 작업보다는 전체를 같이 읽고 서로의 반론과 반응을 나누며, 그를 통해 독자들에게 토착화 신학의 풍성한 담론들을 전하는 것이 '해석 공동체'의 작업으로 더 적합할 것이라 사료되었다. 하여 원문 번역 외에 이정배 교수님의 책에 대한 비판적 평 혹은 반론과 그에 대한 필자의 대리적 변론을 첨가하기로 하였다. 이를 통해 필자들은 토착화 신학의 제3의 길, 즉 지구지역성(glocality)을 모

색하고자 한다. 전 세계 저항 담론들과의 연대 가능성을 모색하는 것 말이다. 기꺼이 의기투합해 주신 이정배 교수님께 이 자리를 빌려 감사를 드린다.

2. 삼원적 기호 작용과 해석 공동체

이 책에서 언급하는 기호학이란 일체가 퍼어스(C. S. Peirce)의 기호학을 말한다. 퍼어스의 이해 속에서 기호란 기의(the signified)와 기표(signifier) 간의 이원적 작용이 아니라, 기호와 대상과 해석체 간의 삼원적 과정이다. 대륙 기호학과의 이 차이가 이 책에서 '해석 공동체'를 화두로 삼는 주된 이유이다. 기의/기표의 이원적 작용은 우선 기표들이 기의를 적실하게 지시하느냐에 집중하여 검토될 수 있다. 이것이 소위 '해체 철학자'들이 등장하기 이전의 기호학일 것이다. 이경우 기의의 본래성이 전제되는데, 이 기의의 전제가 유럽 철학과 신학의 근간이었음은 두말할 필요가 없다. 하느님이라는 이름으로 말이다. 그리고 이 기의라는 존재로 인해 시간과 역사의 과정이 최종적완성을 향해 가는 꿈을 품을 수 있고, 또 우리의 본래적 존재의 기원이라는 물음에 대한 답이 합리적으로 제시될 수 있었다. 그런데 만일 '기의'가 기표들의 그러한 합목적적인 전개 과정을 가정하기 위해 설정된 가상의 존재라면? 결국 기표들의 기호 작용을 설명하기 위해 제시된 모든 이론은 권력 작용의 기제로 한순간에 변질된다. 이러한 정치적 함의성을 읽어낸 것이 바로 니체 이후 데리다를 위시한 해체 철학자들의 공헌이다. 그 순수한 기원과 최종인(final causation)의 신화가

지구상에 존재하는 '차이들'을 '차별의 조건들'로 변질시켜 왔던 것이다. 하느님의 형상으로 창조된 합리적 이성의 인간은 예수 그리스도를 믿지 않았던 동양인들과 아프리카의 사람들을 포함하지 않는다. 혹은 다른 종교인들을 포함하지 않는다는 식 말이다. 기의는 단 한번도 그 자신의 모습을 정확하게 드러내지 않는다. 기표들을 통한 다양한 해석들이 발전되어 가고, 그러한 전개는 늘 기의에 대한 올바른 해석이라는 기준을 통해 검열받도록 체제를 유지하는 것, 바로 이것이 기의 기호학의 이데올로기적 측면이다. 데리다는 이 '기의'가 존재하지 않는다는 말을 "텍스트밖에는 아무것도 없다"는 말로 압축하여 표현하였다. 텍스트는 기표들로 구성되어 있고, 그 기표들의 끊임없는 차연 작용이 계속적으로 다양한 해석들을 낳는다. 그 과정은 '차이'를 낳고, '최종의 완전한 해석'을 다시 지연시키는 작용의 연속일 뿐, 그 이상도 그 이하도 아니다.

삼원적 기호학은 미국 철학자 퍼어스(Charles Sanders Peirce)로부터 시작하는데, 그는 기표/기의의 이항대립적이고 위계적인 구조를 선회하는 유럽 대륙의 기호학자들과 궤를 달리하여, 기호-대상-해석의 순환적 삼원성을 기호 체계로 삼는다. 기표/기의의 이원성을 선회하는 프랑스 계열의 기호학은 기호란 언제나 도상/지표/해석의 삼원성을 지니고 있다는 사실을 주목하지 못했다. 그럼으로써 자신의 사상적 토대를 해체한 후 서구 문화를 살아가는 인생들의 위선과 공허와 기만을 폭로하고 조명하는 데에는 능했지만, 정작 21세기 지구촌 시장경제체제 바깥으로 추방되어 비존재로 살아가야 하는 가난한 영혼들을 위한 '사상적 근거'를 제시하는 데에는 무기력했다. 가난한 영혼들에게 권력의 해체나 인간의 위선적 본성에 대한 고발은 긴급한

과제로 다가오지 않기 때문이다. '가난'이라는 주제를 담론으로 포함하지 않는 탈/근대의 담론이 차이와 다양성을 강조할 때, 지구촌 시장 경제 질서의 담론으로 의혹을 받는 이유이다. 기호는 기표들의 중단 없는 차연 운동을 통해서 분기해 나가기만 하는 것이 아니라, 인간 공동체의 해석 과정을 통해 방향성을 찾아가기도 한다. 기호 분화 과정은 해석 공동체의 발달 과정과 맞닿아 있다는 사유가 퍼어스의 기호학이 데리다나 들뢰즈의 작업과 다른 방향을 향하는 이유이다. 하지만 이것은 인간중심적 사유의 재도입을 의미하는 것이 아니다. 해석 공동체의 해석 활동은 언제나 자연(nature)의 흐름 속에 정초된 활동으로서 인간 해석 공동체의 활동이 이미 자연의 활동을 반영한다. 이러한 논리를 뒷받침하기 위해 코링턴은 이 책에서 바울의 원시 교회 공동체를 해석한 로이스의 길을 따라간다. 로이스의 작업을 통해 코링턴은 자연과 인간 해석 공동체 사이에 '해석의 영'이 작용할 수 있는 소지를 찾고자 한다.

코링턴이 미국의 사상적 전통의 핵심으로 삼는 퍼어스는 모든 사유는 기호들 안에 존재한다고 주장한다. 이는 사유의 바깥에 사유되지 않는 기호들이 존재할 가능성을 여는 것이 아니라, 모든 사유는 기호이고, 모든 기호는 사유이며, 그 밖에는 아무것도 없음을 주장하는 것이다. 즉 모든 실재는 기호로 구성된다. 퍼어스는 실재를 일차성(Firstness)과 이차성(Secondness)과 삼차성(Thirdness)이라는 세 가지 근본 범주를 통해 보았는데, 일차성은 기술 불가능한 즉자성의 범주이고, 이차성은 우리의 의도나 기대에 대한 저항으로 경험되는 것들 그래서 우리의 인식 습관에 충격으로 경험되는 것들의 범주를 가리킨다. 삼차성은 "일반적이고 반복 가능한 경험들의 영역"으로 인간

이 실재를 인식하는 데 가장 많이 의존하는 범주이다. 즉, 삶에 정착한 실재 해석이다. 이 세 범주는 실재에 대한 앎을 가능케 하는 것들로, 이들을 통해 우리는 실재를 귀납(induction)하고 연역(deduction)하고 귀추(abduction)하여 파악한다. 여기서 퍼어스가 귀납과 연역 외에 귀추법을 제안하는 이유는 실재에 대한 앎은 참과 거짓에 대한 앎이 아니라, 일반 가설을 세워 나가는 과정임을 주장하기 위함이다. 우리는 실재를 즉자적으로 경험함으로써 알아가는 것이 아니라, 여러 추론 과정을 통해 일반 가설들을 세워 나감으로써 알아간다. 이것이 귀추법의 핵심이다. 이는 우리가 실재를 정확히 알 수 없다는 것과 우리의 앎이란 언제나 오류 가능성을 담지하고 있으며, 따라서 자연과 우주의 과정은 언제나 '우연'(chance)으로 경험된다는 것을 의미한다. 그렇다면 실재란 결국 우리에게 기호로 다가올 수밖에 없다. 기호(sign)란 그 자체로 의미나 실재를 담지한 것이 아니라, 그것이 가리키는 것을 가리키면서 동시에 지시 대상이 현재 그 자리에 부재함을 가리키는 것이다. 우리는 삶에서 경험하고 바라보는 모든 것을 실재 혹은 진리와 연관하여 사유하는 습벽이 있다. 그래서 자신의 경험과 맞지 않는 가설이나 이야기를 거짓된 것으로 몰아세우며, 자신의 이야기가 담지한 오류 가능성을 부인하고 가리고자 애쓴다. 많은 갈등과 대립이 바로 여기서 시작한다. 자신의 이론이나 경험이 담지한 오류 가능성을 인정하는 것은 곧 자신이 틀렸다는 것을 의미한다고 생각하기 때문이다. 하지만 우리가 경험하고 사유하고 느끼는 것은 '기호'(뿐)이다. 그래서 우리 인간에게 '의미'가 중요하게 와 닿는 것 아니겠는가? 하지만 우리는 기호를 실재로 고정해 놓고, 그 박제된 현실 속에서 의미를 추출해내고자 노력한다. 그렇게 쥐어짜낸 의미들

은 우리의 현실을 예인하는 가치로 부여되고, 가치와 현실은 전혀 동조하지 못한다. 애초부터 현실(actuality)이란 실재가 아니라 기호이기 때문이다. 우리에게 무언가를 말하지만, 그 말 건넴은 언제나 그가 가리키고 지시하는 것의 부존과 부재를 또한 의미하기 때문이다.

현존과 부재를 동시에 가리키고 있는 기호의 이 역설적 존재성은 도상(icon)과 지표(index)와 상징(symbol)의 양식으로 삼원적으로 존재한다. 도상(icon)으로서 기호는 지시하는 대상과의 유사성을 통해 지시한다. 지표로서 기호는 대상과 맺고 있는 실존적 관계를 통해 지시한다. 교통신호등이라는 기호처럼 말이다. 상징으로서의 기호는 유사성이나 실존적 관계를 넘어 자연의 일반 법칙들이나 습관들을 통해 작용한다. 하지만 기호의 이 세 양식은 기호들이 각각 구별되는 범주를 의미하는 것이 아니라, 기호 작용 방식의 양식들을 말하는 것이다. 즉 하나의 기호가 어느 한 양식으로만 작용하는 것이 아니라, 모든 기호는 어느 정도 이 세 작용 양식 모두를 통해 작용한다. 하지만 우리의 인식 구조는 세 양식 중 어느 한 양식에 선택과 강조점을 두고 작용하기에 우리는 늘 기호의 특정 측면만 진지하게 바라본다. 이러한 기호 과정에서 우연과 필연을 이분법적으로 구분하는 것은 큰 의미가 없다. 한 기호를 통해 삶의 과정들을 필연으로 느낀다는 것은 곧 그 기호가 다른 양식들을 통해 전달하고 있는 우연적인 요인들을 무시하고 있다는 것을 의미하기 때문이다. 혹은 어느 한 양식의 작용을 필연으로 범주화하는 것은 다른 양식들을 우연으로 치부하는 것을 의미한다. 기호들의 전개와 발달 과정에 우연의 요소가 절대적으로 필수 불가결하다는 입장(tychism)은 퍼어스의 기호 이론을 통해 신학적 담론들을 고찰해 본다면, 우리가 진리와 등가시키고 있는 교리와 신

조들이 매우 다른 구성으로 다가올 수도 있음을 시사한다. 진리란 우리가 그와 등가시키고 있는 곳이 아닌 어떤 다른 곳에서 유래한다. 결국 삼원적 기호 양식들의 혼재성과 우연과 필연의 혼재성은 기호의 존재적 중층성을 드러낸다. 모든 기호로서 존재는 중층적으로 존재한다. 이는 그 존재의 실체나 본질을 밝히는 작업이 간단치 않고 심지어는 불가능하기까지 하다고 볼 수 있는 대목이다. 삼원적 기호론은, 차연과 탈주를 강조하는 이원적 기호론(예를 들면, 들뢰즈)과 달리, 기호의 존재적 중첩성 · 중층성 · 혼재성을 더 강조한다.

2-1. 우연/필연의 이항 대립을 넘어서

기호(들)의 발생은 적어도 계획되거나 예측될 수 없다는 점에서 '우연'의 개입을 요청한다. 최소한 기호 사용자들의 관점에서는 그렇다. 우리가 인식할 수 있는 기호의 범위가 기호의 전부는 아니다. 따라서 우리가 미처 인식하지 못하는 기호가 있고, 우리가 인식하지 못하는 한 그 기호는 해당 기호 사용자에게 비존재와 같은 것이다. 하지만 모든 생명체가 세계를 나름대로의 기호 체계를 통해 인식하고 파악한다는 것을 염두에 둘 때, 기호란 인간 사용자가 인식하는 것보다 더 넓은 광의의 세계인 셈이다. 더 나아가 기호의 발생이란 진화론적 발생 과정을 따라가고 있어서 기존 기호들의 무작위적인 이합집산을 통해 새로운 기호들을 창출해 간다. 동시에 기호들은 그 삼원적 작용들을 통해 다른 기호들과 어떤 식으로든 연관성을 맺고 있으며, 따라서 모든 기호는 연속한다고 볼 수 있다(synechism). 이러한 연속성이 없다면 각 기호는 고립되어 기호로서의 기능을 발휘할 수가 없을 것이다. 예를 들어 시간의 한 기호로서 '현재'는 과거와 미래라는 전후

기호가 없다면 의미를 담지하지 못할 것이다. 각 순간은 그 이전의 순간들과 관계하여 미래이고, 그 이후의 순간들과 관계하여 과거이다. 이러한 관계맺음이 이루어질 수 있는 것은 각 순간이라는 기호들이 모든 순간과 더불어 어떻든 연속하고 있기에 가능한 것이다. 이 우연 발생적이고 연속적인 기호계가 그 어떤 방향성 없이 나아간다면 의미의 발생이란 무의미할 것이다. 의미란 결국 방향성의 문제이기 때문이다. 기호 과정의 방향성을 부여하는 근본 원리가 있다고 본다는 점에서 퍼어스의 기호학은 소쉬르 유의 기호학과 전적으로 다르다. 그 근본 원리를 퍼어스는 아가피즘(agapism)이라고 명하였는데, 우주에는 "진화론적 사랑의 원리가 있다"고 본 것이다. 왜냐하면 실재는 해석들과 그의 분열들을 통해 열린 기호 체계로 발전해 나가지만, 그럼에도 어떤 즉자성의 경험이 (기술할 수는 없지만) 일차성의 범주를 통해 계속해서 열려 가기 때문이다. 왜 나는 사랑을 갈구하는가? 이것은 생물학적 본성의 이해를 통해서 혹은 심리적인 원인들의 이해를 통해서 설명할 수 있겠지만, 오늘 여기서 왜 나는 또 사랑을 갈구하고 있는가에 대한 궁극적인 설명으로는 만족스럽지 못하다. 거기에서 내가 사랑을 갈구하는 대상의 즉자성이 설명되지 않기 때문이다. 내 마음 안에서 그러한 일반 기제가 작동한다는 것을 인정한다 해도, 그러한 범주에 해당하는 가능 대상들이 여전히 무수한 기호로서 세상에 이미 기존하고 있고, 그 많은 대상 중 하필 이 특정한 대상에게 갈망을 느끼는 원인은 또 다른 문제이기 때문이다. 내가 무언가를 사랑할 어떤 근원적인 이유, 그것은 곧 내가 온 생명을 사랑하고 느껴야 할 이유와 맞닿아 있는 것으로서 우리의 기호 해석들이 지향해 나가는 전반적인 방향성이다.

이 방향성의 부정, 우연성에 대한 강조가 이원적 기호학의 공통된 특징이라 할 수 있을 것이다. 퍼어스의 삼원적 기호론의 특징은 이 방향성을 '우연성'에 정초한다는 데에 있다. 기호 발생이 필연적 과정이라기보다는 우연 발생적인 진화 과정에 가깝지만, 그 전체 과정이 무방향적으로 나아가는 것은 아니라는 것이다. 기호 과정의 전체 흐름속에서 느껴지는 벡터—그것을 퍼어스는 아가페적 힘이라고 보았고, 그래서 전체 과정은 우주적 사랑으로 나아간다고 주장하였다. 코링턴이 본문에서 인정하듯이, 퍼어스의 기호론 중 가장 논쟁적이고 이견이 많은 부분이다. 하지만 실재(reality)란 실체나 본질의 형태로 존재할 수 없다고 주장하는 것과 실재란 그래서 아예 존재하지 않는다고 말하는 것이 다르듯, 우주의 기호 과정은 일정한 방향성을 갖고 있다고 말하는 것과 그 모든 과정이 필연에 의해 예비되거나 결정되어 있다고 말하는 것은 다른 것이다. 퍼어스는 실재가 실체나 본질로 존재할 수 없다는 점을 충분히 납득하지만, 실재 자체가 없다고 여기지는 않는다. 오히려 그 실재란 기호 관계로 존재하며, 그래서 중층적이고 복잡하다. 바로 이것이 퍼어스의 범주 일차성(Firstness)이다. 실재는 세 범주로 존재하며 그 각각의 양상이 일차성과 이차성, 삼차성의 범주로 인식된다는 것이다. 따라서 기호의 존재는 단순히 지시 대상의 부존을 가리키는 역설로만 존재하는 것이 아니라, 기호를 태동케하는 기의적 대상이 기표 대상과 마찬가지로 존재한다는 것이다. 그러나 기의적 존재로서 일차성은 전체 실재를 조망하며, 모든 것을 결정하는 전지전능자의 시점을 갖고 있지 않다. 오히려 이 기의 존재는 방향성으로만 드러날 뿐 그 모습을 보여주지 않는다. 보여준다 하더라도 우리가 인식할 수 없으며, 삼차성의 해석체를 통해서만 인식 가

능할 따름이다. 바로 여기서 전통적 신론의 쌍두마차 성부와 성자 대신 성령이 코링턴과 로이스의 해석 과정에서 핵심으로 부상하는 이유를 보게 된다. 일차성에 대한 인식은 삼차성의 해석을 매개해서만 가능하고, 그 해석의 방향성을 통해 기의적 존재를 간접적으로 예감한다. 이 점에서 소쉬르 이후 대륙 기호학은 신학과 대립되는 위치로 나아갔지만, 퍼어스의 기호학은 신학 친화적인 자리를 점유해 갔다고 볼 수 있을 것이다.

2-2. 과학 공동체와 신앙 공동체

이와 같은 퍼어스의 기호 이해에는 무엇보다도 근대 시기까지 서구 철학과 사상을 정초하였던 토대주의(foundationalism)에 대한 급진적인 거절의 몸짓이 담겨 있다. 기호 작용은 소위 '제일 기호'(first sign)을 갖고 있지 않으며, 모든 기호는 무한한 기호 작용의 연쇄 속으로 뛰어들면서, 발생하고 성장하고 분기해 나간다. 이는 곧 사물 자체 혹은 *Ding an Sich*가 없다는 것, 있더라도 기호를 통하지 않고는 인식되지 않기 때문에 결국 대상은 대치물(supplement)로서 기호만으로 존재한다는 것을 의미한다. 또한 기호는 그 자체의 현존이 목적과 기능이 아니라, 언제나 자신이 아닌 그 어떤 것을 가리키고 있기 때문에 한 기호의 존재는 그의 지시 대상이 있다는 것을 뜻하며, 결국 고립된 기호란 존재하지 않는다는 것을 의미한다. 하지만 이때 기호들의 상호 관계성이란 주체와 주체 사이 혹은 대상과 대상 사이의 인격적이고 동등한 우애 관계를 말하는 인간 중심적 관점의 '관계성'(rela-tionality)을 단순히 지시하지는 않는다. 그것은 한 기호가 담지한 다중적인(multiple) 삶의 방식들을 가리키며, 이 다중다수성에 매몰되

지 않고 기호가 의미의 어떤 곳을 향하여 나아가고 있다면, 그곳은 해석자들의 손길을 통해서만 가능하다. 이때의 해석이란 참과 거짓을 가려 주는 해석이 아니라, 세계에 대한 좀더 나은 '가설'을 전해 주는 해석을 말한다. 이때 해석을 통해 추구하는 것이 '진리'가 아니라 '가설'이라는 것이 중요하다. 해석을 통해 진리를 얻을 수 있다면 해석 작업은 고독한 천재의 작업일 수도 있을 것이다. 하지만 모든 것이 기호로 경험되고 인식되는 세계 안에서 진리를 단번에 가져다주는 비범한 해석이란 존재하지 않는다. 해석이 다양하게 변화하기도 하지만, 해석의 대상인 기호 자체가 끊임없이 분기하고 차연하기 때문이다. 따라서 해석은 다양한 해석을 통해 가장 설득력 있는 가설을 획득하는 것이며, 이는 언제나 해석 공동체의 작업이어야 한다. 또한 공동 작업이 가능한 이유는 전체 기호 작용이 일정한 방향성을 띠고 흐른다는 근본 전제가 있기 때문이다. 퍼어스는 이런 해석 작업의 범례가 되는 공동체를 과학 공동체로 생각했으며, 그래서 과학 작업이 가장 실재에 근접한 작업이라고 여겼다. 왜냐하면 과학 공동체의 작업에서는 언제나 기존 해석에 대한 비판 작업이 공정하게 이루어진다고 여겼기 때문이다. 이는 아마도 20세기 초 과학의 발달에 대한 환상이 여전하던 시절의 관점을 반영하는 것이다. 로이스는 그러나 과학 공동체 대신 '해석 공동체'라는 용어를 사용한다. 즉 기호 해석을 공동으로 수행하는 공동체, 이는 곧 해석 작업에서 건전한 비판이 살아있는 공동체를 의미한다. 왜냐하면 그 어떤 해석도 절대적일 수 없기 때문이다.

퍼어스의 작업이 기호 해석 작업의 공동체성의 필요성을 밝혀 주는 데까지였다면, 로이스는 그 해석 공동체가 나아가기 위해서는 종교적 차원이 반드시 필요하다고 여겼다. 그래서 해석 공동체에서 이

루어지는 다양한 해석들이 실재를 향하여 한 걸음씩 다가간다는 믿음이 보증되어야 한다고 생각했다. 로이스에게 그러한 공동체의 원형은 바울이 개척했던 원시 신앙 공동체였고, 그 공동체 안에는 언제나 성령의 인도하는 힘을 해석의 힘으로 따라가려는 성찰과 노력이 비판 작업과 공존하고 있었다. 기호는 언제나 '기호'와 '대상'과 '해석'의 삼원성을 통해 나타나고, 해석은 언제나 '해석되는 대상'과 '해석자', '해석 수용자'의 삼원성을 통해 전달된다. 퍼어스의 기호와 해석에서는 언제나 기호는 해석과 분리될 수 없는 것이다. 분명히 '기호=해석'의 일대일 대응관계는 거절하지만, 기호는 언제나 해석을 통해 등장하고 해석은 언제나 기호를 전제로 하며, 그 양자 사이에 기호의 지시 대상과 해석자가 자리 잡고 있다. 이는 전통적인 인식의 위계 구조를 뒤집는 전복이다. 왜냐하면 실재 인식에서 인식하는 주체에 강조점을 두거나 인식 대상에 강조점을 두는 것이 서구 철학의 사상적 습벽이었음을 기억한다면, 기호와 해석에 방점을 두는 퍼어스의 기호학은 서구 전통의 전복을 염두에 둔 것이기 때문이다.

퍼어스의 해석 공동체를 바울의 원시 교회 공동체 안에서 일어난 '사랑 공동체'(the beloved community)로 확장 해석해 가면서, 로이스는 과학 공동체에 대한 근거 없는 퍼어스의 낙관론을 종교적 믿음의 공동체로 전환한다. 종교적 믿음 공동체의 굳건한 토대는 역설적으로 아직 이 땅의 삶에 실체나 뿌리를 갖고 있지 않은 미래의 소망이다. 물론 그 미래의 소망은 언제나 과거 사건(들)에서 근거하지만, 미래의 소망이 없다면 과거 사건들의 기원적 의미도 상실된다. 아직 도래하지 않은 미래 사건에 대한 믿음과 소망이 해석적 다양성의 여지를 갖고 있을 때 독단으로 빠지는 일을 방지할 수 있다. 이 믿음과 소망이

해석적 다양성을 갖추지 못할 때는 맹신(blind faith)으로 추락한다. 즉 이 믿음 공동체는 과거로부터 주어진 기호를 믿음과 소망의 빛에서 새롭게 해석해내는 공동체일 수밖에 없는 것이다. 이것을 뒤집어 말하자면, 그들의 해석은 언제나 주관적인 믿음과 소망의 여지가 개입되어 있어서 과학적으로 혹은 객관적으로 증명해낼 수 있는 유의 해석과 질을 달리한다. 더 나아가 해석을 가능케 하는 기호의 미래적 차원은 언제나 기존 해석 체계의 경계를 침노해 들어와 무너뜨리는 힘을 담지하고 있다. 즉 아직 '존재하지 않는 차원'이 현실적으로 존재하는 차원을 주도해 나가고 있는 셈이다. 여기서 왜 로이스가 종교 공동체의 믿음이 과학 공동체의 비판력보다 더 기호적 힘을 갖추고 있다고 보았는지를 알게 된다. 기호의 삶이란 곧 '믿음'이다. 바울이 다마스쿠스로 가는 길에서 마주쳤던 '예수 기호'가 기호의 이런 특징들을 두루 보여준다. 바울이 그 길에서 보았던 것은 결코 그의 과거 경험을 통해서나 현재 상황을 통해 도래한 것이 아니었다. 바울의 이후의 삶에서도 그것은 온전히 실현된 형태로 내주한 것도 아니었다. 그러나 바울은 그 기호의 방향성을 따라 삶을 지향해 갔다. 왜? 바울 본인의 입으로 "믿음"이라고 하지 않던가?[104]

그 사랑 공동체 구성원들의 공통된 근원적인 태도는 그래서 바로 '충성'의 태도이다. 여기서 충성(loyalty)이란 어떤 외적인 권위나 힘에 굴복하여 보이는 복종과는 전혀 대립되는 내적 특성을 갖는다. 자신의 해석에 대한 내적인 충성을 말하기 때문이다. 따라서 신실함이

---

104) 알랭 바디우(Alain Badiou), 현성환 역, 『사도 바울: '제국'에 맞서는 보편주의 윤리를 찾아서』(*Saint Paul: The Foundation of Universalism*), What's up 총서 (서울: 새물결, 2008), 111.

라는 말로 이해하는 것이 본연의 의미에 더 가까운지도 모른다. 객관적으로 근거를 찾을 수 없는 자신의 기대와 소망을 통해 구성해낸 해석에 충실하여 삶과 인생과 공동체를 섬기는 것, 그것은 곧 코링턴에게 영-해석자(Spirit-Interpreter)가 공동체의 기호 해석 속에서 작용하는 힘의 흔적이었다. 개인주의에 근거하여 예수 자신의 인격과 삶을 탐구해 들어갔던 신학적 자유주의와는 달리, 퍼어스와 로이스는 인간 삶의 공동체적 특성과 그 공동체가 담지한 종교적 믿음의 특성 그리고 그 믿음에 필수적인 충성적 태도를 주장한다.

　이러한 연장선상에서 퍼어스와 로이스가 대륙 해석학, 특별히 하이데거와 가다머 유의 해석학에 갖는 반대 입장은 뚜렷하다. 대륙 해석학은 시간성과 개인(individual)에 치우쳐 해석을 이해했다는 것이다. 사실 하이데거나 가다머에게 개인이 전체 해석 지평을 통괄하는 통전성의 비전은 잘 드러나지만, 한 개인이 뒤얽혀 살아가는 삶의 구조 가운데 가장 영향력이 있을 공동체 분석은 거의 드러나지 않는다. 하이데거는 오히려 인간 삶의 중층적으로 뒤얽혀 들어가는 구조를 '저들의 세계'(the they 혹은 das Man)로 치부하면서 현존재가 존재의 음성을 회복하기 위해서는 극복해야 할 그 무엇으로 여겼다. 그렇기에 가장 이상적인 현존재의 모습은 언제나 고독한 시인의 모습이었고, 그 고독한 사유자가 가질 수 있는 유일한 신뢰의 근거는 바로 자신의 '언어'였다. 코링턴은 이를 '언어 신비주의'라고 부른다. 언어는 근원적으로 기호적이고 공동체적이라 해석을 요하지만, 대륙 해석학이 언어를 존재의 신비로 돌파해 들어갈 수 있는 그 어떤 것으로 여겼다는 점에서 신비주의로 생각한 것이다. 여기에는 모든 (이해 가능한) 기호(들)의 모습을 언어적인 것에만 국한하는 언어중심주의도 포함

되어 있다. 그래서 하이데거나 가다머가 '기호'를 말할 때 비언어적인 기호들이 의미 구조에 전적으로 배제되어 있다. 여기에는 해석의 기원 혹은 해석의 종착점이라는 '생각'(idea)이 배어 있다. 하이데거나 가다머나 모두 실체 형이상학을 극복하는 철학을 주장한 학자들이지만, 그들의 '해석' 개념은 시인의 비범한 존재의 통찰이나 지평적 충만 같은 해석자의 절대적 해석을 염두에 두고 있어서 해석은 또 다른 해석 수용자를 위한 해석이라는, 즉 해석의 끝없는 과정을 인정하지 않았다. 이런 면에서 리꾀르가 하이데거를 비판하는 말, 즉 하이데거는 여전히 "나는 존재한다"의 해석학에 머물러 있다는 말은 적실한 비판으로 여겨진다. 가다머는 하이데거의 해석학을 공동체적 실존을 의식하면서 극복하고 있지만, 여전히 개체들 간의 공동체라기보다는 한 개인 안에서 이루어지는 지평들의 공동체라는 점에서 하이데거식 해석학에 여전히 머물러 있다. 이 대륙 해석학은 기호가 담지한 믿음의 차원, 즉 공동체적 차원을 주목하지 않았다. 공동체적 차원을 주목한 가다머도 이 공동체적 차원을 '이해의 지평'으로 해석하였지 결코 '믿음의 지평'으로 간주하지는 않았다는 점에서 코링턴의 대륙 해석학 비판은 적실하다.

2-3. 과학 공동체와 신앙 공동체를 넘어 자연 공동체를 향하여

코링턴이 자신의 책에 대한 반응들에 불공정함을 느끼는 것은 자신이 이 책의 핵심으로 삼았던 지평 해석학에 대한 의미 있는 비평들이나 반응들이 나오지 않았기 때문이다. 2판을 출판하면서, 재판 서문에 코링턴은 이를 가감 없이 그대로 표현하고 있다. 코링턴의 지평 해석학이 갖는 급진성은 전통적인 '인간' 개념을 해체하고 난 이후의

해석학이라는 점이다. 퍼어스와 로이스의 해석학적 기호학이 대륙 해석학의 개인주의적 강조점을 넘어서는 공동체적 강점을 갖고 있긴 하지만, 공동체가 인간중심주의적으로 해석되는 한 공동체는 개인보다 그다지 나을 것이 없어 보인다. 오히려 우리가 안고 있는 사회적 악의 요소들은 모두 우리가 속한 공동체적 특이구조들에서 기원한다. 따라서 인간의 공동체성을 인식한다는 것만으로는 사유의 급진성을 일구어내기에 부족하다. 적어도 21세기를 살아가는 우리에게는 말이다. 바로 여기에 코링턴의 사유가 갖는 급진성이 있다. 인간은 실체(substance)가 아니라 기호(sign)이다. 이 말은 곧 '인간'은 그 누군가를 위해 해석되어야 할 것으로서 자신과는 다른 그 무엇을 가리키고 있다는 뜻이다. 기호가 된다는 것은 의미에 순응하고 해석에 열려 있다는 것이지만, 모든 것이 다 기호가 되는 것은 아니다. 기호 이전의 상태를 코링턴은 '콤플렉스'(complex)라 부른다. 언표할 수 없는 그 무언가로 복합되어 있는 무의식 같은 상태이다. 모든 콤플렉스가 기호가 되어 의미 지평으로 나아오는 것은 아니다. 잠재적으로는 모두 기호이지만 현실적으로 모두 기호가 되지는 않는다. 한 콤플렉스가 기호가 되었다는 것은 특정한 질서의 의미 구조에 동화하고 순응했다는 것이며 그를 통해 그 질서 구조 속에서 의미화 혹은 기호화한다는 것이다. 기호화한다는 것은 곧 공동체적 구조로 진입한다는 말이다. 이 공동체적 구조의 최초 수준은 '마음' 혹은 정신(the mind)이다. 마음 자체가 기호들의 공동체적 연관성을 통해 구성되지만, 그 마음이 하나의 공동체를 형성할 때라야 해석자는 등장할 수 있다. 역으로 한 해석자는 한 마음으로 이루어진 개체가 아니라 이미 그 안에 여러 마음을 움켜쥔 채 살아가는 복잡한 구성체이다. 특별히 마음이 해석 공

동체가 되는 최소 조건들로 코링턴은 "자기-반성과 시간성 그리고 상호주관성"을 들고 있다. 하나의 기호로서 스스로를 성찰할 수 있는 능력이 없다면 시간의 비가역성은 무의미의 기반이 될 뿐이다. 시간이 의미 있게 엮일 수 있는 것은 곧 기호로서 자신을 성찰할 수 있다는 것이다. 이를 통해 혹은 이러한 정체성의 확인을 통해 다른 기호들의 주체적 입장을 가늠해 볼 수 있는 능력이 생기면서 마음은 해석 공동체의 일원이 되어 간다. 기호의 삼원적 구조는 곧 기호의 의미분화 과정이 무한히 분기해 나간다는 것을 의미한다. 그러한 무한 분기 과정만이 계속 이루어져 간다는 것도 전체 우주 과정을 바라보는 하나의 가능성이겠지만, 해석은 언제나 그러한 무한 과정을 엮을 수 있는 가상적 폐쇄계(closure)를 구성하려고 노력한다. 이것이 실재 구조인지 혹은 마음의 해석이 불러일으키는 가상 구조인지에 관하여는 궁극적으로 '믿음'의 문제이지만, 인간들의 모임들에서 이 믿음은 사회 구조를 구성하는 기반이다. 민주주의가 실재와 얼마나 부합하는 구조인지는 검증된 바가 없다. 하지만 그러한 구체적인 검증 없이 민주 사회를 살아가는 많은 이들은 민주주의라는 추상적 기호가 양산해내는 의미의 분기들을 그 기호 작용의 중력 안에서 수용하고 해석하면서 공동체를 이룬다. 따라서 해석 공동체의 근원적인 구성 원리가 '충성'이라는 로이스의 해석은 과학적 탐구 공동체의 이상을 해석 공동체의 이상으로 삼았던 퍼어스의 공동체 모델의 한계를 드러내면서 극복한다. 해석 공동체란 공동체의 기호 해석에 충실한 공동체를 느슨하게 가리키는 개념이기 때문이다.

그러한 해석 공동체의 가장 원시적인 혹은 시원적인 모델이 바로 바울 공동체의 원시 교회였다. 바울 개인의 신앙과 신학이 아니라 바

울이 설립한 원시 신앙 공동체를 성서 해석학을 위한 준거점으로 제시하는 것은 기의/기표 그리고 기호/해석의 이항대립적 위계구조를 넘어 '해석'의 중요성을 부각하면서, 기의/기표의 이항적 위계구조가 담지하고 있던 이데올로기적 체제를 전복함과 동시에 성서 본문을 '창시자의 음성'이 아니라 해석자들의 본문으로 전치(displacement)한다. 이러한 전치를 가능케 한 것은 바로 퍼어스의 삼원적 기호 작용 이해에 기인한다. 기의(the signified)가 본래적인 것의 현존으로서, 그를 지시하고 해석하는 기표보다 존재론적 우위를 점유하는 위계적이고 이데올로기적인 구조를 비판하면서, 기의 그 자체를 부정하거나(데리다) 혹은 기의를 기표로 환원하는(들뢰즈) 유의 기호학은 기의를 부정하는 작업을 우선시함으로써 역설적으로 기의를 다시 담론의 중심에 올려놓는다. 퍼어스는 모든 교류는 '기호'(sign)에서 시작한다고 말한다. 기의가 존재론적으로 우선적으로 있고 기호가 그에 뒤따르는 것이 아니라, 모든 인식과 교류는 기호에서 시작한다. 그리고 그 기호에 대한 해석은 언제나 기호와 해석 '사이'의 틈새로 말미암아 담론들의 다양성이라는 힘으로 존재한다. 여기서 '대상'(object)의 힘이 결정적인데, 해석적 다양성만을 강조하는 데에서 퍼어스의 작업이 멈추었다면 대륙의 기호학과 별 차이가 없을 것이기 때문이다. 기의를 부정하면서 기표들의 차연 작용만을 강조하던 포스트모던적 사유와 달리, 퍼어스의 기호학에는 '기의' 즉 '대상'이 존재한다. 하지만 그 대상을 직접 경험할 수 있는 방법은 없다. 그러나 우리의 해석에 반발하여 도래하는 반항적 힘이 있고, 그것은 바로 대상의 힘이다. 그 대상의 반발력이 우리의 기호 해석을 새롭게 정초해 간다. 또한 이 반발력을 통해 해석 공동체는 해석의 방향성을 찾아 나간다. 기호의 힘이

나 해석의 힘도, 그리고 그 대상의 힘도 그 무언가 근원적인 힘의 작용이고 이를 '기의'로 표현한다면, 이 기의는 기표의 (본래적) 지시 대상으로서 기의와는 다른 차원의 기의이다.

바울 이전 그리스도의 공동체가 존재하지 않았던 것은 아니지만, 우리가 기록상으로 접근할 수 있는 가장 오래된 모델은 바울 공동체이다. 공관복음서의 공동체는 기록상 바울 서신보다 뒤에 문서화되었음을 기억하자. 로이스에 따르면 구원은 공동체를 통해서 이루어지는데, 그 안에서 각 개인은 하느님의 은혜가 아니면 극복할 수 없는 윤리적 짐을 지고 있으며, 그 구원의 은혜는 속죄(atonement)를 통해서만 주어진다는 관념을 원시 교회는 갖고 있었다. 이 바울 공동체 교회에서 가장 중요한 것은 충성의 윤리였다. 이는 공동체를 다스리는 한 개인에 대한 충성도를 의미하는 것이 아니라, 공동체가 지향하는 신앙의 도에 대한 각 개인의 충실성을 의미하는 것이다. 기독교가 공동체에 대한 이 충실성 혹은 충성을 근간으로 한다는 점에서 로이스는 기독교를 충성의 종교라 하였다. 그러나 공동체가 지향하는 바에 대한 충실성은 개인에 대한 충성이 아니라는 것을 다시금 유념해야 한다. 즉 바울의 원시 공동체는 스승 예수가 가르친 것에 대한 단순한 충성을 기반으로 구축된 집단이 아니었다. 공관복음서의 공동체와 달리 바울 공동체는 이방인 기독교인들을 중심으로 구성되어 있었고, 따라서 예수를 직접적으로 접한 제자들이나 사도들을 중심으로 혹은 그들에 대한 충성을 중심으로 구성된 교회가 아니라, 그 스승 예수 그리스도의 해석에 대한 충실성을 중심으로 구성된 교회였다. 여기서 로이스가 퍼어스의 기호 이론을 성서 해석 이론에 적용하려 하는 이유가 분명해진다. 통상 초대 교회 연구는 초대 교회의 자료들이 얼마

나 진짜(original)인가에 강박적으로 몰입하는 경향이 있다. 예를 들어 역사적 예수의 모습을 자료가 얼마나 충실히 복구하고 있느냐를 놓고 자료의 가치를 매기는 성향 말이다. 하지만 바울 공동체의 상황처럼 이미 본래의 예수가 누구냐의 문제보다는 예수에 대한 해석적 다양성 속에서 각 신앙 공동체가 지니고 있었던 해석의 충실성이 초대 교회를 이해하는 훨씬 더 적합한 이해의 틀이라 여겨진다. 바로 이 점에서 로이스는 원시 교회가 해석의 문제를 어떻게 풀어나가고 있는지 보여주는 데 관심을 가졌다. 즉 예수에게로 소급되어 돌아가는 것이 아니라, 예수를 전하는 신앙 공동체들의 해석이 공동체를 통해 조작되고 가다듬어지는 과정이 바로 교회의 본질에 더 가깝다는 것이다. 여기서 역사적 예수를 소위 '오리지널'로, 그에 대한 해석을 '모조품'으로 대별하고 싶은 습벽이 발생한다. 하지만 이러한 우리의 문화적 습벽은 도리어 우리의 삶에 진정한 '오리지널'이란 존재하지 않는다는 근원적이고 존재론적인 상처에 대한 우리의 부인 혹은 은폐 행위일 뿐이다. 삶은 '오리지널'이 아니라 '모조품'(simulacrum)이다. 원본이 있다고 생각하면 모조품은 가치가 덜한 어떤 것이겠지만, 원본이란 존재하지 않는다고 생각하면 모든 모조품은 그 자체로 진품이된다. 이것이 로이스가 '역사적 예수'라는 원본이 아니라 '원시 교회의 해석'이라는 모조품에 시선을 돌린 이유라 여겨진다.

원시 신앙 공동체에 대한 강조는 신앙적 진리의 보편성 혹은 충성의 보편성과 간격을 갖고 있다. 즉 개인의 충성은 한 시대의 역사적 공동체에 대한 단편적이고 맹목적인 충성이 아니다. 그가 공동체에 충성하는 이유는 그 공동체가 보편적인 하느님 나라의 역사적 구현이기 때문이다. 동시에 이 시대적으로 제한된 역사 공동체를 통하지 않

고서는 보편의 하느님 나라 공동체를 구현하는 다른 길이란 존재하지 않는다. 여기서 보편과 특수는 서로를 이탈하지 못하게 하는 비판적 동무의 관계를 맺고 있음을 보게 된다. 이 비판적 동무의 관계 속에서 로이스는 '지방주의'(Provincialism)를 주장하는데, 공동체란 결국 한 지역에 기반하며 그의 예수 해석이란 자신의 지역색을 전적으로 탈피하지 못한다. 도리어 그 지방색을 가미한 해석이야말로 예수가 누구였는지를 본래적으로 드러낼 수 있다. 로이스의 이 지방주의가 우리 신학계의 '토착화'(indigenization) 논의와 유사한 맥락을 타고 있음을 보게 된다. 결국 토착화 신학의 논의는 역사적 예수에 대한 물음, 즉 원본이 무엇이냐의 물음에서 시작할 수 없고, 그래서도 안 된다. 진정한 토착화란 한국적 신학이 처한 상황에 대한 한정적인 충실성을 넘어서서 하느님 나라의 보편 공동체에 대한 충실성을 지향한다. 하지만 그 보편적 충실성은 언제나 우리가 터한 민족의 상황에 대한 충실성을 통해 보완되어야 한다. 즉 토착화란 바로 이 보편과 특수 간의 긴장 관계를 건전하고 비판적으로 유지하며 나아가는 작업을 의미하는 것이지, 결코 주어진 상황성 즉 민족적 상황을 절대 진리로 등가시키는 작업이 아니다. 관건은 보편과 특수의 서로 다른 질서 층위를 매개할 비판적 기준이 무엇이냐의 문제이다. 로이스는 그것을 '사랑'이라고 보았다. 모든 지역 공동체의 다양성에도 불구하고, 모든 공동체가 하느님 나라 공동체로 불릴 수 있는 것은 그들 각각이 하느님의 사랑을 각 지역에 맞게 '해석하고 적용하고' 있기 때문이다. 이러한 매개 기준이 설정되어 있지 않는다면 보편 공동체 혹은 보편이란 전혀 존재하지 않을 것이다. 그리고 보편이 존재하지 않는다면 각 공동체는 그 자체로 선이며 동시에 악일 수밖에 없을 것이다. 각 지역 공동체

를 넘어 모든 공동체를 하나의 공동체로 묶을 수 있는 것, (예를 들어, 토착화 신학에서) 그것은 바로 '가난한 자'이다.[105] 가난한 자를 위한 연대. 로이스는 이를 사랑으로 표현하였다.

이 사랑의 실현을 가늠하기 위해 공동체를 위한 법이 만들어지고, 그로 인해 죄(책)가 생겨나고, 그 죄에 대한 속죄의 필요성이 발생하게 된다. 이로 인해 한 개인의 영혼은 분열하게 된다. 이 분열의 모습을 가장 적나라하게 소묘하고 있는 것이 바로 바울이 말하는 영의 사람과 육의 사람 간의 분열이다. 여기서 영과 육 간의 대립은 영적인 개인과 육적인 개인 간의 구별과 분열이 아님을 유념하는 것이 중요하다. 이는 한 개인의 내면에서 일어나는 분열인데, 정답은 영의 사람을 따르는 것이다. '영'이란 바로 자신의 영혼이 아니라 공동체의 영을 말하기 때문이다. 그 공동체의 영을 거스르려는 개인의 욕망의 힘을 바울은 육의 사람이라고 하였다. 따라서 진정한 사랑의 실천은 공동체를 향한 진정한 충성의 영을 발휘하는 것이다. 공동체의 영은 외적인 규범을 부여하는 것이 아니라, 각자의 구체적인 해석을 위한 매개적 삼차성들을 제공한다. 따라서 개인의 영혼의 분열은 그 어떤 영혼도 완벽하게 공동체의 영에 충성스런 삶을 구현해내고 있는 것이 아님을 의미한다. 이상적으로는 공동체의 영과 개인의 영이 완전한 혼융일체를 일구며 살아가는 것이지만, 그러한 혼융일체는 도리어 개인의 영을 무기력하게(inert) 만드는 일이다. 따라서 두 사람 사이에서 갈등과 긴장을 유지하며 살아가는 것은 인간 삶의 본래적인 모습

---

105) 안토니오 네그리(Antonio Negri)·마이클 하트(Michael Hardt), 윤수종 역, 『제국』(*Empire*), 이학문선1 (서울: 이학사, 2001), 216.

인지도 모른다. 이 갈등과 긴장은 단순히 도덕적 판단이나 정언명령으로 해소되지 않으며, 경제적인 의미의 배상으로도 해결될 성질의 것이 아니다. 이 갈등이 해소되어야 한다면, 단순히 갈등과 긴장을 이상이나 판단으로 전치하는 문제가 아니라, 이 갈등 구조를 넘어서야 할 분명한 이유를 가져야 한다. 로이스는 그것을 사랑이라고 여겼다. 로이스도 이 갈등을 도덕적 죄의 관점으로 보아, 단순히 없어져야 할 그 무엇으로 바울이 보지 않았다고 이해한다. 도덕적 관점에서 부여되는 사랑의 이상은 인간이 처한 상황을 부도덕한 그 무엇으로 판단하는 행위를 전제하기 때문이다. 로이스는 부도덕한 그 무엇이 발생함으로 인해 그것을 극복하고 치유하는 사건이 발생했고, 그러한 과정을 통해 공동체는 그러한 죄악이 발생하기 이전보다 더 본래적 사랑에 가까워졌다고 해석한다. 따라서 그 갈등과 긴장은 전체 과정에 필요한 '악'한 요소였던 셈이다. 그것을 통해 공동체가 각 개인에게 중요한 이유가 분명해지는 것이다. 전통적인 도덕적 속죄론은 하느님의 사랑의 행위에 부도덕한 개인이 응답해야 하는 정언명령에 기반하면서, 속죄를 개인의 행위로 해석하는 약점을 지니고 있었다. 하지만 로이스의 속죄론은 훨씬 더 나은 공동체의 선을 위해 개인의 '약함'이 사용되었다고 해석하는 것이다. 따라서 공동체적 지평을 결여한 채로 개인의 갈등이 왜 나쁘고 유해한지에 대한 판단은 절대적이지 않다.

　로이스의 이 공동체적 강조점은 코링턴에게 다소 협소한 해석의 틀로 간주되는데, 공동체의 빛에서 성서를 해석하는 것은 자연의 빛에서 성서를 해석하는 것의 하위 지평이기 때문이다. 로이스가 바울의 원시 교회 공동체를 퍼어스의 기호 이론의 빛에서 해석해 갈 때 공동체적 틀구조를 채택한 것은 그의 고유한 공헌이자 동시에 바로

그 점에서 퍼어스의 기호 이론을 인간중심의 지평으로 환원하는 오류이기도 하다는 것이다. 전체 자연 사물 각각의 다양한 지평이 인간중심의 제국주의적 지평 아래에 압도당하지 않는 해석적 지평, 그것을 코링턴은 에머스의 초월주의적 자연주의에서 발견한다. '나'는 곧 하느님의 '본질적 일부'로 간주되어야 한다. 이는 성서를 자연의 빛에서 다시 해석해야 하는 과제를 우리에게 부여한다. 왜냐하면 자연은 '영의 상징'이기 때문이다. 그것은 곧 자연이 담지하고 있는 '원형적 언어' 혹은 '심연의 언어'를 해석을 통해 회복하는 것을 의미한다. 이는 바로 우리가 담지하고 있는 인간의 형상을 해체하는 작업을 동반한다. 인간에 의해 구축된 자연이란 곧 인간중심주의의 산물이기 때문이다. 이는 인간을 위한 특별한 사건만을 강조하는 특별 계시 중심의 해석학이 아니라, 전체 자연을 이롭게 하는 자연적 은총, 즉 일반 계시의 지평을 회복하는 해석학이 될 것이다. 또한 이는 전체 자연에 편만하게 작용하는 영의 작용을 분별하는 일로서, 이것을 코링턴은 영 기독론(Spirit Christology)이라 불렀다. 이는 영과 로고스를 하나의 행위 작인으로 보는 것으로, 예수 그리스도라는 전통적 구원론을 영-로고스 작용 중심으로 재편하는 것이며, 이는 곧 역사적 예수에게 부여된 그리스도라는 신적 신분을 유보하는 것을 의미한다. 물론 이는 전통적 신학의 틀구조 내에 머물고 있는 이들에게 너무 많은 것을 요구하는 일일 수도 있다. 하지만 자율이나 타율의 공동체를 넘어서서 신율 중심의 공동체로 나아가는 해석 공동체는 인간의 해석 작업에 필요한 신 개념의 올바른 구축보다 오히려 인간중심적 관점의 해체를 우선적으로 강조한다. 이 점에서 전통적인 예수 그리스도 형상의 의미 있는 해체를 부정적으로만 바라볼 이유가 없다고 생각한다.

3. 토착화 신학과 함께 춤을

토착화 신학 2세대에 속하면서 종교 간 대화의 신학자인 이정배 교수는 토착화 신학의 담론 구조를 넘어 한국적 신학으로 나아가려는 의미 있는 몸짓을 시도해 왔던 학자이다. 그에 걸맞게 그는 한국적 신학과 연관하여 코링턴의 기호학적 성서 해석학에 대한 중요한 이의 제기를 시도하였다. 이정배 교수가 이 책에 제기하는 비판적 물음들은 먼저 역사적 예수가 아니라 바울의 원시 교회 공동체에 기독교의 본래적 모습을 정초하는 것이 정당한가의 문제이다. 왜냐하면 역사적 예수 연구는 전통적으로 바울 신학의 기초 아래 구축되어 왔던 신앙 전통들의 폐해와 모순을 창조적으로 극복하려는 노력 속에서 태동된 분야이기 때문이다. 교회의 성차별적 구조, 교회와 정치권력 간의 밀착 구조, 인간중심적 자연 해석, 종교적 아편의 효력을 가능케 하는 피안 중심의 해석 구조 등. 바울 신학이 담지한 이러한 위험성들을 고려하지 않고, 바로 바울의 원시 교회 공동체를 통해 성서 해석학을 전개하는 것이 정당한가에 대한 비판적 물음은 특별히 한반도의 신학 상황에서 매우 의미 있다. 역사적 예수 연구가 특별히 한국적 상황에서 토착화 신학자의 큰 주목을 받은 이유는 기독교 전통 신학의 근간을 한국적 사유에 근거하여 해체하고 재구성하려는 시도와 맞물려 있다. 서구 사상의 눈으로 옷 입혀진 복음을 한국인의 복음으로 재구성하기 위하여 토착화 신학은 본래적 복음과 그에 대한 서구적 편집을 구별한다. 이러한 구조는 예수의 복음과 바울의 해석으로 소묘되는데, 결국 한국적 신학의 재구성은 예수의 하느님 나라 복음에 기반하여 희랍 사상을 빌려 복음을 제국의 복음으로 탈바꿈시킨 바울 신학

의 해체를 전제한다. 따라서 바울의 신앙 공동체 신학을 성서 해석학의 기저로 삼은 코링턴과 로이스의 작업은 한국적 신학의 몸짓을 머쓱하고 어색하게 만든다.

하지만 앞에서 이미 언급했듯이 코링턴은 '바울의 신학'이 아니라 '바울 신앙 공동체의 해석'을 강조한다. 물론 바울의 성서 본문을 그 신앙 공동체의 본문으로 읽는 작업은 바울의 신학과 바울 신앙 공동체 신학의 차이를 온전하게 부각하지는 못하고 있다. 왜냐하면 그 차이는 주어진 본문의 차이가 아니라, 동일한 본문을 바라보고 읽어내는 관점의 차이이기 때문이다. 바울 자신의 개인적 신앙과 관점을 전달하는 텍스트로 보고, 바울 텍스트의 정치적 욕망의 지향점을 노출시켜 기독교 전통의 정치성을 보여주려는 시도는 곧 복음의 기원을 역사적 예수의 삶의 모습에 정초하려는 시도와 맞물려 있었던 것이 사실이다. 바울은 예수를 직접 만나거나 그의 복음을 전달받은 적이 없었고, 오히려 성서의 기록에 따르면 예수 믿는 자들을 박해하던 이에서 예수를 믿고 그의 도를 전하는 이로 변신한 사람이다. 공관복음서들이 전하는 하느님 나라 이야기나 천국의 이야기도 바울의 서신들에서 말하는 믿음의 복음과는 다소 차이가 있다. 바울의 서신들에서 생략된 복음의 강조점들 중 가장 눈에 뜨이는 것이 바로 '가난한 자'에 대한 복의 이야기이다. 마태와 누가가 가난한 자가 복이 있고 그들이 하느님 나라에 들어간다는 것을 공히 인정한 반면, 바울이 없는 자를 있는 자로 만드시는 하느님의 은혜에 대한 강조를 통해 가난한 자들을 향한 배려의 눈길을 보이기는 하지만, 공관복음서들의 강조점들과는 사뭇 다르다. 역사적 예수의 복음을 예수와 그리스도를 동일시하여 예수를 신격화한 후대의 작업과 구별하는 학자들에게 이러한 동

일시와 신격화의 시발점은 바로 바울의 '믿음에 대한 강조'였다. 또한 기독교 전통 안에 잠재된 많은 억압의 요인들 또한 기본적으로 바울의 믿음에 대한 강조에서 비롯된다(고 그들은 말한다). 현실의 부정의에 항거하기보다는 저 세상에 대한 믿음으로 눈감고 넘어가기를 은연 중 권면하는 복음은 기득권을 장악하고 있는 이들이 가장 선호할 정치적 메시지였다. 아울러 행함에 대한 강조를 담지하지 못한 믿음을 강조하는 것은 기복적이고 이기적인 신앙 생활을 가능케 하는 근거로 남용되기도 한다. 오히려 믿음과 행함에 대한 이분법적인 이해가 정치적 억압 구조의 산물이며, 바울의 신학이 바로 이 억압 구조와의 정치적 타협을 드러낼 뿐이라고 그들은 말한다. 역사적 예수 연구가들이 바울의 신학적 구조를 바라보면서 행하는 정치적 비판은 바울 개인의 저작으로 서신들을 읽을 경우 매우 타당한 비판임을 알 수 있다. 이런 의미에서 필자는 이정배 교수의 비판이 시대적 적실성과 텍스트적 적실성을 담지하고 있다고 생각한다. 토착화 신학의 작업이 복음과 서구적 편집 간의 구별과 분리를 전제한다고 할 때, 바울 신학적인 복음의 제국주의화가 가장 먼저 해체되어야 할 구조물이기 때문이다.

로이스의 바울 신학 해석은 바울의 서신들을 바울 개인의 산물로 읽는 것이 아니라 공동체의 산물로 읽는다. 동일한 본문을 한 개인의 성찰로 보느냐 아니면 공동체의 전통의 열매로 보느냐는 매우 큰 차이를 가져다준다. 공동체의 해석의 산물로 바울의 텍스트를 읽는다면 바울의 본문들은 이제 그 본문들의 역사적 자리로 정초되어야 할 본문들이 된다. 바울 공동체의 역사적 상황에서 직면한 물음들에 대한 공동체의 해석적 답으로서 본문들이 간주된다면, 이제 바울의 본

문들은 우리에게 선포되는 고정된 말씀이 아니라 해석을 향해 열린 말씀의 본문들이 된다. 이것은 곧 그 본문들을 해석 과정의 산물로 본다는 것이다. 바울의 본문들이 담지하고 있는 완고한 결론적 문장들이 아니라, 기존 해석과는 잘 들어맞지 않는 혹은 어울리지 않는 본문들 혹은 후대의 삽입으로 간단하게 간주되고 말았던 본문들의 문장들이 이제 본문을 향한 우리의 고정된 시선을 돌파하는 '주체'의 시도로 여겨지는 것이다.

더 나아가 로이스의 성서 해석학은 퍼어스의 기호학을 적용하여, 그 어떤 '말씀'도 우리에게 먼저 기호로 다가온다는 사실을 주지시킨다. 즉 말씀의 기호들은 그 자체로 의미 있는 것이 아니라 그것이 기호의 삼원적 관계, 즉 도상, 지표, 상징의 삼원적 관계 속에서 우리에게 다가온다. 이 삼원적 기호 관계를 통해 해석되는 본문 기호는 그 자체로 종결된 것이 아니라, 그 기호가 지시하는 '대상'을 향한 어떤 몸짓이 되며, 대상과 기호와의 관계는 '해석'의 삼차 행위를 통해 새로운 지평을 열어간다. 말하자면 퍼어스의 기호학을 적용한 로이스의 성서 해석학은 쓰여진 본문을 종결된 기호 체계로 읽는 것이 아니라 열린 기호 체계로 읽는다. 이 과정에서 '해석'은 단지 본래의 본문에 덧붙이거나 본문을 이해하기 위한 보조 자료의 위치가 아니라, 바로 본문의 자리를 점유하게 된다. 왜냐하면 모든 본문은 이미 '해석'이기 때문이다. 해석을 통하지 않고 기호와 대상으로 나아가는 길은 없다. 그렇다면 우리가 접하고 있다고 생각하는 기호는 이미 해석인 것이고, 성서 본문은 이미 '해석'인 것이다. 해석이 '지시 대상'을 드러내는 길은 기호에 대한 말끔하고 논리적이며 정밀한 해석을 통해서가 아니라, 오히려 해석에 들어맞지 않고 돌출되어 부딪혀 오는 그래서 해석

의 논리를 불편하게 만드는 것을 통해서이다. 이를 퍼어스는 이차성 (Secondness)이라 하였다. 이의 전제는 대상이란 우리의 인식과 해석에 완벽하게 포박되지 않는다는 것이다. 하나의 대상은 또 다른 측면과 환경에서 기호이고, 또 다른 측면과 환경에서 해석이기 때문에 결국 기호의 삼원성이란 모든 기호가 중층적 존재임을 알려준다. 이러한 중층적 존재에게 의미란 고정될 수 없으며, 기호적 삼원성은 바로 이 비고정성의 범위를 구성해 줄 뿐이다. 이러한 비고정성 속에서 '해석의 역할'이란 더욱 결정적이고, 하나의 해석이란 개인적 성찰의 결과가 아니라 공동체적 노력의 산물이란 사실을 상기하는 것이 중요하다.

이러한 틀에서 놓고 보자면 바울 공동체의 예수 해석은 바울 신학에 대한 전통적 시각과는 상당히 다른 의미를 함의하게 된다. 우선 "오리지널은 없다"는 것이 퍼어스 기호학의 핵심이다. 하나의 지시 관계가 시작되어 성장하고 소멸하는 것은 언제나 가능한 것이지만, 복음의 본래적 말씀으로서 예수란 존재하지 않는다. 만일 그와 같은 것이 존재한다면 그것은 언제나 공동체의 해석을 통해서만 가능하다. 모든 것은 기호로 시작하고 기호는 언제나 자신이 아닌 다른 것을 지시하기 때문에 기호는 처음부터 이차적인 것이다. 그런데 우리가 이 이차적인 것을 통해서만 세계를 들여다볼 수 있기 때문에, 이에 대한 해석 행위는 경직되고 고정되어서는 안 된다. 해석은 언제나 기호와 환경 간의 상호작용을 매개하기 때문이다. 요점은 역사적 예수 연구가 지향하는 해체 작업이 기호학적 관점에서는 이미 이루어지고 있다는 것이다. 오히려 역사적 예수 연구가 목표로 하는 본래적 복음의 복구란 기호의 성격을 오인하는 데서 비롯한다는 비판도 가능하다. 즉 역사적 예수와 고양된 그리스도라는 이분법적인 구별은 도리어 '기

의'(the signified)의 존재에 더 무게를 두고 있는 근대적 학문 작업이라는 것이다. 역사적 예수라는 기호가 지시하는 대상은 역사적 예수 자체가 아님을 염두에 둔다면, 역사적 연구를 통해 본래의 예수를 복구하려는 시도에 너무 큰 비중을 둔다는 것은 결국 복음이 당대의 시대성과 지역성을 결코 초월할 수 없다는 기묘한 역설을 절감하게 된다. 특정 시대 특정 사람들을 위한 복음이 왜 지금 현재 이 상황을 살아가는 우리에게 의미 있게 다가오게 되는가? 라는 물음은 '보편적' 혹은 '유적인' 기획에 속하기 때문이다.

이정배 교수의 두 번째 비판적 물음은 바로 '충실성' 개념에 대한 것이다. 공동체를 향한 충실성이 해석을 통한 해방의 지평을 제공한다는 대목이 전혀 의미적으로 이해가 되지 않는다는 것이다. 공동체를 향한 충실성이란 사실 우리가 살아가는 상식적 수준의 삶에서 공동체의 정치력을 유지하기 위한 수단으로 변질되기 십상이다. 구성원 각각에게 보다 상위의 추상적 개념인 '공동체'와 '선'이라는 개념과 윤리를 부과하여 공동체의 기득권을 장악하고 있는 세력의 권력 유지 수단으로 오용될 수도 있다. 역사적으로도 우리는 그러한 사례를 무수히 찾아볼 수 있다. 종교가 권력화되는 자리에서, 하느님을 향한 충실성 혹은 신앙 공동체를 향한 충성은 늘 사제나 기득권 세력을 향한 충성으로 교묘히 전치되는 일이 많았다. 사실 기독교 비판의 핵심들 중 하나는 하느님을 향한 충실성을 사제를 향한 충실성으로 대치한 제도 종교의 권력성에 대한 것이다. 제국주의라는 지구적 맥락에서, 그것을 극복하기 위한 식민지 백성들의 몸짓을 체현하고자 시작된 토착화 신학은 문화적으로 탈식민지주의(post-colonialism)의 몸짓과

많이 닮았다. 아마도 태동 연대의 차이로 인해 토착화 신학과 탈식민 지주의는 다른 몸짓들을 드러내게 되었지만 기본 의도는 다르지 않을 것이다. 탈식민지주의 담론에서 '충실성'(loyalty)이란 이념이 어떻게 조롱받는지를 생각해 본다면 이정배 교수의 비판이 전혀 근거가 없는 것이 아님을 알 수 있을 것이다. 황국시민이 지녀야 할 충성심을 역설 하면서 조선 반도의 청년들을 강제로 전쟁터와 공장으로 그리고 위안 부로 끌고 갈 때 '충성의 논리'는 정권을 유지하는 논리 이외에 다름 아니었다.

하지만 로이스의 충실성 개념을 인용하고 있는 코링턴의 작업을 다른 각도에서 조명해 보아야 할 필요가 있다. 로이스와 코링턴은 위 와 같은 충실성의 개념을 말하는 것 같지는 않기 때문이다. 오히려 그 들의 충실성 개념은 바디우의 '충실성' 개념과 무척 흡사하다. 즉 코링 턴의 충실성은 개인이나 공동체를 향한 것이 아니라, 궁극적으로 '사 랑'의 절대성 그리고 그에 대한 믿음에 관한 것이다. 하지만 각 개인의 지평은 우선적으로 자신이 귀속된 지역 공동체에서 발원하기 때문에 각 해석자는 지역 공동체의 지평에 충성하는 기본 태도를 취하게 된 다. 하지만 이 충실성은 궁극적 충실성을 말하는 것은 아니다. 그리고 지역 공동체에 대한 충실성이 충실성의 근거를 제시하고 있는 것도 아니다. 오히려 각 지역 공동체들을 넘어서서 전체 신앙 공동체를 가 능케 하는 보편의 지평, 바로 그것이 충실성의 지평이다. 따라서 충실 성은 보편과 특수를 매개하고 가로지르는 개념적 도구이다. 신학적 으로 충실성은 오로지 한분에게만 가능하다: 하느님. 하지만 그분을 향한 충실성은 우리의 역사적 시공간 속에서 무수히 다양한 형식과 방법들을 가질 수 있다. 여기서 우리는 로이스의 충실성 개념에 매우

근접한 개념으로 과학 공동체의 충실성을 예로 들 수 있다. 즉 과학 공동체는 각 개인에 대한 충실성을 근거로 수립되는 것이 전혀 아니지만, 그 공동체는 공동체의 이상을 향한 충실성을 요구한다. 그것은 인격적인 충실성 개념이 아니라 진리 탐구를 향한 충실성, 그 진리를 찾아가는 방법에 대한 엄격한 충실성이다. 로이스와 코링턴에게 신앙 공동체는 '맹목적인 (이기적) 믿음'의 집단이 아니라 '해석 공동체'였음을 기억하자. 해석은 결코 기의나 대상을 대치하지 못한다. 해석이 그의 기능을 온전히 감당하려면 언제나 해석적 다양성 가운데 각 해석자의 판단 기준에 대한 주관적 확실성을 보장하면서, 전체 해석 공동체의 결정에 대한 충실성을 전제로 해야 한다. 따라서 로이스와 코링턴이 바울의 신앙 공동체에서 충실성 개념을 언급할 때, 그 충실성이란 군대나 군 유사기관에서 요구하는 맹목적 충성을 말하는 것이 결코 아니다. 그래서 우리는 '충성'을 '충실성'으로 번역했다.

바디우는 바울의 믿음을 '충실성'으로 보았다. 바울의 자아 세계는 태생적으로 순수한 유대인으로 간주되지 못하는 다소의 유대인 이민 가정 출신으로서 순혈을 이어받은 유대 집단에서 늘 잡종성을 의심받았던 상처 때문에 '순수성'을 향한 강인한 집착이 있었고, 그의 회심 이전의 모습은 바로 이 집착을 불굴의 의지로 구축해 나가는 세계였을 것이다. 하지만 다마스쿠스로 가던 길에 '주체의 개입'을 받았고, 그 주체의 침노로 말미암아 이제 바울은 이전의 자아 세계를 넘어서는 새로운 지평을 보게 되었다. 그것은 곧 선민 유대인을 향한 복음이 아니라 이방인을 향한 복음이었다. 그 주체의 침입을 통해 바울은 세상의 모든 정체성과 조건을 횡단하는 유적인 것(the generic)의 선을 볼 수 있었고, 그 유적인 선을 따라 기존 체계를 넘어서는 탈주선(line

of flight)을 찾을 수 있었다. 기존 체계를 넘어서는 탈주선을 따라가는 바울에게 자신이 기대하는 도래하는 세계에 대한 확실한 징표는 아무것도 없었다. 자신의 믿음 이외에는. 의인은 오직 그 믿음으로 산다는 하박국서의 인용이 정당한 인용인지는 바울의 관심이 아니다. 그는 그 인용의 적실성에 상관없이 자신이 체험한 사건에 대한 확실성(confidence)에 의지하여 나아갈 수밖에 없었고, 그것이 바로 바울이 말하는 '충성 개념'이었다. 하지만 그 사건에 대한 충실성은, 로이스와 코링턴에 따르면 단순히 개인적인 차원에 머무르는 것이 아니라 공동체의 경험을 통해 끊임없는 변화와 수정의 단계를 겪으면서 나아간다. 이제 충실성의 대상은 '기의'나 '진리' 혹은 '사실'의 문제가 아니라 그렇게 무수한 해석을 통해 나아가는 '과정의 문제'가 되는 것이다.

세 번째는 '속죄' 혹은 대속 개념이다. 즉 예수가 우리 죄를 대신하여 십자가에서 죽었다는 개념 말이다. 로이스의 속죄 개념을 인용하는 코링턴은 그러한 속죄 개념이 '사회 윤리'를 가능케 하는 방향으로 나아갔다고 보았던 반면, 이정배 교수는 바로 그러한 개념 때문에 기독교가 사회 윤리적 차원을 무시하고 개인 윤리 중심의 신학을 발전시켰고, 그것이 사회적 부정의에 둔감한 바울 신학의 전형이었음을 주지시킨다. 영의 해석 공동체란 곧 인간의 비판 의식을 무력화하는 정치적 도구로 언제든지 변질될 수도 있음을 우리는 기독교 역사를 통해서 무수한 사례를 찾아볼 수 있기 때문이다. 그래서 함석헌은 예수가 우리 죄를 대신하여 십자가에서 죽으셨다는 것을 전혀 신학적으로 무가치한 교리라고 거절한 후, 자기 스스로의 죄를 속죄하기 위하여 신앙의 삶을 요구하는 자속(自贖) 개념을 대속(代贖) 대신에 주장

하였다. 기독교 신학의 핵심인 대속론을 토착화 신학자 이정배는 자속론으로 대치하고 싶어 한다. 우리의 죄를 대신하여 짊어지신 예수처럼 우리도 우리를 억압하는 저 무리들을 용서하고 그들의 죄를 대신하여 짊어짐으로써 그리스도의 사랑을 전한다는 식의 종교 논리는, 인간을 해방하는 해방의 담론이 되기보다는 기득권의 통제와 억압 담론을 정당화하기 위한 담론으로 작용하는 적이 더 많았다. 그리고 각 개인에게 잘못에 대한 책임을 유보해 줌으로써 대속론은 자신의 행위에 대한 책임의 윤리를 약화한다.

로이스도 전통적인 대속론의 문제를 공감한다. 배상에 의한 대속 개념을 주장하거나 그리스도의 무조건적인 사랑으로 마음을 열어 인간의 도덕적인 변화를 야기한다는 식의 속죄론은 도리어 바울의 서신들에서 그리스도의 구원 행위를 설명하기에 부적절한 것으로 간주된다. 바울은 그것을 한 배신자의 행위를 충성스런 종의 보상 행위(counterdeed)를 통해 설명한다. 그 충성스런 종의 보상 행위가 배신자의 행위가 없었다면 이루어질 수 없었다는 점에서, 그리고 그 종의 아름다운 선행이 공동체를 이전과는 전혀 다른 성품의 공동체로 이끌어갔다는 점에서 배신자의 행위는 속죄된다. 이는 배신자가 행한 악한 일의 영향력이 속죄되었다는 것이지 배신자 자신의 행위가 없던 일로 되었다는 의미가 아니다. 영화 〈밀양〉은 전통적 의미의 기독교적 속죄관이 얼마나 터무니없는 것인지를 고발하는 동시에 그에 대한 해법이 무엇인지를 얼핏 제시한다. 영화가 제시하는 해법보다 여기서 우리의 주목을 끄는 것은 전통적인 해법의 문제점, 즉 예수 그리스도가 우리 죄를 짊어지시고 죽으셨기 때문에 우리의 죄는 우리가 그리스도를 주님으로 고백하고 받아들이는 순간 용서받았다는 해법의 문제점

을 적나라하게 보여주고 있다는 점이다. 그 영화가 비판하고 있는 전통적인 기독교의 속죄론과는 달리, 로이스의 속죄론은 결코 배신자가 자신의 일을 용서받았고 자신의 행위에 대한 책임을 지지 않아도 된다고 말하지 않는다. 다만 그 배신 이후 충성의 종이 등장하여 그 배신을 상쇄하고도 남을 만큼 아름다운 일을 통해 그 배신으로 찢긴 공동체를 치유하였고, 그 치유는 배신으로 인하여 이루어질 수 있었던 만큼 배신의 영향력이 새롭게 치유되었다는 것 그래서 배신 행위의 영향력이 상쇄되었다는 것이지, 결코 배신자의 행위가 옳거나 아무런 책임이 없다고 말하지 않는다. 배신자의 행위는 여전히 개인의 차원에서 또 다른 '용서와 책임의 행위'를 요구하고 있는 것이다.

함석헌의 자속론은 기독교의 대속론을 넘어설 만큼 의미 있고 강력한 것일까? 자속을 말하는 전제는 유교적인 수신제가의 '자아'를 말하지 않는다면 의미를 갖지 못할 것이다. 유교 문화에서 인간은 자신의 인(仁)을 세워 나가면서 세상을 다스려 나가는 존재이다. 이것이 '격물-치지-성의-정심-수신-제가-치국-평천하'를 말하는 예기 대학 편의 핵심이다. 기독교의 대속론은 이러한 유교적 인간관에 대한 의미 있는 도발과 탈주를 제기한다. 즉 유교적 인간론의 필수적인 전제는 본질지성(本質之性)이다. 인간은 근원적으로 '선하다'는 것. 그런데 이러한 유교적 인간관은 대체로 근대 심리학 분야가 태동하기 이전부터 우리에게 전해 내려오는 것으로 역으로 말하면, 근대 심리학과 생물학의 인간 이해를 전혀 반영하지 않은 채 작동한다. 인간에게 '자아'란 계발하고 키워 나가야 할 그 무엇이라기보다는 치유와 용서의 대상인지도 모른다. 수많은 상처와 위선으로 가득 차 있기 때문이다. 인간 본성에 대한 이러한 이해는 자속보다는 '대속' 개념을 더욱더

친숙하게 만든다. 유교적 인간 이해가 근대 이후 심리학과 조우해야할 필요성이 느껴진다. 분명한 것은 자속/대속 간의 이분법적 이해가 아니라, 인간의 내면에는 '수신제가'의 이상만으로는 감당할 수 없는 어떤 무엇이 놓여 있다는 것이다. 로이스의 대속론은 한 개인의 책임 문제를 간과하지 않는다. 하지만 공동체의 차원에서 대속에 의한 용서는 공동체에 이전과 다른 삶의 차원을 가져왔고, 이것이 대속론을 재조명할 가치를 부여한다.

4. 접점

접점(the tangential point)이란 두 체계 사이에서 이루어지는 접촉점으로서, 사이라는 '공간'을 전제한다. 그 사이는 둘의 존재가 없다면 결코 태동되지 않지만, 역으로 그 '사이 공간'이 없다면 둘도 존재하지 않는다. 그 둘의 존재를 가능케 하는 '코라'가 바로 접점이다.

미국의 토착화 신학과 한국의 토착화 신학은 그 접점을 이루어 갈 수 있을까? 아직은 공감보다는 '차이'가 더 느껴진다. 차이가 있음으로 서로의 다름을 수긍하고 체념한다면, '대화의 신학'은 불가능할 것이다. 차이가 큰 만큼 닮은 점도 많을 수밖에 없음을 기억해야 한다. 어디서 그러한 접점을 포착할 수 있을까? 우선 서로의 과거가 다름을 인정하고, 현재의 작동 기제(자본주의와 상업주의)가 서로 중첩되며, 미래에 살아갈 시공간이 합치할 것이라는 예상을 염두에 둔다면, 그러한 합치가 지구촌 제국주의의 출현으로 이어지지 않도록 노력해야 할 것이다. 바로 이 점에서 코링턴의 토착화 신학은 '지역주의'를 주장

한다. 해석 공동체란 '공동의 해석'을 나눌 수 있는 단위를 염두에 두기 때문이다. 각 지방 공동체들의 다양성을 가로질러 소통을 가능케하는 담론을 필자는 '가난한 자의 담론'이라고 이미 언급한 바 있다. 미국의 토착화 신학이나 한국의 토착화 신학도 그것이 가난한 자들의 삶과 연대하는 신학일 때 보편성 혹은 유적인 지평을 획득할 수 있다는 것이다. 그러나 이 가난한 자들의 삶과의 연대란 결코 그 삶과의 동일시(identification)가 아님을 유념하자. 그것은 그들의 삶과 우리 사이의 거리(distance)를 체감하는 것, 그들과 우리 '사이'(between)를 통해 발생하는 것이다. 이 사이를 통해 차이와 동일성을 끌어안고 살아가는 것, 그것이 우리에게 필요한 과제이리라.

이상의 작업은 '해석 공동체의 지방주의'를 실천적으로 적용해 본 것이다. 학문의 실천은 때로 책을 덮고 현장으로 다가가는 것이라는 단견이 존재한다. 하지만 그것이 전부는 아니다. 때로 학문의 실천은 책을 덮는 것이 아니라 책을 여는 것이다. 책을 통해 글을 생산하고, 글을 통해 해석을 양산하고, 그 해석들을 통해 비판하고, 이 모든 과정의 참여자들이 함께 학(學)을 수행하고 실천하는 공동체가 된다. 학문적 실천의 가장 기본적인 수준, 이것의 실천을 도외시한 채 책을 덮는 것은 학인(學人)이기를 포기하는 것이고, 그러한 포기는 학문 공동체에 대한 포기이다. 토착화 사상과 신학은 이 학의 실천 위에 근거해야 한다는 것이 이정배 교수님과 필자의 공통 신념이라 생각한다. 이러한 토착화 신학 공동체의 몸짓들이 한국적 신학을 위한 의미 있는 기표들과 몸짓들을 더욱 풍성히 제작해낼 것을 기원해 본다.

— 20세기 한반도의 마지막 지식 유목민 변선환을 기억하며…

| 찾아보기 |

해석적 은총(hermeneutical grace) 149, 178
해석학적 순환(hermeneutical circle) 128, 131
해체(deconstruction) 68, 108, 135-136, 167
허무주의(nihilism) 108, 157, 227
현실적 사태(혹은 현실적 존재, actual occasion) 200,
형이상학(metaphysics)
　형이상학의 논리(logic of) 35, 44
　형이상학 클럽(Metaphysical Club) 36
희망(hope) 53, 64, 67-69, 164, 225, 227, 229-236

인명 찾기

가다머, 한스-게오르그(Gadamer, Hans-Georg) 92-94, 96-98, 100-101, 103-104, 114-123, 136
그린, 니콜라스(Green, Nicholas St. John) 36, 122
누우스(Nous) 90
니버, 리처드(Niebuhr, H. Richard) 190-191
니체, 프리드리히(Nietzsche, Friedrich) 214
데리다, 자크(Derrida, Jacques) 282, 284-286
딜타이, 빌헬름(Dilthey, Wilhelm) 9
라이트, 천시(Wright, Chauncey) 36
라이프니츠, 고트프리드 빌헬름(Leibniz, Gottfried Wilhelm) 194, 220
러셀, 버트란트(Russell, Bertrand) 76-77
로크, 존(Locke, John) 51, 58, 202
루터, 마틴(Luther, Martin) 163
리꾀르, 폴(Ricour, Paul) 113
메비, 찰스(Mabee, Charles) 13, 30
미드, 조지 허버트(Mead, George Herbert) 102
밀러, 존 윌리엄(Miller, John William) 158, 202
버츨러, 저스터스(Buchler, Justus) 94-96, 98, 102, 113-114, 131
베르그송, 헨리(Bergson, Henri) 45, 74
블로흐, 에른스트(Bloch, Ernst) 229
산타야나, 조지(Santayana, George) 19, 34
쇼펜하우어, 아서(Schopenhauer, Arthur) 84, 85
쉴라이에르마허, 프리드리히(Schleiermacher, Friedrich) 61, 100, 117, 128
아리스토텔레스(Aristotle) 89, 115
야스퍼스, 칼(Jaspers, Karl) 121, 161, 163
어거스틴(Augustine) 201, 266
에머슨, 랄프 왈도(Emerson, Ralph Waldo) 193-194, 197, 200-226, 228, 230
에이펠, 칼-오토(Apel, Karl-Otto) 103
엑카르트, 마이스터 (Eckhart, Meister) 191
오펜하임, 프랭크(Oppenheim, Frank) 13
제임스, 윌리엄(James, William) 36, 38, 74, 81
칸트, 임마누엘(Kant, Immanuel) 36, 54, 84, 117, 148, 192, 213

자연주의적 성서 해석학과 기호학
— 해석자들의 공동체

2018년 4월 20일 초판 1쇄 인쇄
2018년 4월 26일 초판 1쇄 발행

지은이 로버트 S. 코링턴
옮긴이 박일준
펴낸이 김영호
펴낸곳 도서출판 동연
등 록 제1-1383호(1992. 6. 12)
주 소 (03962) 서울시 마포구 월드컵로 163-3 2층
전 화 (02)335-2630
전 송 (02)335-2640

ISBN 978-89-6447-403-3 93200